国际中文教育教学资源发展报告
（2021）

教育部中外语言交流合作中心　组编

策　划：马箭飞　宋永波

主　编：梁　宇　吴应辉　邵亦鹏

作　者：（按贡献排名）

梁　宇	吴应辉	马佳楠	郭　晶	朱　宇
雷　莉	刘晶晶	谷　陵	何洪霞	张灵芝
李敬欢	陈　宏	宋春香	曾晨刚	王一帆
庞世瑾	王天姿	王睿昕	贺莉娜	梁　蕾
周　霁	李晓露	雷　歌	侬　斐	卢星星
崔佳兴	陈　雯	宋　飞	王祖嫘	刘帅奇
邵　滨	李晓东	李　睿	王玉坤	马玉佩
李　萌	庞士玉	龙　倩	林素卉（马来西亚）	
徐　林	柳　琪	赵婉君	王玹霜	孙　怡
陈贝颖	吴　双	蓝青青	朱益琳	晏　溪
杨　媛	任承炫（韩国）	刘丽莎	吴晓文	

执　行：北京语言大学汉语国际教育研究院

国际中文教育
教学资源发展报告
2021

INTERNATIONAL
CHINESE LANGUAGE
Teaching Resources Development Report

教育部中外语言交流合作中心　组编

北京语言大学出版社
BEIJING LANGUAGE AND CULTURE
UNIVERSITY PRESS

图书在版编目（CIP）数据

国际中文教育教学资源发展报告．2021 ／ 教育部中外语言交流合作中心组编 ；梁宇，吴应辉，邵亦鹏主编．—— 北京：北京语言大学出版社，2021.12（2022.8 重印）
ISBN 978-7-5619-6009-7

Ⅰ.①国…　Ⅱ.①教…　②梁…　③吴…　④邵…　Ⅲ.①汉语－对外汉语教学－教学研究－研究报告　Ⅳ.① H195.3

中国版本图书馆 CIP 数据核字（2021）第 223025 号

国际中文教育教学资源发展报告（2021）
GUOJI ZHONGWEN JIAOYU JIAOXUE ZIYUAN FAZHAN BAOGAO（2021）

责任编辑：周　鹂		英文编辑：徐　梦	
排版制作：北京创艺涵文化发展有限公司			
封面设计：春天书装		责任印制：周　燚	

出版发行：北京语言大学出版社
社　　　址：北京市海淀区学院路 15 号，100083
网　　　址：www.blcup.com
电子信箱：service@blcup.com
电　　　话：编 辑 部　8610-82303670
　　　　　　国内发行　8610-82303650/3591/3648
　　　　　　海外发行　8610-82303365/3080/3668
　　　　　　北语书店　8610-82303653
　　　　　　网购咨询　8610-82303908
印　　　刷：北京博海升彩色印刷有限公司

版　　次：2021 年 12 月第 1 版　　　印　　次：2022 年 8 月第 4 次印刷
开　　本：787 毫米 ×1092 毫米　1/16　印　　张：22.5
字　　数：377 千字
定　　价：108.00 元

PRINTED IN CHINA

前　言

党的十九大报告提出："坚持和平发展道路，推动构建人类命运共同体。""要尊重世界文明多样性，以文明交流超越文明隔阂、文明互鉴超越文明冲突、文明共存超越文明优越。"2021 年 5 月 31 日，习近平总书记强调："要更好推动中华文化走出去，以文载道、以文传声、以文化人，向世界阐释推介更多具有中国特色、体现中国精神、蕴藏中国智慧的优秀文化。"国际中文教育是国家和民族的事业，能够在增进中外文明交流互鉴、服务"一带一路"倡议、提升国际传播能力、构建人类命运共同体等方面发挥独特而重要的作用。

教学资源在国际中文教育中占据着重要的基础性地位，具有提供中文教学内容、传授中文教学方法、承载优秀中国文化、促进中外文明交流互鉴的重要功能。中国综合国力的快速提升必将引发全球更大范围的中文学习需求。作为中文母语国，我们有责任、有义务加强国际中文教育教学资源建设，积极响应并主动实践联合国教科文组织《世界文化多样性宣言》，为丰富世界语言生活做出贡献。为此，教育部中外语言交流合作中心策划了"国际中文教育教学资源发展报告"重大委托项目，以便梳理全球中文教学资源全貌，为制订下一步发展规划提供科学的决策依据，同时也为学界提供全面翔实的全球中文教学资源数据，以供后续研究参考。

本书是国际中文教育领域第一部全球中文教学资源发展报告。全书以事实为依据，以数据为支撑，客观描述中华人民共和国成立以来全球中文教学资源的发展现状与特点，向世界传达中文教学资源研究的"中国声音"。本书从全球视野的广度，全面梳理中文教学资源状况，既关注纸质教学资源，又密切跟踪新技术、新媒体环境下数字教学资源的发展动态。通过对全球中文教学资源的普查、盘点，力求全面、系统、客观地展现中文教学资源发展状况，并展望未来发展方向，帮助海内外中文教育管理者、研究者、从业者、学习者了解全球中文教学资源发展现状，为教育管理部门提供决策参考，为全球中文教学资源研发机构提供创新思路，为全球中文教育机构、教师和学习者提供资源信息。

　　本书所指教学资源包括教材、教辅、读物、工具书、教育标准等纸质教学资源和数字教材、网络课程、学习网站、数字应用等数字教学资源。全书按照"标准引领、教材本位、数字融合、案例透视"的编写理念，设计了较为全面系统的编写框架，主要包括"总报告、标准篇、纸质篇、数字篇、国别篇、专题篇"六大部分。

　　作为首部国际中文教育教学资源发展报告，本书在撰写过程中得到了相关专家、研发单位负责人的关注和指导，项目课题组付出了艰辛努力并展示出了良好的专业素养，北京语言大学出版社也给予了大力支持，在此表示诚挚的谢意。真诚希望本书能够发挥桥梁作用，助力我们与学界、业界各方建立广泛而深入的合作，共同推动国际中文教育教学资源建设取得更大成绩。

教育部中外语言交流合作中心

2021 年 9 月 10 日

编写说明

为总结建设经验，展望发展趋势，推动信息、资源、工具、渠道等方面的共享、融合与创新，促进国际中文教育教学资源建设领域协同发展，教育部中外语言交流合作中心设立"国际中文教育教学资源发展报告"重大委托项目（20YH12E），委托北京语言大学汉语国际教育研究院吴应辉教授领衔的国际中文教育发展研究团队承担，本书即为该项目成果。

一、编写目标

本书首次全面展示了中华人民共和国成立以来国际中文教育教学资源发展状况，回溯了以往资源建设成就，梳理了当前项目建设成果，并在此基础上展望了未来发展方向。全书力求体现中国视角和全球视野，统揽全球中文教学资源发展状况，在中外兼顾的基础上高度重视收集、呈现海外教学资源研发和使用情况。

二、编写设计

（一）概念界定

教学资源有广义和狭义之分，广义的教学资源包括一切用于教与学的材料，狭义的教学资源主要指教材和教辅材料。具体而言，本书所指教学资源主要为"显性教学资源"，包括教材、教辅、读物、工具书、教育标准等纸质教学资源和数字教材、网络课程、学习网站、数字应用等数字教学资源。教学资源与课程教学密不可分。本书虽然未能全面呈现全球中文课程资源的现状，但也尝试将课程标准、教学大纲、网络课程等内容纳入编写框架，体现课程教学论视角下的教学资源发展现状。

（二）时间跨度

本书时间跨度为中华人民共和国成立至2020年，具体章节重点论述2000年至2020年的资源建设情况，个别专题也少量涉及2021年的最新动态。

（三）编写框架

按照"标准引领、教材本位、数字融合、案例透视"的编写理念，本书设计了六个部分：总报告、标准篇、纸质篇、数字篇、国别篇、专题篇。"总报告"总结归纳了 70 年国际中文教育教学资源的建设成就和发展特点，并展望了未来发展方向。"标准篇"全面评析国际中文教育相关标准的历时沿革和发展现状。"纸质篇"聚焦全球中文纸质教材，并对中小学教材、大学及成人教材、专门用途教材、中国文化教材、考试教材、工具书、华文教材等进行了专题分析。"数字篇"重点呈现国际中文教育数字资源发展情况，围绕数字教材、慕课、微课、教学应用程序（APP）、学习网站、教学平台、新技术应用等专题，展现数字资源建设的不同侧面。"国别篇"选取 5 大洲 12 个国家作为中文教育发展的典型案例，撰写了中文教学资源国别报告。"专题篇"特别关注海外国民教育体系内的中文教学资源建设、"中文联盟"数字化云平台建设和"中文 +"教学资源建设的阶段性成果。

本书"附录"包含四个部分：国际中文教育标准索引、主要国际中文教材索引（纸质篇）、主要国际中文教材索引（国别篇）、主要国际中文教育数字资源索引。附录内容将作为网络资源通过二维码链接的形式分享给读者。

三、编写特点

本书撰写中贯彻"六个注重"和"四个兼顾"：注重报告的整体性和全局性，注重数据的全面性和客观性，注重信息的前沿性和动态性，注重案例的典型性和代表性，注重结论的可靠性和建设性，注重报告的科学性和客观性；兼顾整体与专题，兼顾历时与共时，兼顾通用与专用，兼顾全球与国别。通过对全球中文教学资源的普查、盘点，力求全面、系统、客观地展现中文教学资源发展状况，并展望未来发展方向。

四、研究方法

本书主要采用数据库研究法、田野调查法、文献研究法和案例分析法。课题组基于大数据思维，充分利用网络信息收集技术，采集、抓取、筛选国内外中文教学资源信息，建设了包括 2020 年最新资源信息在内的、拥有约 2.2 万条数据的"国际中文教育教学资源动态数据库",并结合人工筛选整理,为项目研究提供了可靠数据。课题组通过设计问卷和访谈提纲,对重点国家、地区、学校进行实地调研,直接了解当地中文教学资源建设和使用状况。课题研究还运用文献研究法对教学资源政策、标准进行历时梳理,也对具有典型性和代表性的教学资源建设项目进行了深度剖析。

本书纸质教学资源的数据主要来源于六个渠道:一是中外主要出版社、图书进出口公司年度出版书目;二是原孔子学院赠书网、标准书目网,中外主要出版社官网;三是联机计算机图书馆中心(OCLC)成员馆馆藏信息(涵盖世界5596个图书馆馆藏信息);四是海外书店(包括网上书店)、学校调研信息;五是史料与文献信息;六是中外语言交流合作中心提供的材料。本书数字教学资源的统计渠道主要包括:各大出版社网站、中文学习网站、安卓和苹果应用商店、社交媒体平台等。本书尽量对相关数据进行详细标注,但因资源数量大且动态性强,本书无法精确覆盖中文教学资源的方方面面,仅通过统计范围内的数据呈现中文教学资源发展的基本面貌和宏观趋势。

在本书撰写过程中,我们由衷感到,教学资源之浩瀚、数据筛选整理之困难,都超出了我们的预想。一本书难以尽述国际中文教育教学资源70年方方面面的建设情况,教材研究、教材评价、课外读物、教师培养用书、课程资源等内容尚未涉及或未能充分论述,在细微之处也难免有遗漏和失误之处,敬请读者宽容谅解并批评指正。

项目课题组

2021 年 9 月 10 日

目　录

第一部分　总报告

国际中文教育教学资源建设 70 年：成就与展望

国际中文教育教学资源（以下简称"中文教学资源"）是中文和中国文化"走出去"的重要载体，是我国国际传播体系的重要组成部分，教学资源建设是国际中文教育事业发展和学科建设的重要内容。随着我国综合国力的稳步提升，全球中文学习需求日益高涨，国际中文教育标准建设、教材建设、数字资源建设全面发展，为中文国际传播做出了突出贡献。

一、中文教学资源建设的主要成就

（一）国际中文教育标准体系初具规模

作为学科发展的标志性成果，国际中文教育标准建设在国际中文教学理论与实践中发挥着引领和规范作用，是中文教学资源建设的主要依据。自 20 世纪 80 年代以来，随着科研水平的不断提高，国际中文教育标准体系逐步建立并日趋完善，取得了一系列重大进展。[①]

1. 奠基开路

我国作为中文母语国，十分重视国际中文教育标准研制工作。1988 年，我国正式颁布第一部国际中文教育标准——《汉语水平等级标准和等级大纲（试行）》，为标准体系建设奠定了坚实基础。随后，《汉语水平词汇与汉字等级大纲》（1992）和《汉语水平等级标准与语法等级大纲》（1996）的发布，进一步丰富并细化了标准体系。2021 年 3 月，中华人民共和国教育部、国家语言文字工作委员会发布了首个面

[①] 该部分内容详见第二部分"标准篇"和"附录 1"。

向外国中文学习者的中国国家语言文字规范标准——《国际中文教育中文水平等级标准》（GF 0025—2021），7 月 1 日起正式实施，成为国际中文教育事业迈入高质量发展阶段的里程碑。

2. 数量增多

截至目前，全球各类国际中文教育标准多达 145 部。其中，由我国主导研发的共 39 部，由海外各国教育管理部门或权威机构研发的共 106 部。近 15 年来，标准建设步伐加快，2005 年以后，我国陆续发布标准 22 部，海外发布 68 部，约占总数的 62%。

3. 类型多样

以"水平等级标准"为统领，以"课程标准、测试标准、教师标准"为基础的国际中文教育标准体系初步形成。现有的 145 部国际中文教育标准中，课程标准105 部，约占总数的 72%，特别是在海外，近 80% 的标准为课程大纲或教学大纲；测试标准 29 部，约占总数的 20%；水平等级标准（或能力标准）7 部，约占总数的 5%；教师标准 4 部，约占总数的 3%。

海外标准的建设反映出中文教学地位的不断提升。已发布中文教育标准的 32 个国家中，将中文列为第一外语的有 20 国[①]，列为第二外语的有 9 国，列为第三外语（或其他）的有 2 国；设有中文作为第一语言（或母语）相关标准的有 4 国，分别为新加坡、马来西亚、澳大利亚和瑞典。能够提供小学至高中完整中文课程标准体系的有 12 国，能够提供 7—9 年级中文课程标准的有 26 国，适用于中学的明显多于小学，覆盖密度最高的学段为 7—9 年级。

4. 分布广泛

我国发布的多种国际中文教育标准以及 AP、IB、IGCSE、A-Level 等中文测试标准具有广泛的国际影响力。2012 年，由欧盟支持研发的《欧洲汉语能力标准》完成了 A1、A2+ 两个级别的汉语能力标准表述及 7 个相关的附件说明。除此之外，101 部中文教育标准覆盖 6 大洲的 32 个国家，其中欧洲国家 14 个、亚洲国家 7 个、非洲国家 6 个、北美洲和大洋洲国家各 2 个、南美洲国家 1 个。"全球—区域—国家—地区"的多层级中文教育标准方阵基本形成。

---

① 马来西亚、澳大利亚、瑞典三国兼有中文作为第一语言和第一外语。

5. 影响深远

国际中文教育标准的陆续发布，一方面为推动全球范围内各类中文课程和考试的全面发展发挥了重要作用——截至 2019 年底，覆盖全球 152 个国家和地区的各类中文考试参加人数达 750 万人次；另一方面也有利于提升中文教学整体质量，为教学资源的研发和编制工作提供参考依据和范例，使全球中文教学朝着科学化、规范化和标准化的方向发展。

（二）国际中文教材体系日臻完善

教材不仅是国际中文教学的主要依托，是学科发展的直接体现，而且也是中文和中国文化国际传播的重要载体。经过 70 年的不懈努力，国际中文教材在出版数量、语种数量、分类体系、发行广度、融入深度、编写质量等方面均取得了可喜成绩。[①]

1. 数量增长

自中华人民共和国成立至 2020 年底，全球共出版国际中文教材 19530 种。其中 1981—1990 年共 1211 种，1991—2000 年共 1673 种；2000 年后出版数量迅速增长，2001—2010 年共 7278 种，2011—2020 年共 8039 种。

2. 语种增多

国际中文教材的注释语种达 80 个，其中欧洲语种 34 个、亚洲语种 30 个、非洲语种 13 个、大洋洲语种 3 个。82.42% 的国际中文教材以英语作为注释语种，韩语和法语作为注释语种的教材数量分别位列第二、三位。

3. 分类细化

教材适用对象根据国别、年龄、文化背景、需求差异不断细分，国际中文教材已涵盖国内外学前教育、基础教育、高等教育、职业教育、社会教育五大教育层次，包括入门、基础、初级、中级、高级等多个级别，涉及综合、技能、要素、专用、文化、考试、工具书等多种类型。教材类型体现出如下特点：（1）适用对象分众化。国际中文教材"低龄化"需求受到重视，中小学中文教材出版数量"迎头赶上"，与大学中文教材的数量差距逐步缩小。2000 年之后，全球共出版中小学中文教材 1449

---

① 该部分内容详见第三部分"纸质篇"和"附录 2、附录 3"。

种（其中小学教材多于中学教材），大学及成人中文教材 1866 种。[①]（2）通用教材占主体。2000 年之后，全球共出版通用型中文教材 5778 种，专门用途教材 564 种，二者比例约为 10∶1。（3）专用教材领域广。专门用途中文教材涉及商务、旅游、科技、医学、媒体、公务、交通、工业、体育、法律、国防、政治、军事、外交、航空、工程、金融等十余个专业和职业方向。其中，商务（42.89%）、旅游（14.30%）、科技（14.23%）、医学（11.02%）用途中文教材数量位居前四位。（4）文化教材有拓展。文化教材共 713 种，教材类型从课程类文化教材（20.62%）拓展到通识类文化教材（17.53%）和专题类文化教材（61.85%）。（5）考试教材增长快。随着中文考试类型的增多，考生人数快速增长，考试教材的出版数量与日俱增。2000 年之后，HSK、YCT、BCT、IB、CTCSOL 等中文考试教材数量达到 774 种，其中 2011 年之后出版的考试教材占比为 64.11%。（6）华文教材显实力。截至目前，全球华文学校使用率较高的华文教材有 60 余种，大部分源自中国大陆，从幼儿园到高中阶段的华文教材体系逐步完善。

4. 融入本土

国际中文教材凸显国际化、外向型特征，从教材"走出去"，逐步实现"走进去""融进去"。2003 年以来，各级各类国际中文教材年均发行世界 101 个国家和地区的 1200 余个中文教学机构。13 套主干教材达成版权输出贸易 200 余项。在海外 20 多个国家和地区，70 余套中文教学资源直接服务于国民教育体系内的中文课程。《工业汉语》等多种"中文＋职业技能"教学资源助力高素质技术技能人才培养，促进了当地经济社会的建设与发展。

5. 编研并举

1958 年《汉语教科书》的出版开创了国际中文教材这一新型教材门类。在教材编写过程中，学界不断从国内外中文教学实践、教学和教材研究成果，以及国际第二语言教学和教材编写的理论和实践中汲取营养，逐步从经验走向科学，创立了"结构—功能—文化相结合"的教学思路。近年来出版的教材注重研究、吸收任务型教学法、主题式教学法、内容教学法、产出导向法、体验式教学法、沉浸式教学模式、混合式教学模式、考教结合教学模式，以及后方法时代教学理论、多元智能教

[①] 中小学中文教材和大学及成人中文教材的统计未包括读物和考试用书。

学理论、跨文化交际教学理论等方法和理论的精华。在理论与实践的互动中，推出了《汉语口语速成》《发展汉语》《博雅汉语》《新实用汉语课本》《汉语乐园》《快乐汉语》《跟我学汉语》《新概念汉语》《体验汉语》《长城汉语》《轻松学中文》《中文百宝箱》《中文听说读写》《走遍中国》《HSK 标准教程》《YCT 标准教程》《新时代汉语口语》《会通汉语》等一大批优秀教材。

（三）国际中文教育数字资源建设成效显著

21 世纪初，国际中文教育数字资源（以下简称"中文数字资源"）建设开始起步。时至今日，随着人工智能、大数据、云计算、区块链、5G 网络等新技术的广泛应用，中文数字资源建设不断与时俱进，取得了一定成效。[①]

1. 形态丰富

媒体格式的升级和终端的多样化推动了教学资源形态的变化，中文教学资源也由"纸质资源""多媒体资源"快速步入了"数字资源""智能资源"阶段。目前中文数字资源包括但不限于数字素材、数字教材、网络课程、数字应用几大类型，每种类型又可细分为不同的子类型，如数字教材可分为静态媒体教材、多媒体教材、富媒体教材、智能化教材等不同形式[②]，网络课程以慕课、微课、直播课为主；数字应用包括网站、APP、小程序、插件、虚拟仿真系统、游戏、教学工具等。数字教材和网络课程依托数字应用平台得以展现，数字资源又需要配备课件、讲义、练习、测试题等多种数字素材，多位一体，融合共生，共同构成了数字化教学资源环境。除了资源形态以外，中文数字资源还可按教学内容、适用对象、开发主体、媒体格式等不同分类方式划分为不同类型，都能体现出资源丰富多样的基本特点。

2. 数量可观

本书对国际中文教育数字资源进行了初步统计（图 1-1）：（1）现有数字教材3679 种，其中中国开发的 1744 种，占 47.40%；国外 18 个国家开发的本土中文数字教材共 1935 种，占 52.60%。（2）现有慕课 485 门，主要来自 11 个慕课平台。其中国内慕课平台上线课程共 364 门，占 75.05%；国外慕课平台主要有 Coursera 和edX，共上线 121 门中文慕课，占 24.95%。（3）现有微课 4865 节，包括四大公开微

---

① 该部分内容详见第四部分"数字篇"和"附录4"。
② 胡畔，王冬青，许骏，韩后.数字教材的形态特征与功能模型[J].现代远程教育研究，2014（02）：93-98+106.

课赛事 3370 节，"中文联盟"数字化云平台微课资源 1265 节，国内外视频网站上碎片化微课资源共约 230 节。（4）现有学习网站 404 个，开发者分布于全球 5 大洲 25 个国家。（5）现有应用程序（APP）334 款，其中语言要素类 APP 最多，占总数的 22.46%。数字素材暂不在统计之列。

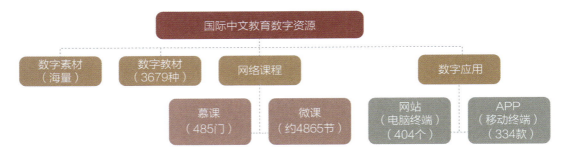

图 1-1　中文数字资源呈现形态的分类框架和数量

3. 科技赋能

数字资源发展具有技术驱动的显著特点。近年来，高新技术快速进入国际中文教育领域，关键技术与典型产品包括但不限于图 1-2 所示。总体来看，中文数字资源的"技术含量"越来越高，智能化产品越来越丰富，为加速并深化信息技术与国际中文教育的融合发展奠定了基础。

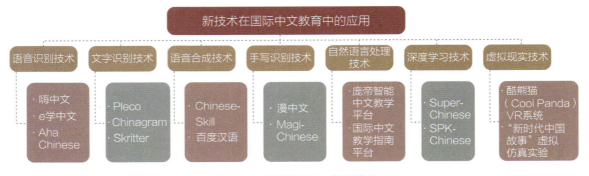

图 1-2　关键技术与典型产品

4. 场景扩展

中文数字资源的应用场景不断拓展，基本实现了"教、学、管、评、研、用"全覆盖。教学流程的数字化重塑可以辅助教师实施差异化教学、开展教学研究，帮助学习者进行个性化学习和自主学习，协助管理者实施精细化管理和精准化服务，全面推动国际中文教育教学模式创新和教学改革。

5. 应用广泛

主要教学平台采用"公益免费、营利收费"相结合的模式，实现了注册用户数量的大幅提升。截至目前，"中文联盟"数字化云服务平台吸引了来自全球194个国家和地区的210万用户，庞帝智能中文教学平台已进入全球84个国家和地区的1000多所学校。2020年开始的新冠肺炎疫情使国际中文教育信息化建设经受了严峻考验。通过疫情期间对全球5大洲84个国家718名中文教师和767名中文学习者的调查发现，教师对教学平台的满意率达82.59%，对教学资源的满意率达80.37%；学习者对学习平台的满意率达83.31%，对学习资源的满意率达86.05%。可见，数字资源建设为实现国际中文教育"停课不停学"的目标提供了基础保障，疫情期间大规模的中文在线教学实践也为未来的资源建设做出了有益探索。

二、中文教学资源发展的基本特点

（一）"资源建设共同体"基本形成

教学资源建设得到了教育主管部门、世界各国中文教育机构、出版单位、科技公司、广大国际中文教育从业者的普遍重视和广泛参与，合作方式愈发多样，合作关系愈发紧密。

教育主管部门在不同时期对资源建设进行了顶层设计。1986年10月，中国教育学会对外汉语教学研究会受国家教委委托，成立了对外汉语教材研究小组，该小组发布了《建国以来对外汉语教材研究报告》。同期，国家对外汉语教学领导小组办公室（2006年更名为"国家汉语国际推广领导小组办公室"，以下简称"国家汉办"）召开了3次重要的教材规划会议：1987年"全国对外汉语教材规划会议"、1995年"全国对外汉语教学基础汉语推荐教材问题讨论会"和1997年"全国对外汉语教材工作会议"。2006年提出的"六大转变"促使教材建设的重心发生转移：由对外汉语教材向海外汉语教材、由专业型汉语教材向普及型汉语教材、由成人汉语教材向儿童汉语教材、由纸质汉语教材向多媒体网络汉语教材转变。教材的推广方式也随之改变：通过政企协作促进教材市场运作，通过国际合作推动教材"走出去"，通过多部门、多单位配合实现教材全方位推广。2010 年国家汉办组织优秀国际汉语教材评选活动，从 2530 种推荐教材中评选出《快乐汉语》《跟我学汉语》《新实用汉语课本》《长城汉语》等 20 套优秀教材。2013 年初发布的《孔子学院发展规划（2012—2020 年）》从目标、任务、项目三个层面对教学资源研发与推广提出了具体要求和措施。2017 年，第四届世界华文教育大会提出，要推动华文教育"标准化、正规化、专业化"建设，打造"施教体系、教材体系、培训体系、帮扶体系、支撑体系、体验体系"六大体系。2020 年教育部中外语言交流合作中心（以下简称"语合中心"）启动了国际中文教育精品教材"1+2"工程建设，旨在推动教材创新与发展。综上可见，作为国际中文教育的一项重要工作内容，主管部门在不同时期采取了多项举措，为教学资源建设提供了政策保障。

中外相关机构、数以万计的国际中文教育从业者积极投身教学资源研发与推广事业中。据统计，全球共有 496 家出版机构从事国际中文教材的出版发行工作，其中 117 家为中国出版社，379 家为海外出版社，分布在全球 37 个国家。北京语言大学出版社、华语教学出版社、五洲传播出版社等 10 家国内出版社共出版发行国际中文教材 11019 种，占教材总量的 56.42%，成为国际中文教材出版的主要力量。新时代科技赋能国际中文教育，吸引了越来越多的中外高科技公司加入数字资源建设的"朋友圈"。多方力量在协同发展中逐步形成"中文教学资源建设共同体"，营造出和谐、发展、共赢的资源建设生态环境，共同推动资源建设走向昌盛。

（二）我国已成为中文教学资源最大产出国

在标准建设方面，我国处于国际领先地位。截至目前，我国主导研制并发布的国际中文教育标准共 39 部，其中 2005 年后发布 22 部。水平等级标准（或能力标准）是各类语言教育标准的"上位标准"，具有主导性和引领性。作为全球唯一拥有完整国际中文水平等级标准的国家，我国先后发布了《汉语水平等级标准和等级大纲（试行）》（1988）、《汉语国际教育用音节汉字词汇等级划分》（2010）、《国际中文教育中文水平等级标准》（2021）等 6 部中文水平等级指导性文件，其学术竞争力和国际影响力不断提升。

在教材建设方面，我国是国际中文教材出版数量最多、发行最广的国家。56.42% 的国际中文教材由中国 10 家主要出版社研发出版，教材年均发行到世界 101

个国家和地区的 1200 余个中文教学机构。世界多数国家、地区以及大部分华文学校通过使用我国研发的中文教材开展教学活动。在数字资源建设方面，我国已成为世界最大的中文数字资源研发与推广基地。优质资源汇聚规模逐步扩大，资源公共服务体系日益完善，资源开放共享程度不断深化，有效推动了中文和中国文化的国际传播，促进了全球中文教育的均衡发展和教育公平。

（三）海外中文教学资源本土化趋势日益显著

海外中文教育标准是国际中文教育标准体系的重要组成部分，其研制与发布充分体现了海外对中文教育标准化、规范化的内在需求。全球已有 32 国发布类型多样的中文教育标准，成为中文纳入其国民教育体系的重要标志。中文教育标准的国际化和本土化对中文教学扎根本土发挥着关键性作用。"研发—出版—使用"一体化的本土中文教材不断增多，美国的《中文听说读写》、新加坡的《欢乐伙伴》、韩国的《中国语》、法国的《你说呀！》《你说吧！》《你说呢？》等，已成为本土教材中的经典之作。"中外合作"集双方优势于一体，成为本土教材研发的另一主要途径，其典型案例有泰国的《体验汉语》、西班牙的《汉语之路》、意大利的《意大利人学汉语》、匈牙利的《匈牙利汉语课本》等。此外，越来越多的海外在线教育平台投入到中文数字资源建设中来，为中文教学资源的本土化发展增添了新的活力。中文教学资源的本土研发充分调动了需求国的能动性，释放了需求潜力，使中文教学资源具备了更强的海外适应力和国际影响力。

（四）资源建设逐步实现"四大转变"

1. 从"对外汉语教材"向"国际中文教材"转变

随着国际中文教育事业的蓬勃发展，国际中文教材的内涵和外延不断拓展，由面向来华外国人的对外汉语教材，发展成为"对外汉语教材、海外中文教材、华文教材"构成的国际中文教材体系，三大类教材并存融合、相互促进、协同发展。

2. 从"数量增长"向"质量提升"转变

自 20 世纪 50 年代以来，国际中文教材经历了出版数量高速增长的发展阶段，截至目前，全球中文教材多达 19530 种。近 5 年，经典教材修订再版增多，教材研制水平提高，教材建设进入了"提质增效"的新发展阶段。其背后有两大推动力：一是政策引导。行政管理部门鼓励教材精品研发。国家新闻出版署设立的"经典中国国际出版工程""丝路书香出版工程""图书版权输出奖励计划"等项目，语合中心组织的"优秀国际汉语教材评选""国际中文教育精品教材'1+2'工程建设项目"等，都旨在推动教材的创新与发展。二是科研支撑。教学资源的科研含量有所提升。根据中国知网（CNKI）的统计，2016—2020年，共发表中文教学资源学术论文1044篇，占1980年以来同类学术论文总量的37.26%；"国际汉语教材中的国家形象调查研究"（2015年）、"'一带一路'沿线国家汉语教材中国形象传播策略研究"（2016年）、"基于'互联网+'的国际汉语教学资源与智慧教育平台研究"（2018年）、"汉语移动学习资源建设的理论与方法研究"（2019年）等教学资源相关科研项目得到了国家社会科学基金的资助。

3. 从"纸质教材"向"数字资源"转变

从教材功能来看，教材已不单是课本或教科书，而是一体化、数字化的教学解决方案。"一体化"是指教学资源服务于"管、教、学、评、研、助、用"全流程，"数字化"是指利用先进教育技术为上述教学应用场景提供各类数字资源。从教材形态来看，二维码技术的使用让纸质教材可以链接各类文本信息、音视频教学资源，使教学内容有效扩充，教学服务得以增值。由此形成了以纸质教材为核心，以数字教材、网络课程开发应用为补充的新形态教学资源。

4. 从"单一类型"向"多元结构"转变

"分众化、多层次、多类型"的国际中文教材体系基本形成。教材从学习环境、教育层次、教学性质、学习方式、学习目标、受众年龄、中文水平、母语背景、交际技能、编写理念、教材形式、注释语种等角度均有不同分类。随着分类维度和层级的增多，多维立体开放的教材发展空间不断拓展，教材匮乏问题得到明显缓解，中小学教材和通用基础类教材增多，教材"低龄化""普及型"需求得到有效回应。

（五）多主体、立体式的资源"融进去"新格局初步建立

中文教学资源具有提供中文教学内容、承载中国文化的基本功能，是我国语言文化"走出去"的重要载体。在中外多方合作的基础上，资源建设从多语种化到国别化、本土化，再到融入海外国民教育体系，教学资源"走出去""融进去"的步伐不断加快。从2009年开始，我国全面启动重点中文教材和工具书的多语种翻译工作。截至目前，已完成13个系列80个语种中文教材与工具书的出版发行，有效解

决了世界各地中文教材"有没有"的问题。2012 年，《孔子学院发展规划（2012—2020 年）》提出"支持各国孔子学院编写本土教材"。截至 2020 年底，共有 126 个国家（地区）的 488 所孔子学院研制了 3466 种本土教材，在一定程度上满足了当地的学习需求。70 多套中文教学资源多方式、多机制服务于海外 20 多个国家国民教育体系内的中文教学，深化了教学资源本土化的内涵，展现了中文的魅力，丰富了世界语言生活。

（六）标准建设与资源研发相辅相成

1. 标准与资源建设互相促进

中文教育标准成为教学资源研发和使用的主要依据，标准指导下的资源建设更具科学性和规范性。遵循各类标准研发的考试用书和精品教材不断涌现，除中国研发的《HSK 标准教程》《YCT 标准教程》等教材以外，还有英国 GCSE 中文课程标准指导下的《步步高中文》《进步》，以及美国 AP 中文课程标准指导下的《加油！》《AP 中国语言文化》等。各类教学资源语料库、数据库规模不断扩大，为标准开发提供了定量的数据支持；资源建设中不断积淀的教学理论和教学方法日趋成熟，为标准中的教学指导规范提供了参考。

2. 标准与资源建设互为补充

表 1-1 所列海外 36 个国家中，有 19 个国家实施"先标准，后资源"建设，目前基本实现了标准指导下的资源研发，为这些国家中文教育体系的建构与完善提供了保障。有 13 个国家"有标准，缺资源"，这种情况又可细分为三种类型：一是加拿大、新西兰、西班牙等国家因教育体制不同，国家或省教育行政部门只负责颁布教育标准，学区或学校具有选择教学资源的自主权，因而全国或省内没有通用的中文教学资源；二是资源正在筹划建设，如南非、坦桑尼亚等；三是资源建设仍需所在国政府和中国共同推动，如赞比亚等。此外，还有泰国、菲律宾、印度尼西亚、土库曼斯坦 4 国"无标准，有资源"。以泰国为例，《体验汉语》《创智汉语》等教材于 2010 年正式列入泰国中小学教材推荐目录，进入泰国国民教育体系，但泰国教育部至今尚未公布专门性中文教学大纲，在这种情况下，教材便充当了课程标准的角色，发挥了规范教学的作用。

表 1-1　海外国民教育体系内中文教育标准与教学资源分布

洲	国家	标准	资源	洲	国家	标准	资源
欧洲（14 国）	法国	+	+	亚洲（11 国）	新加坡	+	+
	意大利	+	+		越南	+	+
	西班牙	+	-		亚美尼亚	+	+
	英国	+	+		泰国	-	+
	爱尔兰	+	+		菲律宾	-	+
	德国	+	+		印度尼西亚	-	+
	瑞典	+	-		土库曼斯坦	-	+
	芬兰	+	-	大洋洲（2 国）	澳大利亚	+	+
	挪威	+	-		新西兰	+	-
	俄罗斯	+	+	非洲（6 国）	南非	+	-
	白俄罗斯	+	+		喀麦隆	+	+
	匈牙利	+	+		毛里求斯	+	-
	保加利亚	+	-		乌干达	+	+
	罗马尼亚	+	-		赞比亚	+	-
亚洲（11 国）	日本	+	-		坦桑尼亚	+	-
	韩国	+	+	北美洲（2 国）	加拿大	+	-
	阿联酋	+	+		美国	+	+
	马来西亚	+	+	南美洲（1 国）	智利	+	+

注："+"表示"有"，"-"表示"无"。

（七）资源建设体现国别差异性和动态发展性

从共时角度看，各国资源建设可分为三种类型：成熟型、成长型、薄弱型。"成熟型"国家基本具备了中文教学资源的自主研发能力和本土供给能力，甚至还具有向其他国家或地区输送教学资源的能力，如美国、法国、新加坡、马来西亚、韩国、日本等。"成长型"国家正处于教学资源快速发展阶段，资源研发活跃，资源产业化发展潜力初步显现，典型国家有俄罗斯、英国、西班牙、意大利、泰国、印度尼西亚、越南、阿联酋、澳大利亚等。"薄弱型"国家的教学资源自主研发能力尚显不足，主要依赖母语国的教学资源供给，资源使用规模偏小，非洲、南美洲、南亚、西亚、中亚等地区国家均属这一类型。

从历时角度看，各国资源建设普遍经历了五个发展阶段：华文或汉学资源的起步阶段、"引进为主、本土为辅"阶段、"引进与本土并进"阶段、"本土为主、引进为辅"阶段、"本土为主、引进为辅、对外输出"阶段。五个阶段层层递进，勾勒出国别中文教学资源发展的大致轨迹。每个国家处于这一发展轨迹上的不同阶段，且在某一发展阶段的停留时间不等。目前，大部分国家处于"引进为主、本土为辅"或"引进与本土并进"阶段，内在需求旺盛但自主供给能力不足，未来将有很长一段时间仍需母语国的资源支持。"本土为主、引进为辅、对外输出"是国别中文教学资源发展的高级阶段，是国别资源建设的高级目标，也是进入中文教学资源"成熟型"国家的标志。目前少部分国家开始迈向这一阶段。比如美国有《中文听说读写》，新加坡有《欢乐伙伴》，法国有《你说吧！》等教材，伴随着这些教学资源的对外输出，这些国家的中文教学理念和模式也在向外辐射。

（八）数字资源集成效果突出

多样化、碎片化、分散化的数字资源充分整合，基本能够实现按需投放。具体表现在：第一，资源建设机制初步建立。资源建设吸引了国内外高校、研究机构、出版机构、高新技术企业、广大教学工作者的广泛参与和协同共建，通过赛事征集、合作开发、资源购买等多种方式，形成了多渠道、常态化的资源建设模式，基本实现了"共建、共创、共享、共商、共赢"的建设理念。第二，资源库规模不断扩大。依托大型教学平台，数字资源快速汇聚整合，各种媒介格式的数字化配套产品不断衍生，平台背后的资源库逐步扩容。以"中文联盟"数字化云平台为例，该平台对"数字图书馆""国际中文教学指南""国际汉语教学资源案例库""中外文化差异案例库"等多个平台的资源进行了有效整合，汇聚数字课程8000多节，为平台的日常教学提供了有力支撑。第三，资源趋向结构化和系列化。"以课程为核心"的资源集成理念基本确立，各类资源按照课程设计的思路，遵循中文教学规律，对资源进行了系列组合，逐步建立起多个系列的数字课程群，以满足全球中文教学的多样化需求。

三、未来与展望

70 年来，中文教学资源建设取得了重大进展，资源数量日益充足、体系逐步健全、质量全面提升、特色较为鲜明，为国际中文教育事业发展和学科建设做出了重要贡献。当前，我国综合国力和国际影响力不断增强，"一带一路"倡议、"构建人类命运共同体"理念已转化为行动，国际中文教育迈入转型发展的新阶段，这些都对资源建设提出了新的要求。作为中文母语国，我国理当成为世界优质中文教学资源研发与供给基地，为全面提升中文的社会价值和经济价值、增强中文和中国文化的国际传播能力、促进中外文明交流互鉴、丰富世界语言生活发挥更大作用。

（一）坚持标准引领，加速中文教学资源创新发展

标准是中文教学资源高质量发展的重要保障，标准赋能有助于加快中文教学资源国际化、市场化和产业化步伐。为此，我们应认真落实《国民经济和社会发展第十四个五年规划和 2035 年远景目标纲要》中"构建国际中文教育标准体系"的指示精神，在如下方面继续推进标准体系建设。

1. 持续完善国际中文教育标准体系

《国际中文教育中文水平等级标准》（2021 年，以下简称《等级标准》）的发布为新时期国际中文教育标准建设打开了新局面。在它的引领下，标准建设要做到以下几个方面：一要修订升级现有标准。要对我国主导研制的课程标准、测试标准、教师标准等进行及时修订，使之与《等级标准》形成有效对接，夯实标准体系的基础。二要促进标准的分众化、专项化、系列化。应根据受众和需求差异开发不同类型的标准，如面向低龄学习者的标准、面向华文教育的标准等，同时尽快推出中国文化和国情教学参考框架、职业中文能力标准、国际中文教育数字资源建设指南等专项标准，进一步充实、丰富标准体系。三要与海外中文教育标准协同发展，采取多种方式对标准需求国提供力所能及的协助与支持，构建中外互学互鉴、互通有无、合作共赢的标准建设新格局，促进全球中文教育规范化、标准化发展。

2. 积极推进《等级标准》指导下的教学资源建设

应加强教学资源编写规范化建设，鼓励教学资源创新发展，采取"自上而下"和"自下而上"相结合的方式，积极推进以《等级标准》为依据的中文教学资源建

设。教育管理部门要重视顶层设计，统筹管理，加强教学资源建设规划，引导广大教学工作者和出版单位、研发机构开展基于《等级标准》的教材编写、数字课程开发等工作，尽快推出一批新成果。相关教学机构、出版单位、编写人员要增强教学资源"标准化"意识，以市场需求为导向，将《等级标准》作为教材编写和课程建设的基本依据和教材市场的"风向标"，主动开展新教材研发工作，以新标准、新教材推动国际中文教学的改革与创新。

（二）优化教材体系，增强优质教学内容供给能力

教材体系建设反映教材的发展水平和服务能力，是国家教育影响力的重要标志。为提升国际中文教材的建设水平和供给能力，教材体系结构需要进一步优化：第一，坚持适用对象分众化，从学校类型、教育层次到学段、年级、年龄等，多维度、多层级细分教材适用对象，有针对性地开展教材编写工作。第二，立足实际需求，促进通用教材和专用教材协调发展，以及不同用途教材的均衡发展。第三，鼓励教材百花齐放，促进综合技能教材和专项技能教材、基础型教材和中高级教材的全面发展。第四，加大优质中国文化和当代国情教材的研发力度，推动文化教材迈上新台阶。第五，开发各级各类外向型、学习型工具书，增强工具书的规范性、可读性和便利性。

（三）面向智能时代，加快信息技术与国际中文教育融合发展

2017年7月国务院印发的《新一代人工智能发展规划》和2018年4月教育部发布的《教育信息化2.0行动计划》均明确提出，要大力推进智能教育。2019年3月，联合国教科文组织发布《教育中的人工智能：可持续发展的挑战与机遇》，提出以人工智能技术改善学习效果、促进教育公平、提高教育质量。2019年5月，首届国际人工智能与教育大会发布《北京共识——人工智能与教育》，提出通过人工智能与教育的系统融合，全面创新教育、教学和学习方式。由此可见，"人工智能＋教育"已经成为全球教育界关注的热点，"智能化"成为教育发展的必然趋势。国际中文教育在人工智能领域已经有所尝试，但从整体发展水平来看，尚处于初级阶段，仍需从以下方面进一步拓展。

1. 建立资源和数据标准

针对数字资源碎片化、分散化的特点，我们应尽快制定统一的资源建设标准，明确数字资源在分类、内容、技术、管理等方面的规范和要求，迅速整合优质资源，

建设一批高质量的"金课"资源，引入虚拟现实、增强现实、扩展现实等技术，构建多视角、多场景、多模态、多应用的数字资源库。

当前，国际中文智能教育还难以形成大规模的教育数据，不同的教学平台采取的数据采集维度和整合标准还存在差异。长此以往，各种教育数据很可能形成孤岛状态，难以支撑大规模的数据分析与应用。为此，应尽快建立统一的数据标准，促使教学平台之间数据的开放与互通，实现客观、全面、精确的学习分析，提升国际中文教育"智能化"水平。

2. 以技术驱动促进行业繁荣

智能教育的关键是技术驱动。当前智能教育在认知智能技术和区块链、虚拟现实、增强现实等技术领域均已向纵深发展，而智能教育关键技术在国际中文教育中的应用尚显"稚嫩"。为此，我们需要加大投入、升级技术系统、优化算法、提高识别准确率、提升人机交互能力，以推动前沿技术在国际中文教育领域的广泛应用。

3. 推动教学模式创新

资源应用是资源建设的目标。在国际中文教育领域，持续推动信息技术与国际中文教育深度融合、推进新技术支持下的教育教学改革创新，仍是一项艰巨而又必要的任务。管理部门可从智能教育教学创新基地建设、优秀示范课程遴选、优质教学案例推广、在线教学专项培训等方面促进资源建设和教学创新的全面发展。一线教学工作者应充分吸收、借鉴已经较为成熟的在线教学模式，结合中文教学特点，在教学实践中不断探索新技术支持下的创新教学理念，开拓新型教学模式。

（四）提升经济价值，加大"中文＋职业技能"教学资源建设力度

在"一带一路"建设背景下，"中文＋职业技能"教育对推动国际中文教育与职业教育"走出去"、服务中国企业"走出去"、带动中国技术与标准"走出去"均具有重要意义。"中文＋职业技能"教育不仅有助于发挥中文的经济功能，培养职业技术人才，提高就业水平，促进当地经济社会发展，推动中外经济互利共赢，而且也为中文教学资源建设开辟了新领域。为应对新任务，我们需要关注以下几个方面：一是标准引领。应尽快推出相关标准，围绕标准设计课程、组织教学、开展考试。二是需求调查。不仅要关注学习者的个人需求，还要重视地区和国家需求、产业和工程需求，在资源研发中全面体现需求导向。三是技术融合。"中文＋职业技能"项

目应以数字资源建设为先导，逐步拓展产业链，扩大资源规模，以支持各种形式的线上线下相结合的教学模式。四是认证对接。为保障项目"落地"，应大力促进项目与当地职业技能证书和大学专业课程学分体系的对接与联系，逐步实现资格认证和学分互认。五是校企合作。应发挥国内外中资企业和职业院校在职业技能领域的优势，共同开发、推广适用型教学资源。

（五）注重科研支撑，拓展中文教学资源研究深度和广度

科研为教学资源建设提供学术滋养。多年来，中文教学资源研究已经形成一定规模，在国际中文教育研究中占据重要地位。未来教学资源研究要想在"质"上取得更大突破，需要教育管理部门、高校及科研单位的高度重视。学界应持续关注以下研究方向：一是基础研究，涉及教材编写过程中中文知识、技能、文化的系统性和科学性问题；二是应用研究，即运用创新理论和模式开展教材编写实践的问题；三是实验研究，即有关教材试用或使用中的适配性和有效性问题；四是评价研究，即通过评估和测量对教材价值进行判断的问题。

（六）讲好中国故事，展示真实、立体、全面的中国形象

习近平总书记提出要"加强我国国际传播能力建设"。中文教学资源是"讲好中国故事，传播好中国声音，展示真实、立体、全面的中国"的重要途径。它不仅具有国际视野，更体现中国特色，反映出中文和中国文化的"国际表达"。如何"更加充分、更加鲜明地展现中国故事及其背后的思想力量和精神力量"，如何"以文载道、以文传声、以文化人，向世界阐释推介更多具有中国特色、体现中国精神、蕴藏中国智慧的优秀文化"，如何"塑造可信、可爱、可敬的中国形象"，将是新时期中文教学资源建设的时代命题，也是我们努力的方向。

回顾中文教学资源建设70年的成就，我们深刻体会到资源建设的背后是国家综合实力的强大支撑。世界范围内日益旺盛的中文教学需求是教学资源发展的根本动力。今天，中国正快速走近世界舞台的中央，作为中文母语国，中国有责任为海内外中文教育提供数量充足、质量上乘的教学资源，为促进中外人文交流和民心相通、推动人类命运共同体构建做出更大贡献。

第二部分 标准篇

第一节　我国国际中文教育标准建设

我国《国民经济和社会发展第十四个五年规划和 2035 年远景目标纲要》中明确指出，要"构建国际中文教育标准体系"，这为国际中文教育学科建设和事业发展指明了方向。国际中文教育标准体系建设是国际中文教育事业可持续、高质量发展的关键环节，可为其他国家制定中文教育标准提供参考，推动中文融入更多国家国民教育体系。我国作为中文母语国，在国际中文教学研究和标准研制等方面负有重要责任。我国在学科建立之初即启动了首个国际中文教育标准的研制工作，截至目前，先后发布国际中文教育各类标准 39 部（见"附录 1"）。

一、我国国际中文教育标准建设的三个阶段

（一）初创繁荣阶段（1988—2006 年）

为适应 20 世纪 80 年代以来对外汉语教学形势发展和学科建设的需要，1988 年中国对外汉语教学学会组织完成了我国第一个国际中文教育标准——《汉语水平等级标准和等级大纲（试行）》。此项标准的研制在国际中文教育历史上具有开创性，在国际中文教育学科建设上具有奠基性，使国际中文教育开始朝着"科学化、规范化、标准化"的方向迈进。

《汉语水平等级标准和等级大纲（试行）》的研制与发布开启了我国国际中文教育标准的第一个建设周期。1989 年国家汉语水平考试委员会编制并试行了另一份重要文件——《中国汉语水平考试大纲（初、中等）》，该大纲与《汉语水平等级标准和等级大纲（试行）》共同成为汉语水平考试（HSK）的命题依据。1990 年 6 月23 日，中华人民共和国国家教育委员会第 12 号令发布了《对外汉语教师资格审定

办法》。依据该办法，国家教委对外汉语教师资格审查委员会专家考评组制定了《国家对外汉语教师资格考试大纲》，成为对外汉语教师资格考试的指导性文件和命题依据。

进入 20 世纪 90 年代，在《汉语水平等级标准和等级大纲（试行）》的基础上，国家汉办相继组织完成了《汉语水平词汇与汉字等级大纲》（1992）和《汉语水平等级标准与语法等级大纲》（1996）。北京语言学院也继续加强标准研制工作，于 1995 年出版了《中高级对外汉语教学等级大纲（词汇·语法）》（孙瑞珍主编），1999 年出版了《对外汉语教学初级阶段教学大纲》（杨寄洲主编）和《对外汉语教学中高级阶段功能大纲》（赵建华主编）。①

2002 年，根据国内来华留学生的教学实践，结合部分教学机构已有的教学实施方案，以及国内外有关第二语言教学法理论的研究成果，国家汉办组织研制并颁布了《高等学校外国留学生汉语教学大纲（短期强化）》《高等学校外国留学生汉语教学大纲（长期进修）》《高等学校外国留学生汉语言专业教学大纲》三份外国留学生汉语教学指导性文件。（图 2-1）

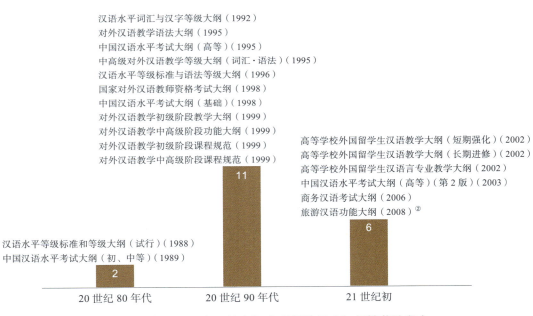

图 2-1　我国国际中文教育标准研制情况（初创繁荣阶段）

① 程裕祯.新中国对外汉语教学发展史 [M].北京：北京大学出版社.2005.
② 该大纲从时间上看属于下一阶段的成果，但从研制情况上看属于第一阶段，故列在本图中。

至此，我国国际中文教育标准的基础体系初步建立，形成了以《汉语水平等级标准和等级大纲（试行）》为核心、涵盖"水平大纲、考试大纲、教师资格大纲、教学大纲"多类型、"初、中、高"多层次、"词汇、语法、功能"多要素的标准体系框架，积极探索了符合中文特点、吸收国内外第二语言教学理论研究成果的标准体系建构路径。

（二）战略提升阶段（2007—2020 年）

21 世纪初，国际中文教育事业蓬勃发展。2006 年 3 月，国务院转发了《关于加强汉语国际推广工作的若干意见》（以下简称《意见》）。《意见》从国家战略的高度对汉语国际推广工作和孔子学院建设进行了总体规划，明确提出跨越式发展目标，创新体制和机制，实现"六大转变"：发展战略从对外汉语教学向全方位的汉语国际推广转变；工作重心从将外国人"请进来"学汉语向汉语加快"走出去"转变；推广理念从专业汉语教学向大众化、普及型、应用型转变；推广机制从教育系统内推进向系统内外、政府民间、国内国外共同推进转变；推广模式从政府行政主导为主向政府推动的市场运作转变；教学方法从纸质教材面授为主向充分利用现代信息技术、多媒体网络教学为主转变。

在此背景下，我国国际中文教育标准迎来了新一轮建设周期。国家汉办组织国内外 300 多名专家学者共同攻关，分别于 2007 年 10 月、12 月和 2008 年 3 月制定出台了《国际汉语能力标准》《国际汉语教师标准》《国际汉语教学通用课程大纲》，确立了我国统领国际中文教学标准的权威地位，促进了世界各国中文教学质量的提高。[①]

同期，随着汉语水平考试自身发展以及语言测试理论的进步，为适应对外汉语教学转向汉语国际推广的新形势对汉语测试的新要求，汉语水平考试改革启动。新汉语水平考试从对考生语言知识的考查转变为对汉语学习者运用汉语进行实际交际能力的评估，并且与《欧洲语言共同参考框架》（*Common European Framework of Reference for Languages*，简称 CEFR）的语言能力标准相对照。[②]为进一步规范考

---

① "中国语言生活状况报告"课题组 . 中国语言生活状况报告（2007）上编 [M]. 北京：商务印书馆 . 2008.
② 国家汉办考试处 . 解读新汉语水平考试（HSK）[C]. 世界汉语教学学会 . 世界汉语教学学会通讯，第 2 期（总第 6 期）. 北京：世界汉语教学学会，2010：15-17.

试命题，方便考生备考，《新汉语水平考试大纲》《新中小学生汉语考试大纲》《商务汉语考试 BCT（A、B）大纲》分别于 2009 年 10 月、11 月和 2014 年 6 月开始陆续出版。上述三种考试均分为多个等级，适用对象为不同程度、不同需求的中文学习者。

为加强专业化中文师资队伍建设，进一步提高国际中文教育质量，国家汉办于 2014 年 10 月 31 日重新举办"《国际汉语教师证书》考试（试考）"，并于 2015 年 9 月发布《〈国际汉语教师证书〉考试大纲》。考试依据《国际汉语教师标准》，通过对汉语教学基础、汉语教学方法、教学组织与课堂管理、中国文化与跨文化交际、职业道德与专业发展等五个标准能力的考查，评价应试者是否具备作为国际汉语教师的能力。

2010 年 10 月 19 日，国际中文教育首个国家语言文字规范标准《汉语国际教育用音节汉字词汇等级划分》（GF 0015—2010）经国家语委语言文字规范（标准）审定委员会审定，由中华人民共和国教育部、国家语言文字工作委员会正式发布。同日，另一个国际中文教育语言文字规范《汉语口语水平等级标准及测试大纲》发布。上述两项规范都是用于国际中文教育的语言文字规范。它们的发布有利于促进国际中文教育的规范化、标准化，有利于帮助母语非中文人士和华人华裔学习中文，对中文的国际传播具有重要意义。①

此外，作为国际中文教育的重要组成部分，华文教师证书等级标准（2013）和华文水平测试（2018）两个项目也研制完成，推动了全球华文教学的发展。

在我国国际中文教育标准的第二个建设周期，国际中文教育的教学重心、教学主体、教学理念、教学方法、教学手段等发生了重大变化，标准建设也在充分继承以往标准研制成功经验的基础上不断与时俱进，更好地满足了海外中文教学的需要，为中文教育标准"走出去"打开了新局面。（图 2-2）

---

① 语言文字信息管理司.教育部、国家语委发布《汉语国际教育用音节汉字词汇等级划分》和《汉语口语水平等级标准及测试大纲》两项语言文字规范 [EB/OL]. http://www.moe.gov.cn/s78/A19/yxs_left/moe_810/s228/201012/t20101207_130107.html，2010-12-07.

图 2-2　我国国际中文教育标准研制情况（战略提升阶段）

（三）创新升级阶段（2021 年—）

新中国国际中文教育事业走过 70 年，已经进入高质量、内涵式发展的重要阶段。构建高质量的国际中文教育体系，标准建设将发挥关键的引领作用。

2021 年，我国相继发布了《医学汉语水平考试（MCT）大纲》《国际中文教育中文水平等级标准》《中国政府奖学金本科来华留学生预科教育结业考试大纲》等文件。其中，2021 年 3 月 24 日，中华人民共和国教育部、国家语言文字工作委员会发布了首个面向外国中文学习者的中国国家语言文字规范标准——《国际中文教育中文水平等级标准》（GF 0025—2021）。这是国际中文教育领域具有划时代意义的一件大事，更是国际中文教育事业进入高质量发展的里程碑。[①]

《国际中文教育中文水平等级标准》（以下简称《等级标准》）是国家语言文字工作委员会面向外国中文学习者，全面描绘、评价学习者中文语言技能和水平的规范标准。它规定了中文作为第二语言学习者在生活、学习、工作等领域运用中文完成交际的语言水平等级。该标准分为"三等九级"（表 2-1），以"3+5"新路径（图2-3）为呈现方式，以言语交际能力、话题任务内容、语言量化指标三个层面为基础，配以听、说、读、写、译五项语言基本技能。同时结合中文的独特性，明确规定不同级别中文水平应掌握的音节、汉字、词汇、语法"四维基准"语言要素量化

[①]　马箭飞.在《国际中文教育中文水平等级标准》新书发布会暨国际学术研讨会上的致辞 [J].国际汉语教学研究，2021（02）：4-5.

指标，旨在形成一套"专业、开放、包容"的标准体系，以指导国际中文教育的教学、考试、学习与评估。

表 2-1 《等级标准》"三等九级"语言量化指标总表（单位：个）

等次	级别	音节	汉字	词汇	语法
初等	一级	269	300	500	48
	二级	199/468	300/600	772/1272	81/129
	三级	140/608	300/900	973/2245	81/210
中等	四级	116/724	300/1200	1000/3245	76/286
	五级	98/822	300/1500	1071/4316	71/357
	六级	86/908	300/1800	1140/5456	67/424
高等	七一九级	202/1110	1200/3000	5636/11092	148/572
总计		1110	3000	11092	572

注：表格中"/"前后两个数字，前面的数字表示本级新增的语言要素数量，后面的数字表示截至本级累积的语言要素数量。高等语言量化指标不再按级细分。

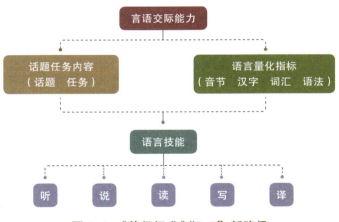

图 2-3 《等级标准》"3+5"新路径

《等级标准》最具标志性的特点是构建了以中文为中心、为主导的国家级中文水平等级标准新体系。具体体现为：一是引领音节整体教学、整体合读；二是倡导汉字认读与手写适度分离，规定汉字认读与手写汉字的合理配比；三是优化语法教学与测试，开创"语法等级大纲 A 类附录"，提升国际中文教育语法测试与教学的规范性、统一性和实效性。此外，《等级标准》还具有"兼容并包"的特点，关注与公认的国际语言标准的有效衔接，进一步增强了国际中文教育标准的国际话语权。[①]

"国际中文教育标准体系"的建设是一项系统工程。"既要有位于顶层的统一的'标准'，也要有教育教学各具体环节的'大纲'，还要有指导各教育教学环节实施的'准则'，甚至还需要支撑标准参照和实施的数字平台、信息系统和数据库。"[②]《国际中文教育中文水平等级标准》将为新时代的标准体系建设提供重要指引，成为3.0版汉语水平考试研发、各类新型课程开发、新版国际中文教育课程大纲研制、各类各级新编教材研发的主要依据。

二、我国国际中文教育标准的主要特点

（一）注重标准体系建构

1."水平等级标准"的引领地位日益巩固

语言水平等级标准是对学习者学习和使用语言所要达到水平和能力的界定和描述，是科学划分的教学等级和每一级应该达到的教学标准和水平。国际中文教学界从学科建立之初就具有制定语言水平等级标准的意识，并在等级标准的研制上取得了很大成效。从《汉语水平等级标准和等级大纲（试行）》（1988）、《汉语水平词汇与汉字等级大纲》（1992）和《汉语水平等级标准与语法等级大纲》（1996），到《汉语国际教育用音节汉字词汇等级划分》（2010），再到《国际中文教育中文水平等级标准》（2021），历经三代更迭，循序渐进，不断集成，创新发展，努力探索具有中国特色的中文水平等级标准和等级大纲，为制定语言课程标准、语言测试标准、语言教师标准等规范性文件提供了重要支撑。（图 2-4）

---

① 刘英林，李佩泽，李亚男.汉语国际教育汉语水平等级标准全球化之路 [J].世界汉语教学，2020，34（02）：147-157.

② 马箭飞.在《国际中文教育中文水平等级标准》新书发布会暨国际学术研讨会上的致辞 [J].国际汉语教学研究，2021（02）：4-5.

图 2-4　语言教育标准基础体系

2. 标准类型日趋丰富

在各阶段"水平等级标准"的引领下，中文课程标准/教学大纲、汉语水平考试大纲、中文教师标准/资格认证大纲均研制完成并公布，初步构建起了中文教育标准体系框架。

语言课程标准，又称为语言教学标准或语言教学大纲，是根据学科内容及其体系和教学计划的要求编写的教学指导文件。截至目前，国际中文教育中文课程标准/教学大纲主要有：《对外汉语教学语法大纲》（1995）、《中高级对外汉语教学等级大纲（词汇·语法）》（1995）、《对外汉语教学初级阶段教学大纲》（1999）、《对外汉语教学中高级阶段功能大纲》（1999）、《对外汉语教学初级阶段课程规范》（1999）、《对外汉语教学中高级阶段课程规范》（1999）、《高等学校外国留学生汉语教学大纲（短期强化）》（2002）、《高等学校外国留学生汉语教学大纲（长期进修）》（2002）、《高等学校外国留学生汉语言专业教学大纲》（2002）、《国际汉语教学通用课程大纲》（2008/2014）。

语言测试标准是指导语言测试开发与评估的一套规范。截至目前，我国研制并颁布的中文测试标准有：《中国汉语水平考试大纲（初、中等）》（1989）、《中国汉语水平考试大纲（高等）》（1995/2003）、《中国汉语水平考试大纲（基础）》（1998）、《商务汉语考试大纲》（2006）、《新汉语水平考试大纲》（2009/2015）、《新中小学生汉语考试大纲》（2009/2015）、《汉语口语水平等级标准及测试大纲》（2010）、《商务汉语考试 BCT（A、B）大纲》（2014）、《医学汉语水平考试（MCT）大纲》（2021）、《中国政府奖学金本科来华留学生预科教育结业考试大纲》（2021）。

制定中文教师标准、实施中文教师资格证书考试制度是提高国际中文师资专业素质和教学水平、培养培训合格中文教师、满足世界各地中文学习需求的重要举措。

为适应不同时期的中文教学需要，我国研制的中文教师标准有：《国家对外汉语教师资格考试大纲》（1998）、《国际汉语教师标准》（2007/2012）、《〈国际汉语教师证书〉考试大纲》（2015）。

除了上述中文教育标准的四个主要类型外，我国还研制了汉字、词汇、语法等语言要素类，商务、旅游、医学等专门用途类，以及适用于不同课型的中文教育标准。标准类型日趋丰富，标准体系逐渐扩大。

3. 等级划分逐渐精细

国际中文教育标准的等级划分具有明显细化的趋势。"水平等级标准"从初创探索阶段的初、中、高三等，到深化改革阶段的一至六级，再到创新升级阶段《国际中文教育中文水平等级标准》制定的"三等九级"，级别设计日趋精细化。这一方面是满足世界各地多样化、大众化、普及化、便捷化客观教学需要的必然之策，另一方面也是与国际语言标准有效衔接的应然之举。根据"水平等级标准"的等级划分，各个阶段课程标准、测试标准和教师标准的级别设计也应随之变化，与"水平等级标准"形成有效对接。

（二）体现中文教学特点

作为中文母语国，我国的中文教育标准必须体现中文特点。中文的特点主要体现在音节、汉字、词汇、语法四个维度上。音节在中文里是重要的语言单位，汉字是记录中文的书写符号体系。作为音节语素文字，汉字记录的是中文的语素或单音节的词。一个音节是一个汉字，也是一个语素。中文语法除了具有抽象性、稳固性等特点外，还具有鲜明的民族性，例如中文的词没有形态变化，词在句子中充当的成分主要靠语序来表示。作为中文语法单位的词，以及词类、句法成分、句类、句式特点等，都是中文最重要的特点，也是国际中文教育的重要教学内容。

我国国际中文教育"水平等级标准"的研发经历了由"二维基准"发展延伸到"三维、四维基准"的过程。1992年出版的《汉语水平词汇与汉字等级大纲》是典型的"二维基准"模式。引入中文音节的《汉语国际教育用音节汉字词汇等级划分》（2010）的"三维基准"模式是一次重大创新。《国际中文教育中文水平等级标准》（2021）则发展到"四维基准"，集音节、汉字、词汇和语法于一身，确定了中文三要素与汉字融合的四维语言量化指标体系，可以更加全面、准确地考查学习者的中文水平。这是符合中文自身特点的知识创新成果，富有鲜明的中国特色，适应了国际中文教育现代化和多样化的要求，是我国国际中文教育标准研制工作的重要突破。[①]

其他类型的中文教育标准也在不同程度上体现了对"中文和中国文化"的重视，力求反映中文特点和国际中文教育的学科特色。例如《国际汉语教学通用课程大纲（修订版）》（2014）认为语言技能、语言知识、策略和文化能力是培养语言综合运用能力的四个方面;《国际汉语教师标准》（2012）构建了国际中文教师知识、能力和素质的基本框架，包括汉语教学基础、汉语教学方法、教学组织与课堂管理、中国文化与跨文化交际、职业道德与专业发展五个方面的标准。

三、我国国际中文教育标准的全球影响力

（一）全球汉语水平考试人数增长

中文考试规模直接反映国际中文教育标准的影响力。图 2-5 显示，自 2006 年汉语水平考试改革以来，全球考生总数稳步增长，特别是 2010—2013 年，增幅更为显著。截至 2019 年底，参加各类中文考试人数达到 750 万人次，全球 152 个国家（地区）设立考点 1229 个，提供网考服务的考点 489 个，网考覆盖 40%。受全球新冠肺炎疫情影响，汉语水平考试于 2020 年 4 月启动居家网考。

---

① 李行健.一部全新的立足汉语特点的国家等级标准——谈《国际中文教育中文水平等级标准》的研制与应用[J].国际汉语教学研究，2021（01）：8-11.

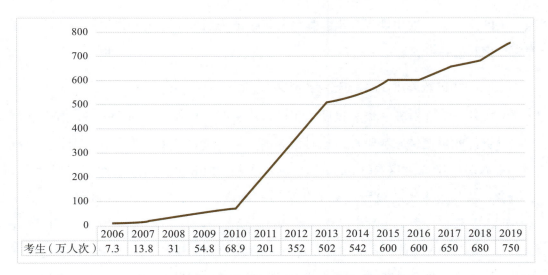

	2006	2007	2008	2009	2010	2011	2012	2013	2014	2015	2016	2017	2018	2019
考生（万人次）	7.3	13.8	31	54.8	68.9	201	352	502	542	600	600	650	680	750

图 2-5　全球各类中文考试考生总数变化趋势图

（二）中文教育标准得到多国认可

在许多国家，汉语水平考试（HSK）成绩与当地民众的升学、就业、晋升息息相关。以韩国为例，HSK 成绩不仅是韩国学生到中国留学或考入韩国大学的入学依据，而且是韩国三星集团等著名大型企业招收新员工以及晋级、考核的凭证，韩国国家机关和地方政府也把中文列为公务员的重要培训项目。[①] 再如匈牙利，根据匈牙利第 3/1980MM 号法令（X.25）补编清单，国家认可汉语水平考试（HSK、HSKK）成绩。通过 HSK 考试的学生不必参加高中的外语结业考试，在符合大学学位所必需的语言能力的基础上可在入学考试中获得加分；公务员在工作中可以在使用该语言的情况下获得语言津贴。[②]

《国际汉语教学通用课程大纲》助力海外中文教育标准的制定。比如，西班牙安达卢西亚大区中文教学大纲的制定参考了《国际汉语教学通用课程大纲》中的各级中文词汇和语法点，并根据当地的教学需求进行了增删；美国新泽西州《中文课程规划》以《国际汉语教学通用课程大纲》和《新泽西州外语教学标准》为蓝本，参

① 胡佳轶，李文一 . "汉语托福" 走向世界 [J]. 决策与信息，2010（07）：6.
② 李登贵，高军丽，王衡 . 匈牙利中文教学资源发展路径构建 [J]. 云南师范大学学报（对外汉语教学与研究版），2021，19（04）：56-62.

照《国际汉语教学通用课程大纲》列出各等级能力所需的词汇和语法点等内容，使教学目标和内容更容易把握、落实。①

（三）中文教育标准促进教学资源建设

中文教育标准对教学资源建设的积极作用主要表现在两方面：第一，有助于提升教学资源的规范性和科学性，这对指导本土中文教材开发尤为重要。例如，西班牙本土教材《汉语之路》（*Camino al Chino*）将 CEFR 和《新汉语水平考试大纲》相结合，兼顾了本土化设计和规范化编写；再如，美国沉浸式中文教材 *Mandarin Matrix* 主要依据《新中小学生汉语水平考试大纲》，西班牙语区中文教材《循序渐进汉语》主要依据《国际汉语教学通用课程大纲》，等等。第二，有助于促进新标准下教学资源的丰富性和多样性。每一部（版）新标准的颁布都能带动一大批新型教学资源的涌现，最典型的案例就是世界各地各级各类汉语水平考试教材教辅的编写与出版，《HSK标准教程》《YCT标准教程》《BCT标准教程》分别于2014年、2015年、2015年开始陆续出版，实现了"考教结合、以考促教、以考促学"的考教理念。《国际汉语教师证书》考试出台后，《〈国际汉语教师证书〉考试大纲解析》《〈国际汉语教师证书〉面试指南》《〈国际汉语教师证书〉考试真题集》《国际汉语教师经典案例详解》等考试辅导用书也迅速出版。

由此可见，在我国第三个国际中文教育标准建设周期，标准的修订与完善、新标准的制定与发布，以及由此带动的教学资源建设、教学模式创新必将极大促进国际中文教育的高质量、可持续、内涵式发展。

---

① 马佳楠，张彤辉.试论《国际汉语教学通用课程大纲》与海外外语能力标准的对接——以西班牙安达卢西亚大区、美国新泽西州汉语教学大纲制定为例 [J]. 国际汉语教学研究，2019（02）：74-79.

第二节　海外中文教育标准建设 [1]

海外中文教育标准是国际中文教育标准体系的重要组成部分。在海外国民教育体系内研制并颁布中文教育标准具有非凡意义，是中文融入海外国民教育体系的重要标志。根据"国际中文教学标准数据库"统计，截至目前，中国以外国家或地区教育行政部门发布的各类中文能力标准、中文课程标准、中文测试标准达 106 部，包括 4 部全球性标准、1 部区域性标准和 101 部国别和地区性标准，覆盖 32 个国家。[2]（见"附录 2"）

一、全球与区域中文教育标准

除了我国发布的国际中文教育标准在全球通行之外，还有 4 部全球通用性标准和 1 部区域通用性标准。

（一）《AP 中国语言文化课程与考试大纲》（*AP Chinese Language and Culture Course and Exam Description*）

AP（Advanced Placement）课程是在高中开设的大学先修课程，吸引了众多学业优秀的高中生选修。2003 年美国大学理事会（College Board）正式宣布开设 AP 中国语言文化课程，举行 AP 中国语言文化考试，并于 2006 年秋季推出 AP 中文课程，2007 年 5 月正式开考。大学理事会于 2006 年公布了《AP 中文教师指引手册》初稿，

---

[1]　本节内容为"2020 年度国际中文教育研究课题重点项目（20YH07B）"阶段成果。

[2]　计算单位：1 部标准可能含有多份文件，本书根据文件类型、发布机构、教学对象计算标准数量，含多个更新版本的标准或多个年级的文件均算为 1 部标准。文件统称：文件名称有 Standard、Curriculum、Syllabus、Guidance、Framework 等，又涉及多个语种，翻译为"标准、大纲、计划、指南、框架"等。为体现其官方文件的性质，本书统称其为"标准"，特指某个标准时则采用原文的翻译名称。收集范围：文件不包括区本、校本的内部课程大纲，不包括通用外语课程标准，不包括字、词、语法表等孤立的语言要素文件。

并相继公布了《课程与考试大纲》。该大纲包含课程框架、教学方法、考试信息、评分指南等内容。

根据美国大学理事会官网发布的数据，2007—2020 年 AP 中文考生总数和开设 AP 中文课程的学校数量实现了"双增长"。截至 2020 年底，全球共有 20 余个国家和地区的 2063 所学校开设了 AP 中文课程，考生总数达 14663 人。（图 2-6）

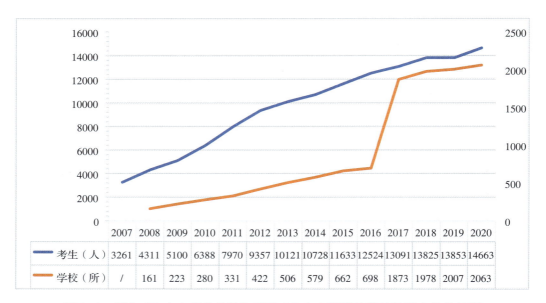

	2007	2008	2009	2010	2011	2012	2013	2014	2015	2016	2017	2018	2019	2020
考生（人）	3261	4311	5100	6388	7970	9357	10121	10728	11633	12524	13091	13825	13853	14663
学校（所）	/	161	223	280	331	422	506	579	662	698	1873	1978	2007	2063

图 2-6　历年 AP 中文考生总数和开设 AP 中文课程的学校数量变化趋势图

（二）《IGCSE 国际普通中等教育证书中文考试大纲》（ *International GCSE Chinese* ）

IGCSE（International General Certificate of Secondary Education）是英国剑桥大学国际考试委员会（Cambridge International Examinations，简称 CIE）研制的国际普通中等教育证书考试，可视为国际中学会考证书考试，考生为 14—16 岁的中学生。CIE 受英国教育部委托，负责开发以 CEFR 为基础、以英国语言阶梯系统为依托、包含 6 个水平共 16 个级别的资源语言（Asset Languages）技能认证考试，并从 2005 年开始，先后推出中文的入门、基础和中级三个水平的考试。[①] IGCSE 下设的语言类课程包括中文作为第一语言和中文作为第二语言两类。考试大纲也分第一语言和第二语言两种，包含大纲概述、科目内容、考评细节等，考试大纲每年进行更新。根据英国文化协会（British Council）发布的历年《语言趋势》（ *Language*

---

① 张新生，李明芳 . 英国汉语教学的现况和趋势 [J]. 海外华文教育，2007（02）：46-57.

Trends）统计，2011—2017 年考生总数稳步攀升，2018 年达到峰值，总人数为 4410 人，2019 年、2020 年总人数有所回落。（图 2-7）

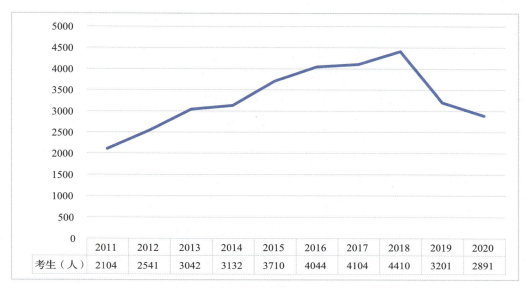

	2011	2012	2013	2014	2015	2016	2017	2018	2019	2020
考生（人）	2104	2541	3042	3132	3710	4044	4104	4410	3201	2891

图 2-7　历年 IGCSE 中文考生总数变化趋势图

（三）《A-Level 国际普通教育高级水平证书中文考试大纲》（*International A-Level Chinese Language*）

A-Level（General Certificate of Education Advanced Level）也是英国剑桥大学国际考试委员会（CIE）研制的国际考试，可称为国际普通教育高级水平证书考试。该考试可简单地理解为高等学校入学考试，即高考，适合 16—18 岁的考生。IGCSE 和 A-Level 考试都是国际知名度颇高的资质证书考试，受到全球众多一流大学和用人单位的认可，其考试成绩是申请英语国家大学的重要参考之一，因而成为具有广泛国际性的考试。据 CIE 宣传，"每年来自全球 160 个国家 1 万所学校的近百万学生通过资质证书考试追寻未来的梦想"。《A-Level 国际普通教育高级水平证书中文考试大纲》的主要内容包括考试概况、课程目标、考试目的、课程内容、课程模块描述、话题范围、评分标准等。2018 年，A-Level 中文考试考生总数首次超过德语考生总数，从 2017 年的 3070 人上升至 2018 年的 3334 人，德语反而从 2017 年的 3663 人下降至 2018 年的 3058 人。[①]

[①] Association for Language Learning. ALL comments on A-level results 2018 [EB/OL]. https://www.all-languages.org.uk/news/all-comments-on-a-level-results-2018/.

（四）《IB 中文普通话初级课程具体语种的教学大纲》（*IB Mandarin ab initio Language-specific syllabus*）

IB 课程是由国际文凭组织（International Baccalaureate Organization，简称 IBO）开发的国际课程体系。该课程开发之初是为了满足外交官子女全球就读的需要，因而课程十分强调国际适用性和通行性。截至目前，全球共有 150 多个国家和地区的近 5000 所学校正式开设 IB 课程，为全世界 100 多万名学生提供课程服务，75 个国家的 2000 多所大学认可 IB 文凭的入学资格。IB 课程包括小学（Primary Years Programme，简称 PYP）、初中（Middle Years Programme，简称 MYP）、高中（Diploma Programme，简称 DP）和职业教育（Career-related Programme，简称 CP）四个项目，其中 DP 的知名度最高。

2011 年国际文凭组织公布了《IB 中文普通话初级课程具体语种的教学大纲》，并说明此大纲需要与 2011 年 5 月公布的中文版《初级语言课程指南》（*Language ab initio guide*）配合使用。大纲提供了主题和话题框架，以及相关词语表和语法表。

IB 提供了多种语言课程选择，中文课程包括中文 A（第一语言）和中文 B（第二语言）。图 2-8 显示，2013—2020 年 DP 中文 A 和中文 B 考生总数总体呈现增长态势，其峰值均出现在 2019 年，分别为 4465 人和 4835 人，2020 年考生总数均有所下降。另外，除 2020 年以外，历年选择中文 B 的考生均比中文 A 的考生数量多。

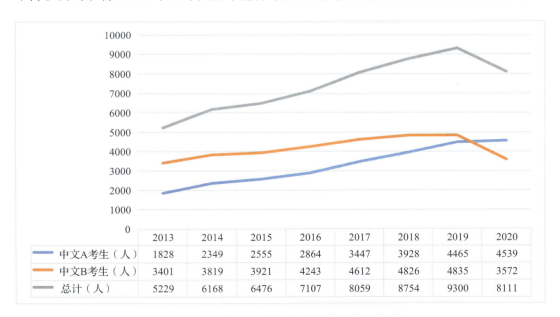

	2013	2014	2015	2016	2017	2018	2019	2020
中文A考生（人）	1828	2349	2555	2864	3447	3928	4465	4539
中文B考生（人）	3401	3819	3921	4243	4612	4826	4835	3572
总计（人）	5229	6168	6476	7107	8059	8754	9300	8111

图 2-8　历年 DP 中文考生总数变化趋势图

（五）《欧洲汉语能力标准》（*European Benchmarks for the Chinese Language*）

在欧盟终身学习专项经费资助下，以 CEFR 为指导性文件，从中文在欧洲使用特点出发，《欧洲汉语能力标准》于 2012 年完成了 A1、A2+ 两个级别的汉语能力标准表述（can-do statements）及 7 个相关的说明附件。《欧洲汉语能力标准》采用了CEFR 建议的四大主题领域：个人活动、公共活动、教育活动、职业活动。在语言能力分类上，《欧洲汉语能力标准》也基本沿用了 CEFR 的分类，将传统的听、说、读、写技能重新归类，划分为单向性的听力、单向性的口语表达、双向性的口语互动、单向性的书面阅读、单向性的书写写作、双向性的书面互动及交际策略 7 类。所不同的是，《欧洲汉语能力标准》根据中文的特点，增加了包含拼音与汉字在内的字形知识 / 拼读能力，共计 8 类。7 个说明文件是：（1）主题 / 话题清单；（2）交际功能清单；（3）A1 级汉字表；（4）A2 级汉字表；（5）A1—A2 级书面词语表；（6）A1 级口语词语表；（7）A2 级口语词语表。[①]《欧洲汉语能力标准》的研制为"中文标准本土化"做出了努力，但较为遗憾的是，该项目目前只有 A1 和 A2+ 级别的内容，缺少 B1、B2、C1、C2 等级别的能力描述。

二、国别与地区中文教育标准

截至目前，6 大洲 32 个国家研制并发布的中文教育标准共计 101 部。

（一）海外标准遍及六大洲，主要集中在欧洲国家

图 2-9 显示，研制并发布中文教育标准的 32 个国家中，欧洲国家最多，有 14 个，占总数的 43.75%；亚洲国家 7 个，非洲国家 6 个，北美洲和大洋洲国家各 2 个，南美洲国家只有 1 个。32 个国家中，发达国家 17 个，发展中国家 15 个；"一带一路"[②]沿线重要合作国家有 10 个，分别为新加坡、马来西亚、越南、阿联酋、亚美尼亚、俄罗斯、白俄罗斯、匈牙利、罗马尼亚和保加利亚。

---

① 张新生.欧洲汉语能力标准再探 [J].国际汉语教学研究，2016（03）：50-59.
② 根据"中国一带一路网"（https://www.yidaiyilu.gov.cn/）统计，"一带一路"沿线共 64 个国家。

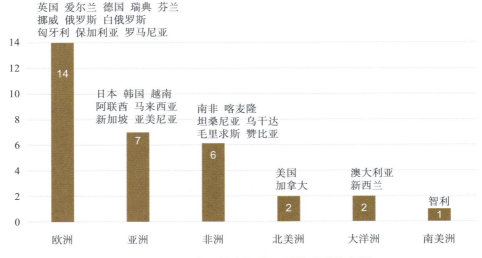

图 2-9 国别中文教育标准研制的地域分布图

上述地域分布呈现出三个特点：

1. 发达国家标准研制略占优势

全球共 32 个国家推出了中文教育标准，其中发达国家 17 个，即日本、韩国、新加坡、美国、加拿大、澳大利亚、新西兰、英国、爱尔兰、法国、德国、意大利、西班牙、瑞典、芬兰、挪威、匈牙利。欧洲颁布中文教育标准的国家最多，不仅有区域标准（《欧洲汉语能力标准》），也有国家标准和地区标准（如西班牙《安达卢西亚大区中文课程大纲》和《卡斯蒂利亚-莱昂大区中国语言与中国文化课程大纲》、德国《黑森州中文教学大纲教师指南》和《萨克森州文理中学中文教学计划》等），北美洲（美国和加拿大）和大洋洲（澳大利亚和新西兰）的主要国家也都推出了中文教育标准，这与上述国家的语言教育规划能力和标准研制水平不无关系，同时也受到 CEFR 和 ACTFL 等国际外语教学标准的直接影响。

2. 标准研制呈现区域不平衡性

多个中文教育重要区域仍然缺乏相关标准。发布中文教育标准的东南亚国家仅有 3 个：新加坡、马来西亚和越南；西亚国家 2 个：阿联酋和亚美尼亚；中东欧国家 3 个：匈牙利、罗马尼亚和保加利亚。

3. 非洲国家标准研制后来居上

自 2014 年以来，非洲先后有 6 个国家的教育行政部门颁布了中文教育标准。这

6 个国家集中在非洲中南部，分别为喀麦隆、毛里求斯、南非、坦桑尼亚、乌干达和赞比亚。其中文教育标准的研制和推行不仅对该国中文教育发展意义重大，而且也可为周边其他国家的中文教育提供借鉴。

（二）标准研制起步较早，近十年发展迅速

1. 起步期（1955—1989 年）

1989 年之前，共有 5 个国家发布中文教育标准，其中韩国最早。1955 年韩国教育部首次将中文列为外语科目之一，并制定了中文教学规范文件《高中中文教学大纲》，它是全球首个海外国家发布的中文作为外语的教学标准。该文件历经多次调整与修订，迄今已是第 8 版。新加坡教育部 1959 年颁布了《中学华文课程标准》，这是全球首个华文教学指导性文件；1979 年又颁布了《小学华文课程纲要》，完成了小学华文与中学华文教学的衔接与贯通。这两个文件现已分别更新到第 7 版和第 5 版。此外，日本、马来西亚、美国在 20 世纪 80 年代相继发布了《中国语检定考试大纲》《小学华文课程标准》《中文水平测试大纲（CPT）》等，海外中文教育标准研制就此起步。

2. 领航期（1990—2009 年）

这一时期，澳大利亚、新西兰、德国、加拿大相继发布了中文教育标准。澳大利亚自 1993 年发布《国家课程大纲：中文》之后，各州陆续发布各类中文教育标准达 20 余部。1995 年新西兰教育部发布《中文教学大纲》。德国自 1998 年颁布《高中毕业考试中文科目统一标准》以来，9 个州相继发布各类中文教育标准 10 余部。自 20 世纪 90 年代开始，加拿大不列颠哥伦比亚省、萨斯喀彻温省、阿尔伯塔省陆续发布省级中文教育标准。2000—2009 年，越南、法国、英国也相继颁布了中文教育标准。自此，欧、美、亚主要发达国家均初步完成了中文教育标准的本土化，为其他国家中文教育标准的研制发挥了领航作用。

3. 发展期（2010—2020 年）

这一时期，海外中文教育标准研制取得了较大进步，共有 20 个国家发布了本国或地区的中文教育标准。多个国家的中文教育标准具有首创性，在本国乃至区域中文教育中发挥了积极作用。例如，喀麦隆中等教育部在《初中外语教学大纲》的基础上，联合中喀两国中文教学专家，于 2014 年推出了非洲首个中文教学标准《初

中三、四年级中文教学大纲》；智利文化教育局 2017 年启动制定《中文教学大纲》，2018 年正式公布使用，该大纲十分重视"文化教学"在智利中文教学中的地位；为落实中阿两国领导人对阿联酋中文教学的长远规划，在中阿两国中文教育工作者的共同努力下，阿拉伯联合酋长国《全国中学汉语课程框架》逐步完善并得到阿联酋教育部认可，阿联酋成为首个公布中文教育标准的阿拉伯国家；保加利亚教育部 2020 年 1 月公布了《中文教学方案》，为该国中文教育打开了新局面。（图 2-10）

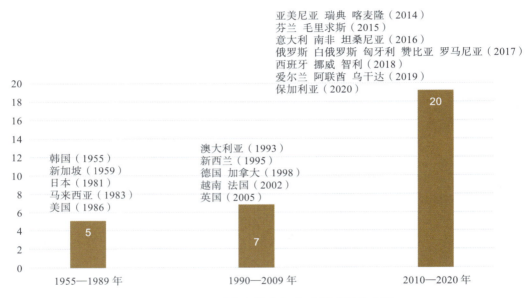

图 2-10　国别中文教育标准研制时间分布图

（三）"全球—区域—国家—地区"的多层级标准方阵基本形成

前文介绍了 4 部全球通用性标准和 1 部区域通用性标准。此外，32 个国家颁布了国家中文教育标准；加拿大和西班牙两国颁布了地区（州/大区）中文教育标准；澳大利亚、德国、英国三国兼有国家和地区中文教育标准。

首先，受国家教育体制和外语教育政策影响，加拿大和西班牙只颁布了地区中文教育标准。加拿大联邦政府没有设立教育部，没有联邦政府统一的外语教育政策，各省教育局自行制定本省的教育政策。在这样的国家教育体制和教育政策的影响下，加拿大不列颠哥伦比亚省、萨斯喀彻温省、阿尔伯塔省根据各省语言推广政策和外语教育规划，推出了各自的中文教育标准。三省中文教育标准的课程类型、语言性质、起止年级均有较大差别。西班牙教育部受欧盟语言多元化政策的影响，采用

"立法驱动发展、调研完善立法"的做法，促进本国外语教育改革。《2010—2020 年外语学习全面规划》中提到，要在小学和中学推广第二外语教育，使学生的第二外语水平达到 CEFR 的 A2 水平。[①] 在此背景下，西班牙中文教育发展态势良好，融入西班牙国民教育体系的步伐不断加快。西班牙共有 17 个自治区，各自治区的教育行政部门具有开设外语课程、制定课程标准的自主权。截至目前，安达卢西亚自治区、卡斯蒂利亚-莱昂自治区教育委员会公布了中文教育标准，将中文纳入了自治区外语教育体系。

其次，澳大利亚、德国、英国中文教育标准具有"国家—地区"纵向联动的特点。三国中文教育标准研制的顺序均为"先国家，后地区"，国家标准为上位标准，发挥统领作用；地区标准为下位标准，在宏观层面符合国家标准，在中微观层面具有灵活多样的特点，以便满足该地区具体的中文教学需求。截至目前，共收集到澳大利亚中文教育标准 23 部，包含不同类型（课程标准和考试标准）、不同语言性质（第一语言、第二语言、背景语言[②]）、不同级别或年级的各类标准。澳大利亚是颁布中文教育标准最多的国家，也是标准覆盖地区最广的国家。1993 年澳大利亚课程评估报告局发布《国家课程大纲：中文》，这是澳大利亚全国统一的中文教育标准。此后在不同时期，澳大利亚 6 个州（维多利亚州、昆士兰州、新南威尔士州、西澳大利亚州、南澳大利亚州、塔斯马尼亚州）均发布了州级中文教育标准，各州标准也具有"多类型、多版本"的特点。维多利亚州课程评估局发布的"教育证书考试"（Victorian Certificate of Education，简称 VCE）中文大纲最为著名。该考纲分为中文作为第一语言（Chinese First Language Study Design），中文作为第二语言（Chinese Second Language Study Design），中文作为第二语言高级（Chinese Second Language Advanced Study Design），中文、文化和社会（Chinese Language, Culture and Society Study Design）4 种类型。

德国是另一个兼有全国和地区中文教育标准的国家。德国各联邦州享有文化教育的立法权和行政管理权，联邦政府可通过联邦教育与研究部（Bundesministerium für Bildung und Forschung，简称 BMBF）、联邦与州教育规划与促进委员会（Bund-

---

① 王萌萌. 西班牙外语教育改革及其启示 [J]. 外国教育研究，2015，42（01）：39-46.
② 中文为背景语言的学习者（Chinese as background language learner）的含义较宽泛，可指：(1) 中文为母语者；(2) 华裔学习者；(3) 有一定基础的中文为二语的学习者。

Länder-Kommission für Bildungsplanung und Forschungsförderung，简称 BLK），以及联邦州文化教育部长联席会议（Kultusministerkonferenz，简称 KMK）3 个主要的协调机构参与教育决策。[①] 1998 年 4 月，德国联邦州文化教育部长联席会议依据高中毕业考试的统一要求确立了《高中毕业考试中文科目统一标准》，随后 9 个联邦州先后公布了州级中文教育标准。

"GCSE 普通中等教育证书考试"可以简单视为英国中学全国会考，中文是可选择的考试科目之一。英国苏格兰学历管理委员会（又称苏格兰资格监管局，Scottish Qualifications Authority，简称 SQA）主管苏格兰地区国家资格测试项目，具体负责测试等级划分、标准研制、测试评分和证书颁发，该测试相当于苏格兰地区的高考。2008 年 SQA 公布了《苏格兰地区国家资格中文测试标准》，该标准包括"五级资格（N5）测试、高级资格（higher）测试、最高级资格（advanced higher）测试"3 部分。

（四）课程标准居多，课程类型多样

从标准类型分析，29 个国家颁布的 84 部中文课程标准为课程指导性文件。日本、英国、匈牙利目前执行的是中文测试标准，分别为《中国语检定考试大纲》《GCSE 普通中等教育证书考试大纲：中文》和《中文作为第二外语考试大纲》；美国、澳大利亚、新西兰、德国和阿联酋兼具课程标准和测试标准的性质，包括美国《SAT Ⅱ 中文测试》、澳大利亚《维多利亚州教育证书（高考）中文学习计划》、新西兰《NCEA 汉语语言技能考试标准》、德国《石勒苏益格-荷尔斯泰因州高中毕业考试科目中文专业要求》、阿联酋《全国中学中文评估指南》。可见，在海外中文教育标准体系中，课程标准占绝大多数，测试标准为辅，尚未有任何一国出台全国性或地区性的中文能力标准或水平等级标准。

80 余部课程标准反映出的课程类型十分多样，在教学阶段、教学年级、教学对象、教学目标、教学理念等方面不拘一格。西班牙《卡斯蒂利亚-莱昂大区中国语言与中国文化课程大纲》、法国《中文国际班中国语言及文学教学大纲》、加拿大《阿尔伯塔省中国语言课程大纲（幼儿园到 12 年级）》几份标准又在课程内容方面凸显了语言与文化相融合的特色。

---

① 张建伟，王克非．德国外语教育政策研析 [J]．外语教学与研究，2009，41（06）：459-464+481．

（五）中文多为第一外语课程

各国中文教育标准将中文定义为不同的语言角色，大体可分为 4 种类型（图 2-11）：

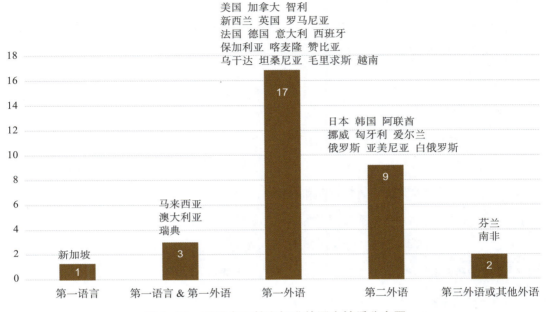

图 2-11　国别中文教育标准的语言性质分布图

1. 母语或第一语言

出台中文作为第一语言课程标准的国家有 4 个：新加坡、马来西亚、澳大利亚和瑞典。新加坡将中文作为 4 种官方语言之一，所有华族学生在校期间都需要学习母语；马来西亚华文教学体系和国民教学体系分别执行华文（中文作为母语）课程标准和华语（中文作为第二语言）课程标准；澳大利亚将中文课程主要分为第一语言、第二语言、背景语言三种类型，分别对应不同的课程大纲；瑞典国家教育总署 2017 年颁布实施了《"母语教育—中文"教学大纲》，适用于瑞典中小学教育体系中特设的"母语教育"专门课程，而瑞典政府于 2014 年颁布的另一份中文教学文件《现代语言教学大纲：中文》，主要适用于中文作为第二外语的课程，供瑞典学生在 4—9 年级选修。①

---

① 瑞典国家教育总署 . Läroplan för grundskolan samt för förskoleklassen och fritidshemmet[EB/OL]. https://www.skolverket.se/undervisning/grundskolan/laroplan-och-kursplaner-for-grundskolan/laroplan-lgr11-for-grundskolan-samt-for-forskoleklassen-och-fritidshemmet?url=1530314731%2Fcompulsorycw%2Fjsp%2Fsubject.htm%3FsubjectCode%3DGRGRMSP01%26tos%3Dgr&sv.url=12.5dfee44715d35a5cdfa219f.

2. 第一外语

将中文作为第一外语的教育标准最多，17 个国家制定了中文作为第一外语的教育标准。加拿大《阿尔伯塔省中国语言课程大纲（幼儿园到 12 年级）》独具特色，用于公立全日制学校的中英双语项目（Chinese bilingual program），是目前较为成熟的中文为双语的课程大纲。

3. 第二外语

日、韩等 9 国的中文教育标准将中文界定为第二外语，其第一外语均为英语。

4. 第三外语或其他外语

中文在芬兰中小学作为 B3 语言，即学生进入高中阶段后，要继续学习基础教育阶段已选的两门必修外语（A1 语言和 B1 语言），同时这期间有机会学习第三门选修外语（B3 语言）。[①] 南非实施多语政策，有 11 种官方语言和 14 种非官方语言。南非基础教育部将 14 种非官方语言作为第二辅助语言（the second additional language），目前只有汉语和德语拥有完善的第二辅助语言课程标准。

上述标准体现了中文在各国国民教育体系中不同的语言角色，它也能够从一个侧面反映中文在该国的语言地位。按照中文在各国基础教育体系中的重要性，以上 4 种类型可排序为：母语或第一语言＞第一外语＞第二外语＞第三外语或其他外语。但也应看到，即使某国将中文设置为基础教育中的第一外语，通常可选的第一外语也不止中文一种。例如，新西兰中小学可以选修的外语还有法语、西班牙语、日语、德语和韩语。另外，课程性质（选修课、必修课等）、课时量、评估方式等也能够体现一门外语的重要程度。

（六）初中阶段课程标准居多

考察中文教育标准中关于教学对象的描述，可以了解标准设定的学生学习起止年级、课程覆盖的教育阶段，从而了解该国中文教育体系的完整程度。在基础教育阶段，提供小学—初中—高中完整中文课程规划的国家有 12 个，分别是马来西亚（华语教学体系 1-12）、新加坡（K-12）、越南（6-12）、美国（K-12）、加拿大（阿尔伯塔省，K-12）、法国（2-12）、爱尔兰（K-12）、白俄罗斯（3-12）、俄罗斯（5-11）、保加利亚（1-12）、南非（4-12）、澳大利亚（K-12），但它们的起止年级也略有

---

① 王红. 芬兰普通高中国家核心课纲中的汉语课程模块研究及启示 [J]. 国际汉语教学研究，2019（01）：57-62.

不同。图 2-12 显示，中学阶段的课程标准比小学阶段多，覆盖密度最高的教育阶段是 7—9 年级，涉及 26 个国家的课程标准；芬兰、匈牙利、喀麦隆、坦桑尼亚 4 国标准面向高中阶段，日本的中国语检定考试除了面向高中生和大学生以外，还吸引了不同年龄和职业的考生。

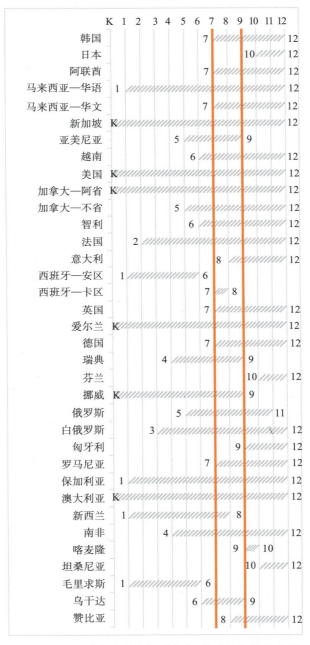

图 2-12　国别中文教育标准的教学对象年级分布图

综上所述，为满足全球日益增长的中文学习需求，在全球中文教学"规范化、标准化"趋势下，海外中文教育标准建设取得了长足发展，多国中文教育标准实现了"本土化"，对当地中文课程教学起到了积极的指导和规范作用。

第三部分　纸质篇

第一节　国际中文教材发展概况

自 1958 年我国第一部对外汉语教材《汉语教科书》正式出版以来，国际中文教材建设走过了 60 多年的奋斗历程并取得了长足发展，在我国国际中文教育事业发展与学科建设中发挥了积极的推动作用。本篇依托"国际中文教育教学资源动态数据库"（以下简称"数据库"），分别从教材整体及主要类型教材的发展情况出发，尽可能全面地梳理并展现中华人民共和国成立后国际中文教材的发展面貌。本篇将聚焦纸质版国际中文教材，即以国内外中文学习者为教学对象，以汉语言文字和中国文化为教学内容，以培养学习者中文交际能力和跨文化交际能力为教学目标的各级各类中文作为二语 / 外语 / 华文的纸质教材。[①]

一、教材数量

自中华人民共和国成立至 2020 年底，全球共出版国际中文教材 19530 种[②]。图 3-1 显示，2000 年以后国际中文教材出版数量进入快速增长期，2001—2010 年共出版 7278 种，2011—2020 年共出版 8039 种。

[①] 本篇所述纸质教材是以纸质教材为主要呈现方式的国际中文教材，这些教材除纸质载体外，也有部分提供音频、视频等立体化资源。

[②] 在"国际中文教育教学资源动态数据库"中，有效的教材数据指有 ISBN（国际标准书号）的教材。

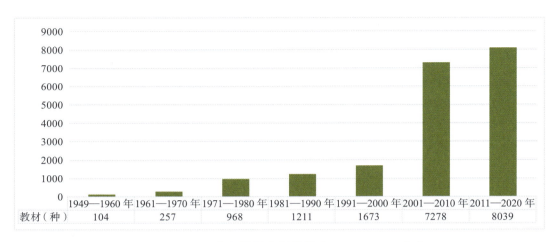

教材（种）	1949—1960 年	1961—1970 年	1971—1980 年	1981—1990 年	1991—2000 年	2001—2010 年	2011—2020 年
	104	257	968	1211	1673	7278	8039

图 3-1　国际中文教材出版数量（1949—2020 年）

二、教材注释语种

　　国际中文教材的注释语种共涉及 80 个。（表 3-1）其中英语使用频率最高，共有 82.42% 的国际中文教材以英语作为注释语种；其他语种的使用频率较低，仅有 17.58% 的国际中文教材采用英语之外的其他注释语种。在 79 个其他注释语种中，韩语、法语、西班牙语、日语、俄语、德语、意大利语、泰语以及阿拉伯语共占 71.22%。（表 3-2）

表 3-1　国际中文教材注释语种（80 个）

欧洲语种（34 个）			亚洲语种（30 个）			非洲语种（13 个）	大洋洲语种（3 个）
英语	保加利亚语	黑山语	阿拉伯语	塔吉克语	尼泊尔语	斯瓦希里语	斐济语
阿尔巴尼亚语	波兰语	德语	韩语	泰语	印度尼西亚语	豪萨语	比斯拉马语
俄语	法语	瑞典语	菲律宾语	柬埔寨语	老挝语	基隆迪语	毛利语
挪威语	葡萄牙语	西班牙语	马来语	缅甸语	日语	提格雷尼亚语	
希腊语	意大利语	匈牙利语	越南语	哈萨克语	乌兹别克语	绍纳语	
罗马尼亚语	斯洛文尼亚语	荷兰语	吉尔吉斯语	乌尔都语	波斯语	恩德贝莱语	
芬兰语	丹麦语	捷克语	蒙古语	泰米尔语	希伯来语	阿非利卡语	
克罗地亚语	塞尔维亚语	斯洛伐克语	印地语	达里语	孟加拉语	祖鲁语	

续表

欧洲语种（34个）			亚洲语种（30个）			非洲语种（13个）	大洋洲语种（3个）
乌克兰语	白俄罗斯语	立陶宛语	土耳其语	亚美尼亚语	阿塞拜疆语	奇契瓦语	
爱沙尼亚语	马耳他语	马其顿语	普什图语	僧伽罗语	格鲁吉亚语	塞苏陀语	
拉脱维亚语	冰岛语	波斯尼亚语				阿姆哈拉语	
罗曼什语						茨瓦纳语	
						卢旺达语	

表 3-2　国际中文教材主要注释语种排名

排名	注释语种	占比（%）
1	英语	82.42
2	韩语	3.98
3	法语	3.90
4	西班牙语	1.91
5	日语	1.48
6	俄语	1.46
7	德语	1.38
8	意大利语	1.23
9	泰语	1.21
10	阿拉伯语	1.03

三、教材出版机构

　　截至 2020 年底，共有 496 家出版社参与国际中文教材的出版工作，117 家为中国出版社（含港澳台地区）。其中北京语言大学出版社（4401 种）、华语教学出版社（1569 种）、五洲传播出版社（938 种）、北京大学出版社（843 种）、高等教育出版社（781 种）、人民教育出版社（690 种）、外语教学与研究出版社（565 种）、商务印书馆（525 种）、三联书店（香港）（405 种）、暨南大学出版社（302 种），10 家出版社共出版教材 11019 种，占国际中文教材总数的一半以上（56.42%），是当前国际中文教材的主要出版机构。（表 3-3）

表 3–3　国际中文教材主要出版机构（中国）

排名	出版社	教材（种）
1	北京语言大学出版社	4401
2	华语教学出版社	1569
3	五洲传播出版社	938
4	北京大学出版社	843
5	高等教育出版社	781
6	人民教育出版社	690
7	外语教学与研究出版社	565
8	商务印书馆	525
9	三联书店（香港）	405
10	暨南大学出版社	302

379 家海外出版社参与了中文教材的出版工作。其中 Cheng & Tsui（633 种）、CENGAGE Learning（280 种）、Marshall Cavendish Education（269 种）、Paris Editions You Feng（216 种）、Independently Published（201 种）、Better Chinese（155 种）、Routledge（151 种）、ChinaSoft（95 种）、Tuttle Publishing（91 种）、CreateSpace Independent Publishing Platform（57 种），10 家出版社共出版中文教材 2148 种，约占国际中文教材总数的 11%，是当前国际中文教材出版的重要补充力量。（表 3-4）

表 3–4　国际中文教材主要出版机构（海外）

排名	出版社	教材（种）
1	Cheng & Tsui	633
2	CENGAGE Learning	280
3	Marshall Cavendish Education	269
4	Paris Editions You Feng	216
5	Independently Published	201

续表

排名	出版社	教材（种）
6	Better Chinese	155
7	Routledge	151
8	ChinaSoft	95
9	Tuttle Publishing	91
10	CreateSpace Independent Publishing Platform	57

四、教材研发与出版情况

纵观国际中文教材 70 年的发展历程和建设成果，其研发与出版情况大体可划分为三个阶段。

（一）探索阶段（1949—1980 年）

这一阶段国内外共出版国际中文教材 1329 种。1958 年邓懿主编的《汉语教科书》由时代出版社出版，它是中华人民共和国成立初期第一部也是唯一一部正式出版的对外汉语教材。六七十年代编写的《基础汉语》和《汉语课本》在编写理念上逐步融入了实践性原则，开始体现"精讲多练""听说领先，读写跟上"的教学法思想。李培元等主编的《基础汉语课本》（1980）继承了《汉语教科书》等教材的优点，吸收了国外语言教学理论，体现出以结构为纲的对外汉语教材编写模式的日趋成熟。

这一时期具有代表性的海外中文教材主要有：赵元任先生编写的《国语入门》，1948 年由美国哈佛大学出版社出版；朱德熙先生和张荪芬女士在保加利亚任教时编写了《汉语教科书》，并于 1954 年由保加利亚科学艺术出版社（Издательство Наука и Изкуство）出版，这是保加利亚第一部中文教材；美国著名汉语学者约翰·德范克（John DeFrancis）教授主持编写的系列中文教材由耶鲁大学出版社于 1963 年陆续出版，这是一套以美国高中生和大学生为教学对象的大型正规教科书，该套教材基于结构主义语言学理论，包括会话部分（拼音本：初级汉语课本、中级汉语课本、高级汉语课本；汉字本：初级汉语课本汉字本、中级汉语课本汉字本、高级汉语课本汉字本）、阅读部分（初级汉语读本上下册、中级汉语读本上下册、高级汉语读本上下册），还配有教师手册、教材索引、录音和汉字卡片等。[①]（表 3-5）

表 3-5 代表性国际中文教材（1950—1980 年）

名称	编者	出版社	出版年
《国语入门》	赵元任	Harvard University Press	1948
《汉语教科书》	朱德熙、张荪芬	Издателство Наука и Изкуство	1954
《汉语教科书》	邓懿	时代出版社	1958
《汉语课本》系列	约翰·德范克	Yale University Press	1963
《基础汉语》	赵淑华、王还	商务印书馆	1971
《汉语读本》	许德楠、张维	商务印书馆	1972
《汉语课本》	李德津	商务印书馆	1977
《基础汉语课本》	李培元等	外文出版社	1980

这一阶段国际中文教材的编写开始关注教学法理论与教材的关系、总体设计与教材的关系、教材中语言与文化的关系，以及教材编写的基本原则问题。[②]该时期教材编写的主要贡献体现在以下两方面：一是将对外汉语教材从语文教材中独立出来，开创了国际中文教材这一独立的教材门类，为国际中文教育学科建设和教材建设奠定了基础；二是教材编写受到结构主义语言学理论的深刻影响，多以语法结构为纲，形成了较为成熟、完整的国际中文教学语法体系。

（二）发展阶段（1981—2000 年）

这一阶段国内外共出版国际中文教材 2884 种。1981 年问世的《实用汉语课本》是我国出版的第一部专供国外使用的基础中文教材。鲁健骥等编写的《初级汉语课本》（1988）是最早的对外汉语分技能系列教材。刘英林等编写的《汉语速成》（1987）是早期短期对外汉语教材的代表。邱质朴编写的《说什么和怎么说？》（1990）开启了以功能为纲编写对外汉语教材的新篇章。此外还有早期的专门用途中文教材《外贸洽谈五百句》（1982）和《科技汉语教程》（1988）、早期的儿童中文教材《儿童汉语》（1987）、中外合编教材《开明中级汉语》（1987）、华文教材

---

① 盛炎.语言教学原理 [M].重庆：重庆出版社，1990：200.
② 程裕祯.新中国对外汉语教学发展史 [M].北京：北京大学出版社，2005：138-151.

《中文》（1997）等。

这一时期具有代表性的海外中文教材主要有：1982年伦敦大学佟秉正和宝拉（D. E. Pollard）编写的《汉语口语》（*Colloquial Chinese*）；美国周质平主编的普林斯顿系列中文教材，如《现代汉语中级读本》（1992）、《现代汉语高级读本：中国知识分子的自省》（1993）、《人民日报笔下的美国》（1993）、《华夏行：现代汉语中级读本》（1996年）、《中国的危机与希望》（1996）、《中国啊！中国！：华裔学生现代汉语初级读本》（1997）、《新的中国：现代汉语中级读本》（1999）、《文学与社会：现代汉语高级读本》（1999）；1997年姚道中、刘月华主编的《中文听说读写》是为美国学习者编写的听说读写四项技能并重的通用型综合教材。（表3-6）

表3-6 代表性国际中文教材（1981—2000年）

名称	编者	出版社	出版年
《实用汉语课本》	刘珣、邓恩明、刘社会	商务印书馆	1981
《外贸洽谈五百句》	北京语言学院、北京对外贸易学院	外文出版社	1982
《汉语口语》	佟秉正、宝拉	Routledge	1982
《话说中国》	杜荣、戴祝奋	华语教学出版社	1985
《今日汉语》	胡裕树	复旦大学出版社	1986
《儿童汉语》	刘珣等	华语教学出版社	1987
《汉语速成》	刘英林等	北京语言学院出版社	1987
《开明中级汉语》	孙晖、Theodore D. Huters	语文出版社	1987
《初级汉语课本》	鲁健骥等	北京语言学院出版社、华语教学出版社	1988
《科技汉语教程》	杜厚文	华语教学出版社	1988
《汉语初级教程》《汉语中级教程》《汉语高级教程》	邓懿等	北京大学出版社	1989
《汉语言文字启蒙》	白乐桑、张朋朋	La Compagnie	1989
《中国话》	黄皇宗、翁建华	华语教学出版社	1990
《说什么和怎么说？》	邱质朴	江苏人民出版社	1990
《汉语会话301句》	康玉华、来思平	北京语言学院出版社	1990

名称	编者	出版社	出版年
《你好》	林淑满、Paul Fredlein	ChinaSoft	1991
普林斯顿系列中文教材：《现代汉语中级读本》等	周质平	Princeton University Press	1992—1999
《今日台湾：中级汉语课程》	邓守信等	台湾东海大学华语中心	1992
《桥梁：实用汉语中级教程》	陈灼	北京语言学院出版社	1996
《新编汉语教程》	黄政澄	商务印书馆国际有限公司	1996
《中文听说读写》	姚道中、刘月华	Cheng & Tsui	1997
《国际商务汉语》	李忆民	北京语言文化大学出版社	1997
《中文》	贾益民	暨南大学出版社	1997
《汉语400句》	康玉华	高等教育出版社	1998
《汉语教程》	杨寄洲	北京语言文化大学出版社	1999

改革开放以后，国际中文教材品种日益丰富，教材数量稳步增长。该阶段教材的编写特点可以概括为以下几个方面：一是教材主要适用于中国汉语环境下的对外汉语教学，以来华留学生为教材的主要适用对象；二是跳出了以语法结构为纲的藩篱，自主提出了"结构—功能—文化"相结合的对外汉语教学理念，并在教材编写实践中加以落实；三是教材逐步走向系列化，注重系列教材中语言要素、语言技能、不同课型之间的联系。

（三）繁荣阶段（2001年至今）

21世纪以来，国际中文教材发展进入繁荣期。2001年至今，国内外共出版国际中文教材15317种，教材数量成倍增长，教材品种极大丰富。（表3-7）

表3-7　代表性国际中文教材（2001年至今）

名称	编者	出版社	出版年
《新实用汉语课本》	刘珣等	北京语言大学出版社	2002
《当代中文》	吴中伟等	华语教学出版社	2003
《跟我学汉语》	陈绂等	人民教育出版社	2003

续表

名称	编者	出版社	出版年
《快乐汉语》	李晓琪等	人民教育出版社	2003
《博雅汉语》	李晓琪等	北京大学出版社	2004
《发展汉语》	李泉等	北京语言大学出版社	2004
《体验汉语》	编写组	高等教育出版社	2005
《经理人汉语》	张晓慧等	外语教学与研究出版社	2005
《汉语口语速成》（第2版）	马箭飞等	北京语言大学出版社	2005
《汉语乐园》	刘富华等	北京语言大学出版社	2005
《长城汉语》	马箭飞等	北京语言大学出版社	2005
《汉语900句》	编写组	外语教学与研究出版社	2006
《意大利人学汉语》	马西尼等	HOEPLI	2006
《中国历史·地理·文化常识》	国家汉办、国务院侨办	高等教育出版社等	2006
《轻松学中文》	马亚敏等	北京语言大学出版社	2006
《小学华文》	新加坡教育部课程规划与发展司小学华文课程组、人民教育出版社课程教材研究所小学语文课程教材研究开发中心	Marshall Cavendish Education	2007
《成功之路》	邱军等	北京语言大学出版社	2008
《汉语图解词典》	吴月梅	商务印书馆	2008
《加油！》	许嘉璐等	北京师范大学出版社	2008
《中国话》《中国字》	柯佩琦等	商务印书馆	2008
《新编菲律宾华语课本》	周健	北京大学出版社	2009
《中文百宝箱》	林宛芋等	CENGAGE Learning	2009
《英国初中标准中文》	杜可歆	Pearson	2009
《步步高中文》	张新生	Cypress Book Co. UK Ltd.	2009

续表

名称	编者	出版社	出版年
《走遍中国》	丁安琪	外语教学与研究出版社	2010
《汉语》	北京华文学院	暨南大学出版社	2010
《新概念汉语》	崔永华等	北京语言大学出版社	2012
《HSK 标准教程》	姜丽萍等	北京语言大学出版社	2014
《YCT 标准教程》	苏英霞等	高等教育出版社	2015
《中国人的生活故事》	孔子学院总部 / 国家汉办	外语教学与研究出版社	2015

这一时期的教材编写体现出四个"多元化"。

1. 教材适用环境多元化

从目的语环境来看，为海外中文教学编写的系列教材增多。21 世纪初，以海外中文学习者为主要适用对象而编写的《新实用汉语课本》《跟我学汉语》《快乐汉语》《汉语乐园》等教材相继出版。这些教材的出版标志着我国国际中文教材的研发重心开始转移，对外汉语教材与海外中文教材协同发展的新格局逐步形成。这一时期具有代表性的海外中文教材主要有：意大利马西尼等编写的《意大利人学汉语》、德国柯佩琦等编写的《中国话》《中国字》、英国杜可歆编写的《英国初中标准中文》、美国林宛芊等编写的《中文百宝箱》等。这批教材的出版在一定程度上满足了当地中文教学的多样化需求。

2. 教材适用对象多元化

面向不同年龄、学段、学习目的、文化背景的学习者而编写的教材纷纷出版。国际中文教材出现"低龄化"趋势，《体验汉语》《跟我学汉语》等中小学系列教材陆续融入泰国、俄罗斯等多国基础教育体系，《轻松学中文》《YCT 标准教程》及新加坡《小学华文》等中小学中文教材使用广泛。适用于不同教学目的的中文教材增多，如《经理人汉语》《纵横商务汉语》《医学汉语》《工业汉语》等专门用途类中文教材、《中国历史·地理·文化常识》《中国人的生活故事》《中外文化交流故事丛书》《汉字五千年》等文化类教材、《HSK 标准教程》《YCT 标准教程》等考教结合类教材、《华文》《中文》《汉语》等华文教材备受关注。

3. 教材编写理念多元化

任务型教学法、主题式教学法、内容教学法、产出导向法、体验式教学法、沉浸式教学模式、混合式教学模式、考教结合教学模式等教学法理论和教学模式对国际中文教材的编写理念产生影响，基于创新教学方法和教学模式的一大批新型教材陆续推出，如《汉语口语速成》《体验汉语》《HSK 标准教程》《会通汉语》《新时代汉语口语》等。这一时期，教材编写既关注中文语言要素研究的最新成果，又较大程度地吸收了教育学、心理学相关理论，对中文习得规律与课堂教学规律均给予足够重视，教材编写理念日趋成熟。

4. 教材呈现方式多元化

（1）教材系列扩大。教材在"横向"的技能要素和"纵向"的级别设计方面均不断细化拓展。以《发展汉语》为例，该套教材采取"综合语言能力培养与专项语言技能训练相结合"的外语教学及教材编写模式，分为"三个层级、五个系列"，即纵向分为初、中、高三个层次，横向分为综合、听、说、读、写五个系列，共 28 册 34 本。（2）版本更迭加快。《汉语口语速成》《新实用汉语课本》《长城汉语》《中国历史·地理·文化常识》《轻松学中文》等教材均出版了 2—3 个版次。教材版本更迭加速有助于知识和理念的更新，教材不断修订完善有助于树立经典教材品牌。（3）配套资源丰富。根据教学流程的需要，教材配套产品更加精细多样。教师手册、活动手册、练习册、测试题、教学挂图、字词卡片等辅助教学工具为教师教和学生学提供了便利，将课堂内的教学延伸到课堂外的备课和辅学。文字、图片、音视频等多种媒介格式促进教材实现"多模态化"。交互式教材、支持网站、应用程序、二维码链接等陆续应用到教材建设中，推动纸质教材逐步走向"资源化"和"数字化"。

五、教材规划与成效

相关部门一直以来高度重视教材建设的顶层规划，近年来在主干教材和本土教材研发方面取得了显著成效。

（一）政策与规划

1986 年 10 月，中国教育学会对外汉语教学研究会受国家教委委托，成立了对外汉语教学研究会教材研究小组，该研究小组发布了《建国以来对外汉语教材研究报告》。1987 年 11 月，国家汉办召开"全国对外汉语教材规划会议"，会上做了题为《适应对外汉语教学蓬勃发展的新形势，加速对外汉语教材建设》的报告，会后发布了《全国对外汉语教材规划》。1995 年 6 月，国家汉办就新一代对外汉语教材编写的构想召开"全国对外汉语教学基础汉语推荐教材问题讨论会"。1997 年 12 月，国家汉办再次召开"全国对外汉语教材工作会议"，确定对外汉语教材编写规划和相关政策，推动对外汉语教学事业进一步深入有序发展。2006 年提出的"六大转变"促使教材建设的重心发生转移：由对外汉语教材向海外汉语教材、由专业型汉语教材向普及型汉语教材、由成人汉语教材向儿童汉语教材、由纸质汉语教材向多媒体网络汉语教材转变。教材推广方式也随之改变，提倡通过政企协作促进教材市场运作，通过国际合作推动教材"走出去"，通过多部门、多单位配合实现教材全方位推广。2013 年初发布的《孔子学院发展规划（2012—2020 年）》从目标、任务、项目三个层面对教学资源研发与推广提出了具体要求和措施。其中，发展目标为"基本实现国际汉语教材多语种、广覆盖"，主要任务为"建立健全国际汉语教材和教学资源体系。制定国际汉语课程标准和国际汉语教材编写指南。发挥孔子学院和社会各方面积极性，改编和新编一批知识性、趣味性和通用性较强的汉语教学和中华文化精品教材，大力开发各种文化辅助读物、多媒体课件及实用教具和工具书，支持各国孔子学院编写本土教材，形成适应幼儿、中小学生到高校学生和社会人士等不同人群、不同层次汉语学习需求的教材和教学资源体系。加强各国本土师资使用教材的能力培训"。重点项目有"实施国际汉语教材工程"和"加强网络孔子学院建设"。2020 年，语合中心启动国际中文教育精品教材"1+2"工程建设，旨在推动教材创新发展。

（二）大力发展主干教材

语合中心先后支持出版主干教材 13 个系列（表 3-8），形成了"覆盖人群最广、语种数量最多"的国际中文主干教材群。这些主干教材的出版发行解决了世界范围内国际中文教材"有没有"的问题，在国际中文教育事业发展中发挥了重要作用。

主干教材现已出版发行 80 个语种，至今仍是一些国家和地区唯一以其母语为媒介语的中文教材。

表 3-8　语合中心主干教材研发情况

名称	类型	适用人群（岁）	语种（个）	出版社
《汉语乐园》	通用教材	6—12	47	北京语言大学出版社
《快乐汉语》	通用教材	11—16	48	人民教育出版社
《跟我学汉语》	通用教材	15—18	49	人民教育出版社
《当代中文》	通用教材	18+	46	华语教学出版社
《新实用汉语课本》	通用教材	18+	17	北京语言大学出版社
《长城汉语》	网站＋教材	18+	13	北京语言大学出版社
《HSK 标准教程》	考试教材	15+	1	北京语言大学出版社
《YCT 标准教程》	考试教材	6—15	1	高等教育出版社
《BCT 标准教程》	考试教材	18+	1	人民教育出版社
《汉语 800 字》	工具书	12+	80	外语教学与研究出版社
《汉语 900 句》	工具书	12+	80	外语教学与研究出版社
《汉语图解词典》	工具书	12+	80	商务印书馆
《汉语图解小词典》	工具书	3—15	80	商务印书馆

（三）鼓励本土教材编写

语合中心积极支持海外中文教学机构、出版社等开发适应当地学习需求的本土教材。自 2013 年起，本土教材数量呈现逐年增长的态势，2016 年数量翻倍。截至 2020 年底，共有 126 个国家（地区）研制了 3466 种本土教材（图 3-2），包括语言教材（1173 种，33.8%）、文化教材（921 种，26.6%）、学术书（1208 种，34.9%）和工具书（164 种，4.7%）。

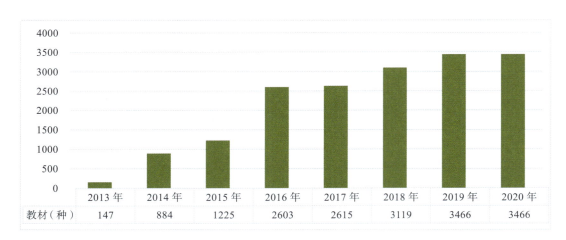

	2013 年	2014 年	2015 年	2016 年	2017 年	2018 年	2019 年	2020 年
教材（种）	147	884	1225	2603	2615	3119	3466	3466

图 3-2 语合中心本土教材开发年度数量

表 3-9 显示，各洲本土教材的研发数量差异较大。欧洲、亚洲参与国家较多，本土教材开发数量也较多；北美洲、大洋洲国家数量较少，但每个国家平均教材开发数量并不少；南美洲、非洲的本土教材开发数量则较少。

表 3-9 语合中心本土教材开发洲别情况

洲别	国家（国）	教材（种）	均值（种/国）
欧洲	36	1135	31.53
亚洲	32	1091	34.09
北美洲	9	727	80.78
南美洲	9	102	11.33
非洲	36	303	8.42
大洋洲	4	108	27.00
总计	126	3466	27.51

六、教材使用与推广情况

（一）教材使用情况

2010 年，国家汉办组织优秀国际中文教材评选活动。活动采取网上公开征集、一线教师推荐、专家推荐和市场销售排名相结合的方式，从 2530 种推荐教材中评选出 20 套优秀教材。获奖教材分别是《快乐汉语》《中文百宝箱》《长城汉语》《汉语乐园》《新实用汉语课本》《新乘风汉语》《英国初中标准汉语》《中国历史·地理·文化常识》《跟我学汉语》《汉语教学直通车》《当代中文》《步步高中文》《体验汉语》《汉语 900 句》《汉语言文字启蒙》《中国话、中国字》《意大利人学汉语》《循序渐进汉语》《汉语阅读教程》和《汉语会话 301 句》。它们的共同特点是：编写水平高、使用效果好、发行量大，受到国外中文教师和学习者的广泛好评。

2019 年底，对全球近 500 所包括大中小学、孔子学院、华文学校在内的中文教学机构进行调查后发现，使用最广泛的教材是《HSK 标准教程》，500 所中文教学机构中有 254 所机构（占 50.8%）选用该教材。图 3-3 展示了选用率最高的前 20 套教材。

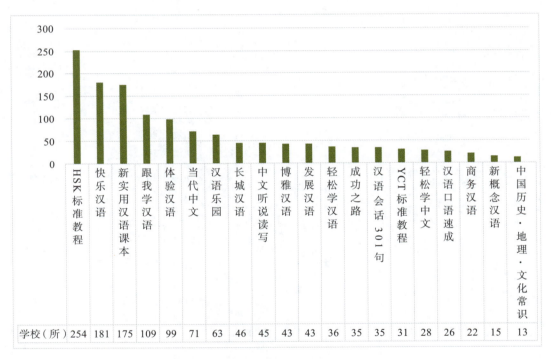

图 3-3 国际中文教材使用情况调查

（二）教材推广情况

国际中文教材管理部门、中外研发出版单位、教学培训机构采取教材赠售、培训、展览、版权合作等多种方式积极推动国际中文教材"走出去"，其中版权合作是近年来成效最突出的教材推广方式。表 3-10 列举了 12 套教材的版权合作情况。可以看到，通过版权输出，一套教材可以进入多个国家的主流教材发行渠道，有效地实现教材"走进去"。

表 3-10　12 套教材版权输出情况

名称	出版社	版权输出国家（版权输出时间）
《汉语乐园》	北京语言大学出版社	阿联酋（2020 年）
《快乐汉语》	人民教育出版社	乌干达（2019 年） 阿联酋（2020 年）
《跟我学汉语》	人民教育出版社	俄罗斯（2016 年） 阿联酋（2020 年）
《当代中文》	华语教学出版社	印度（2019 年）
《体验汉语》	高等教育出版社	泰国（2007 年） 韩国（2012 年） 越南（2015 年）
《HSK 标准教程》	北京语言大学出版社	日本（2014 年） 越南（2015 年） 韩国（2016 年） 印度尼西亚（2016 年）
《YCT 标准教程》	高等教育出版社	印度尼西亚（2016 年） 越南（2017 年）
《BCT 标准教程》	人民教育出版社	韩国（2016 年） 印度尼西亚（2018 年）
《汉语 800 字》	外语教学与研究出版社	马来西亚（2009 年） 西班牙（2012 年）
《汉语 900 句》	外语教学与研究出版社	越南（2006 年） 美国（2006 年） 马来西亚（2007 年） 印度尼西亚（2007 年）
《汉语图解词典》	商务印书馆	德国（2009 年） 印度尼西亚（2011 年） 俄罗斯（2012 年） 法国（2015 年） 印度（2016 年） 越南（2016 年） 马来西亚（2016 年） 日本（2017 年） 吉尔吉斯斯坦（2018 年）

续表

名称	出版社	版权输出国家（版权输出时间）
《汉语图解词典》	商务印书馆	哈萨克斯坦（2018 年） 格鲁吉亚（2020 年）
《汉语图解小词典》	商务印书馆	印度尼西亚（2011 年） 俄罗斯（2012 年） 马来西亚（2016 年） 吉尔吉斯斯坦（2018 年） 格鲁吉亚（2020 年）

第二节　中小学教材

目前全球中文学习者呈现出非常明显的"低龄化"趋势。"据估计，全球未成年人已经占到海外全体中文学习者的50%，一些国家甚至达到了60%。"[1] 全球开设中文课程的中小学数量是高等教育机构数量的8倍。美、英、法、泰、韩等众多国家的中文教育从大学迅速向中小学延伸，K-12（从幼儿园到高中）成为中文教育的主要增长点之一。[2] 在中小学中文教学快速发展的背景下，中小学中文教材建设显得尤为重要。

本节所称"中小学中文教材"是指适合海内外K-12学习者使用的中文作为二语/外语/华文的教材，不包括中文读物。中小学中文考试教材情况详见本篇第六节。

一、教材数量

从"数据库"中选取样本教材，经统计，2000—2020年，全球共有中小学中文教材1449种。（图3-4）

2005年之前，中小学中文教材数量较少。从2005年开始，海外中小学中文学习需求推动了教材发展。2006—2010年，中小学中文教材出版达582种，2010年之后出版数量有所回落。其中典型的中小学中文教材有：《汉语乐园》《快乐汉语》《跟我学汉语》《轻松学中文》《美猴王汉语》《阳光汉语》《我爱汉语》《步步高中文》《意大利人学汉语》《收获》等。

---

① 李宇明.中文怎样才能成为世界通用第二语言 [N].光明日报，2020-01-04（010）.
② 赵晓霞.汉语加速成为"国际性语言"[N].人民日报（海外版），2017-09-23（006）.

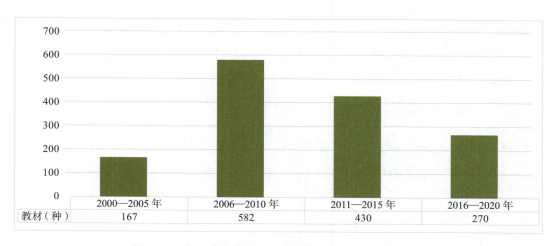

图 3-4　中小学中文教材出版数量（2000—2020 年）

二、教材注释语种与出版机构

在 1449 种中小学中文教材中，英语注释的教材数量最多（571 种，39.41%），其后是无注释语种（223 种，15.39%）、法语（93 种，6.42%）、德语（69 种，4.76%）、西班牙语（61 种，4.21%）等。

出版中小学中文教材数量排名前 5 位的出版社依次为：北京语言大学出版社（749 种，51.69%）、三联书店（香港）（190 种，13.11%）、人民教育出版社（170 种，11.73%）、华语教学出版社（77 种，5.31%）、暨南大学出版社（76 种，5.24%）。除中国出版社外，从事中小学中文教材出版的海外出版社有：Cheng & Tsui、CENGAGE Learning、Paris Editions You Feng、Marshall Cavendish Education 等。

三、教材类型

（一）教材和教辅

1449 种中小学中文教材中，课本（或学生用书）723 种，占 49.9%；教辅材料

726 种，占 50.1%。教辅形式非常多样，有教师使用的教案、教师手册、教具、字词卡片等，也有学生使用的练习册、同步测试、同步阅读、汉字练习本等，还有家长使用的家长手册。

（二）华裔教材和非华裔教材

1449 种中小学中文教材中，以华裔子女为适用对象的教材 191 种，占 13.2%；非华裔中小学生教材 603 种，占 41.6%；华裔与非华裔中小学生通用教材 655 种，占 45.2%。

面向华裔子女的中文教材编写起步较早，体系较完整，但总量不多。这类教材的教学内容更为系统，内容难度更大，有关中国文化的内容也更为丰富。《中文》《汉语》《标准中文》《美洲华语》《新意中文》《新启蒙汉语》《轻松学汉语》等是影响力较大的华裔教材。

非华裔中小学教材主要面向中文作为外语的 K-12 学习者，这类教材立足于儿童青少年的生理及心理特点，学习内容以沟通交际为主，难度不高，注重寓教于乐，游戏、表演等教学活动十分丰富。典型教材有：《美猴王汉语》《汉语乐园》《轻松学中文》《开开汉语》《天天汉语》《快乐汉语》《跟我学汉语》《朗朗中文》《飞向中文》《体验汉语》《汉语顶呱呱》《我爱汉语》等。

（三）幼儿园教材、小学教材和中学教材

表 3-11 统计了 35 套中小学中文教材的适用学段情况。其中，幼儿园教材 7 套，小学教材 27 套，中学教材 14 套。相比之下，小学教材较为充足，幼儿园教材略显不足。

表 3-11　不同学段中小学中文教材情况

名称	适用学段		
	幼儿园	小学	中学
《新儿童汉语》	+	+	
《说说唱唱学汉语》	+	+	
Yeah! Chinese!	+	+	
《通用中文课本》		+	
《中文》（小学版）		+	

续表

名称	适用学段		
	幼儿园	小学	中学
《印度尼西亚小学汉语》		+	
《阳光汉语》		+	
《小学汉语》		+	
《体验汉语》		+	+
《世界少儿汉语》		+	
《沈老师教汉语》		+	
《少儿国学读本》		+	
《魅力华文》		+	
《美猴王汉语》	+	+	
《朗朗中文》		+	
《快乐汉语》		+	
《汉语乐园》	+	+	
《开开汉语——泰国小学中文课本》		+	
《华文》（小学版）		+	
《汉语顶呱呱》		+	
《海外小学中文》		+	
《国际少儿汉语》		+	
《双双中文教材》	+	+	+
《新意中文》	+	+	+
《新启蒙汉语》		+	+
《轻松学中文》		+	+
《轻松学汉语》		+	+
《中学阶梯汉语》			+
《中文》（初中版）			+
《天天汉语——泰国中学汉语课本》			+
《中学汉语》			+

名称	适用学段		
	幼儿园	小学	中学
《中文》(高中版)			+
《华文》(柬埔寨初中版)			+
《初中中文》			+
《高中中文》			+

四、教材使用情况

中小学中文教材的适用环境主要在海外。表 3-12 列出了部分国家中小学阶段中文教材的基本使用情况，体现出如下几个特点：（1）海外中小学中文教材增多，但教材供给呈现国别差异。欧美、东亚、东南亚国家比其他国家的教材供给稍好。（2）美国、俄罗斯、法国、新加坡、马来西亚、韩国、日本的教材使用基本实现了以本土教材为主，泰国、阿联酋、澳大利亚兼有本土教材和中国教材，而巴西主要使用中国或其他国家的中文教材。（3）融入国民教育体系内的中国教材不断增多，如美国常用的《轻松学中文》《轻松学汉语》、俄罗斯使用的《该学汉语了》、泰国使用的《体验汉语》《创智汉语》、澳大利亚使用的《标准中文》等。

表 3-12　部分国家中小学中文教材使用情况

国家	常用教材
美国	《中文听说读写》《轻松学中文》《轻松学汉语》《远东少年中文》《中文百宝箱》*Better Immersion*、*Mandarin Matrix*
俄罗斯	《汉语》《汉语　走遍中国》《该学汉语了》
法国	《中文：儿童会话指南》《学汉语的小方法》《歌唱学中文》《边玩边学写汉字》《儿童汉语》《汉语乐园》《我的第一本中文书》
新加坡	《小学华文》《中学华文》《欢乐伙伴》《华文伴我行》
马来西亚	《华文》《交际华语》

续表

国家	常用教材
泰国	《YCT 标准教程》《博雅汉语》《初级汉语》《创智汉语》《儿童汉语》《跟我学汉语》《汉语教程》《汉语乐园》《汉语入门》《汉语应用》《基础汉语》《交流汉语》《开开汉语》《快乐汉语》《快乐学中文》《体验汉语》《通讯汉语》 *Chinese for Communication*
韩国	《欢快的儿童中国语童谣》《新你好儿童中国语》《新好吃儿童中国语》《小学·生活中国语》《开口说中国语》《生活中国语》《中国语 I》
阿联酋	《跨越丝路》《汉语乐园》《快乐汉语》《跟我学汉语》《轻松学中文（少儿版）》
澳大利亚	《标准中文》《你好》《中国通》《学汉语》《快乐汉语》《跟我学汉语》《轻松学汉语》《轻松学中文》《我的母语》《成长》《新启蒙汉语》《马立平中文教材》
巴西	《阅读识字》《语文》《汉语拼音》《幼儿汉语》《汉语乐园》《中文》《当代中文》《新实用汉语课本》《华语》《初中华文》《生活华语》 *Go! Chinese*

五、教材发展特点

（一）及时应对中文教学"低龄化"趋势

21 世纪初，《汉语乐园》《快乐汉语》《跟我学汉语》等规划教材相继出版，这是我国新世纪第一次面向海外中小学中文教学开展大规模调研，并基于需求分析进行的教材编写和出版。与此同时，为东南亚华文教学编写的《汉语》和为北美地区华文教学编写的《中文》，以及本土自主编写的《中文听说读写》《马立平中文教材》等教材陆续出版，这些都为全球中文教学的"低龄化"进行了积极准备。在随后的 2006—2010 年，《汉语乐园》等中小学中文教材"多语种化"使得教材数量快速增长。此后，教材出版数量虽然有所回落，但对重点国家和地区开展了更具针对性的教材编写和出版工作，如泰国的《体验汉语》《天天汉语》《我爱汉语》，美国的《远东少年中文》、《中文百宝箱》、*Better Immersion*、*Mandarin Matrix*，印度尼西亚的《育苗汉语》《千岛娃娃学华语》等。

（二）教材编写和设计特点突出

经过多年努力，中小学中文教材已经探索出区别于大学中文教材和国内中小学语文教材的独特编写路径，特色鲜明，富有感染力。主要特点有：（1）这类教材一般"成系列"，很少"单本"发行，使这一阶段的学习更系统、更连贯。但这类教材单本"体量"较小，从学习感受方面减轻了学生负担。（2）这类教材大多基于学情分析，在教材编写中注意适用环境的情况、学习者的学习特点和教师的授课习惯，使教学内容和使用方式更加贴近使用对象。（3）这类教材活动丰富，图文并茂，多用彩色印刷，风格迥异，具有很强的设计感和冲击力，有助于激发青少年学习者的学习兴趣。

（三）教材适用对象仍需进一步细分

统计显示，华裔子女适用的中文教材较少，幼儿园和中学系列教材较少。目前，海外中文教学体系日趋完善。在基础教育层次开设中文课程的学校有公立学校、私立学校、华文学校、三语学校等不同性质，中文的起始阶段有幼儿园、小学低年级、小学高年级、初中和高中，课程类型有必修课、选修课、兴趣课等。各类学校学习者的学习目的和动机不同，各阶段学习者的认知特点和学习特点不尽相同，各课型的教学目标和教学要求也不一样。这就要求我们进一步细分教材适用类型，每个类型配备 2—3 套符合不同教学理念和设计风格的零起点中文教材，这样不仅能够方便教师灵活选用不同类型的教材，也能够促进中小学中文教材的推陈出新。

第三节　大学及成人教材

　　大学层次的中文教材研发起步较早，我国第一部对外汉语教材《汉语教科书》、赵元任编写的《国语入门》、佟秉正和宝拉编写的《汉语口语》等均为大学层次的中文教材。这类教材较多地吸收了汉语言本体研究和教学研究的成果，在不同时期践行了以语法结构为纲、结构与功能相结合、结构—功能—文化相结合、综合教学方法等多种教材编写模式，基本确立了"实用性""科学性""交际性""针对性""趣味性"等教材编写的基本原则。

　　本节所称"大学及成人中文教材"是指适合海内外高等院校专修或选修中文的学习者使用的中文作为二语／外语／华文的教材，不包括中文读物。

一、教材数量

　　从"数据库"中选取样本教材，经统计，2000—2020 年，全球共有大学及成人中文教材 1866 种，其中出版数量的高峰集中在 2006—2010 年。（图 3-5）

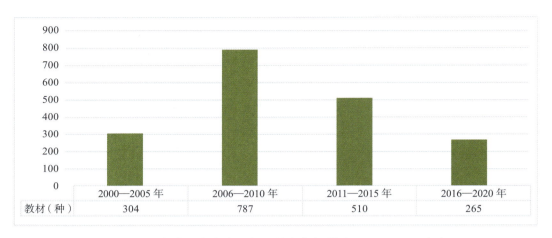

图 3-5　大学及成人中文教材的出版数量（2000—2020 年）

二、教材注释语种与出版机构

在 1866 种大学及成人中文教材中，英语注释的教材数量最多，占 53%；其次是无注释语种教材，占 26%；其他语种占 21%。其他语种以中亚和东亚国家的语言为主，集中于俄语、韩语和日语，占 9.11%。2013 年以来，大学及成人中文教材关注到"一带一路"沿线国家的语言国情，西班牙语、泰语、法语等注释语种的教材数量呈现上升趋势。

84 家出版机构出版了 1866 种大学及成人中文教材。其中，北京语言大学出版社 1041 种，北京大学出版社 139 种，高等教育出版社 132 种，华语教学出版社 100 种，外语教学与研究出版社 50 种。海外出版机构有：美国 Cheng & Tsui、新加坡国立大学华语研究中心、意大利 HOEPLI、日本 Tuttle Publishing 等。其中，各大学出版社在大学及成人中文教材研发出版中起到了重要的推动作用。

三、教材类型

基于编写内容，大学及成人中文教材可以分为两个基本类型：综合类教材、技能类教材。其中，综合类教材907种，占48.61%；技能类教材959种，占51.39%。

（一）综合类教材

综合类教材通常是指包含语音、词汇、语法、汉字、文化等基本教学内容，涵盖听、说、读、写、译五项语言技能的综合系列教材。综合类教材应处理好各个部分之间的关系，使之成为有机的整体，包括语言结构、功能与文化的关系，五项语言技能的关系，话题、课文与练习的关系，语法注释与汉外对比的关系等。

在907种综合类大学中文教材中，课本（或学生用书）数量为750种，占82.69%；教辅数量为157种，占17.31%。可见课本（或学生用书）数量远远超过教辅数量，教学辅助材料的数量仍显不足。典型的大学综合教材有：《新实用汉语课本》《汉语教程》《当代中文》《发展汉语》《博雅汉语》等。

（二）技能类教材

在959种技能类大学中文教材中，口语教材共356种，占37.12%；阅读教材276种，占28.78%；听力教材225种，占23.46%；写作教材82种，占8.55%；翻译教材20种，占2.09%。（图3-6）总体来看，技能类教材更重视听、说、读三项技能，写作教材和翻译教材相对缺乏。

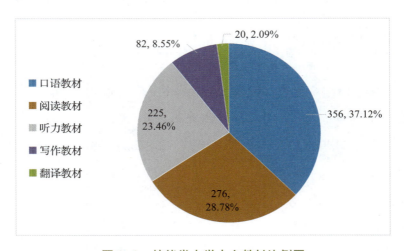

图3-6　技能类大学中文教材比例图

技能类大学中文教材主要由中国作者编写，由中国出版社出版。表3-13列出了部分有代表性的教材。

表 3-13　代表性技能类大学中文教材

类别	名称	编者	出版社	出版年
听力教材	《现代汉语教程听力课本》	李德津等	北京语言学院出版社	1988
	《汉语初级听力教程》	林欢等	北京大学出版社	1999
	"汉语听力系列教材"	李铭起等	北京语言文化大学出版社	1999
	《速成汉语初级听力教程》	杨惠元	北京语言文化大学出版社	2000
	《新汉语中级听力》	刘颂浩等	北京大学出版社	2003
	《发展汉语·汉语听力》	幺书君等	北京语言大学出版社	2004
口语教材	《汉语口语》	赵燕皎等	华语教学出版社	1989
	《中级汉语——听和说》	北京语言学院来华留学生二系	北京语言学院出版社	1990
	《高级汉语口语——话题交际》	章纪孝	北京语言学院出版社	1993
	《说汉语，谈文化》	吴晓露	北京语言学院出版社	1994
	《汉语口语速成》	马箭飞等	北京语言大学出版社	2000/2005
	《汉语口语》系列教材	北京大学对外汉语教育学院	北京大学出版社	2004
	《体验汉语口语教程》	陈作宏等	高等教育出版社	2010
	《新目标汉语口语课本》	毛悦等	北京语言大学出版社	2012
	《新时代汉语口语》	朱勇等	外语教学与研究出版社	2020
阅读教材	《中级汉语阅读教程》	周小兵、张世涛	北京大学出版社	1999
	《核心阅读（中级本）》	刘颂浩、林欢	华语教学出版社	2000
	《发展汉语·汉语阅读》	徐承伟等	北京语言大学出版社	2004
	《这样阅读》	陈贤纯	北京语言大学出版社	2007
写作教材	《汉语写作（二年级用）》	赵洪琴、傅亿芳	北京语言学院出版社	1994
	《汉语写作（三年级用）》	吴振邦、吕文珍	北京语言学院出版社	1994
	《汉语写作教程》	罗青松	华语教学出版社	1998
	《外国人汉语过程写作》	杨俐	北京大学出版社	2006
	《体验汉语写作教程》	陈作宏等	高等教育出版社	2006

四、教材使用情况

中国高校广泛使用的代表性教材有：北京语言大学出版社的 10 套教材，即《汉语会话 301 句》《HSK 标准教程》《汉语口语速成》《汉语教程》《发展汉语》《成功之路》《尔雅中文》《拾级汉语》《新实用汉语课本》《桥梁》；北京大学出版社的 2 套教材，即《博雅汉语》《汉语新天地：大学汉语教程》；华语教学出版社的 2 套教材，即《大学汉语》《阶梯汉语》；高等教育出版社的《体验汉语》；人民教育出版社的《会通汉语》；中国社会科学出版社的《汉语精读课本》。

国外大学选用中文教材比较灵活多样，通常情况下，学校根据课程设置、授课教师凭借自己的经验和偏好，可以自主选用教材。表 3-14 列出了 10 个国家大学层次中文教材的基本使用情况，其主要特点如下：（1）各国教材供给基本均衡，可选品种比较多样；（2）美国、俄罗斯、法国、马来西亚、韩国兼用中国教材和本土教材，而泰国、阿联酋、澳大利亚、埃及、巴西主要采用中国教材；（3）教材类型以综合教材为主，也涵盖了听、说、读、写、译、语音、语法等技能、要素型中文教材，依据不同年级、不同课型、不同语言水平，教材选用形成了一定的系统性；（4）个别国家选用了基础教育阶段的中文教材，如《快乐汉语》《跟我学汉语》等，教材混用的情况依然存在。

表 3-14　部分国家大学中文教材使用情况

国家	常用教材
美国	本土教材：《大学语文》《中文听说读写》《现代中文》《表达》《阅读小小说》《变化中的中国》《中国万象：生活、文化、社会》《中国之路》《中国面面谈》 中国教材：《初来乍到》《入乡随俗》《说古道今》《文以载道》《知人论世》《留学中国》《感受中国》《新实用汉语课本》《成功之路》
俄罗斯	本土教材：《实用汉语教科书》《实用汉语课本》《汉语入门》《汉语概论：语音与口语》《实用汉语语法》《社会政治资料·翻译基础》 中国教材：《新实用汉语课本》《HSK 标准教程》《汉语新目标》《博雅汉语》《汉语教程》《汉语会话 301 句》《实用汉语语法》
法国	本土教材：《开始汉语》《汉语入门》《口语速成》 中国教材：《新实用汉语课本》《当代中文》《跟我学汉语》《轻松学中文》《汉语乐园》

续表

国家	常用教材
马来西亚	本土教材：《学说中国话》《会话华语》《华语》《问和答：速成口语汉语》《现代汉语基础概论》《汉语快车》《基础华语》《简易华文》《初级华语》 *Kursus Mandarin Tahap Satu* 中国教材：《快乐汉语》《体验汉语》《汉语教程》《新实用汉语课本》《长城汉语》《汉语会话 301 句》
韩国	本土教材：《新攻略中国语》《多乐园中国语 master》《中国语 BANK·SMART 中国语》《开始学习校园中国语》
泰国	《汉语短期教程》《商务汉语》《汉语会话 301 句》《新实用汉语课本》《汉语教程》《泰国人学汉语》《当代汉语》《中国全景》《实用汉语教程》《博雅汉语》《外国人学汉语》《商务汉语综合教程》
阿联酋	《HSK 标准教程》《长城汉语》《新概念汉语》《体验汉语》《汉语阅读教程》
澳大利亚	《当代中文》《新实用汉语课本》《中文听说读写》《长城汉语》《我的汉语》《汉语在手》
埃及	《HSK 标准教程》《发展汉语》《汉语纵横》《汉语听力速成》《汉语口语速成》《新实用汉语课本》《新目标汉语口语课本》《长城汉语》《博雅汉语》《中级汉语口语》《快乐汉语》《跟我学汉语》《阶梯汉语》《当代中文》《体验汉语》
巴西	《当代中文》《新实用汉语课本》《跟我学汉语》《汉语口语速成（入门篇）》《HSK 标准教程》《精英汉语（基础篇）》

五、教材编写特点

本节利用 ROSTCM6 软件对大学中文教材简介进行词频统计，并根据统计结果，从语言水平、教材内容、教学理念三方面考察大学中文教材的编写特点。

（一）初级水平教材居多

在语言水平方面，代表初等水平的词有"起点、入门、初级、基础"，占比最大，为 67.90%；代表中等水平的词"中级"占 23.64%；代表高等水平的词"高级"占 8.46%。这表明，大学中文教材在编写等级上更关注初级水平。（表 3-15）

表 3-15　大学中文教材语言水平词频统计

分类	频数（次）	占比（%）
起点、入门、初级、基础	939	67.90
中级	327	23.64
高级	117	8.46
总计	**1383**	**100**

（二）练习受到重视

教材体例指教材内容的编排方式。大学中文教材一般都由课文、生词、语法和练习四个基本组成，其中练习是第二语言教材最重要的组成部分之一，练习部分的设计质量直接影响着课堂的教学效果。从表 3-16 的统计结果来看，"练习"占比为 42.92%，作为高频词占据首位。这表明，当前大学中文教材越来越重视练习的作用。

表 3-16　大学中文教材教学内容词频统计

分类	频数（次）	占比（%）
练习	1533	42.92
课文	822	23.01
生词	680	19.04
语法	537	15.03
总计	**3572**	**100**

（三）以文化、结构、功能为主要教学理念

在教学理念方面，"文化"占 32.74%，"结构"占 30.05%，"功能"占 24.73%，分列第一、二、三位。这表明，多数大学中文教材重视汉语的文化、结构和功能三个方面，并以此作为重要的教材编写理念。同时，"话题""任务""情景"也受到重视，在教材编写中发挥着独特的作用。（表 3-17）

表 3-17　大学中文教材教学理念词频统计

分类	频数（次）	占比（%）
文化	1071	32.74
结构	983	30.05
功能	809	24.73
话题	259	7.92
任务	88	2.69
情景	61	1.86
总计	**3271**	**100**

第四节　专门用途教材

专门用途中文（Chinese for Specific Purposes，简称 CSP）是指"用于某种专业领域、特定范围和固定场合的中文，并不限于跟学科密切相关的专业中文，还包括特定业务、特定场合、特定环境中使用的中文"[①]。专门用途中文教育涉及的范围较广，不仅包括国内外高等院校中的理科、工科、商科、医科以及文史哲等专业中文教育，还包括面向特定业务需求的"中文＋职业中文教育"[②]。专门用途中文教育的内涵不断深化、外延不断拓展，为国际中文专门用途教材（以下简称"专门用途中文教材"）的编写和出版增添了活力。1982 年，北京语言学院和北京对外贸易学院联合编写的《外贸洽谈五百句》由外文出版社出版，这是中华人民共和国成立以来的第一本商务用途中文教材。2020 年，由有色金属工业人才中心组织策划、哈尔滨职业技术学院等多所职业院校参与编写的《工业汉语》系列教材由国家开放大学出版社陆续出版。该教材标志着"中文＋职业技能"教材建设取得了实质性的成果。

一、教材数量

从"数据库"中选取样本教材，经统计，1996—2020 年，全球累计出版专门用途中文教材 564 种。其中，中国国内出版 499 种，韩国、美国、泰国、波兰、马来西亚及印度尼西亚 6 国共出版 65 种。1996—2010 年，专门用途中文教材的出版数量呈上升趋势，并于 2006—2010 年达到峰值；自 2011 年开始，出版数量有所下降。（图 3-7）

[①] 李泉.论专门用途汉语教学 [J].语言文字应用，2011（03）：110-117.
[②] 李宝贵，李辉.完善一带一路沿线国家"中文＋"教育发展 [N].中国社会科学报，2020-06-23（003）.

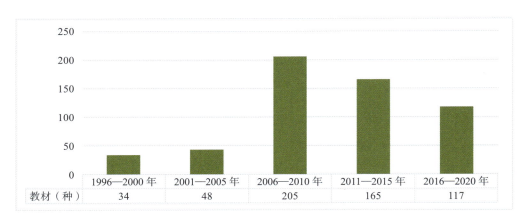

教材（种）	1996—2000 年	2001—2005 年	2006—2010 年	2011—2015 年	2016—2020 年
	34	48	205	165	117

图 3-7　专门用途中文教材的出版数量（1996—2020 年）

二、教材注释语种与出版机构

在 564 种专门用途中文教材中，共涉及 13 个注释语种，包括英语、韩语、泰语、西班牙语、日语、俄语、法语、德语、阿拉伯语、波兰语、印度尼西亚语、意大利语及越南语。其中，英语注释的教材最多，占总数的 65.60%；韩语居第二位，占 15.96%；泰语和西班牙语居第三、四位，分别占 3.72% 和 3.55%；日语、俄语、法语、德语、阿拉伯语、波兰语等语种占比相对较低，在 1%—3% 之间；印度尼西亚语、意大利语、越南语占比均不足 1%。（表 3-18）

表 3-18　专门用途中文教材注释语种比例

排名	语种	占比（%）	排名	语种	占比（%）
1	英语	65.60	8	德语	1.24
2	韩语	15.96	9	阿拉伯语	1.24
3	泰语	3.72	10	波兰语	1.06
4	西班牙语	3.55	11	印度尼西亚语	0.71
5	日语	2.84	12	意大利语	0.18
6	俄语	1.95	13	越南语	0.18
7	法语	1.77	总计		100

全球共有 91 家出版社出版专门用途中文教材，其中包括中国国内的 63 家出版机构和其他 6 个国家的 28 家海外出版机构。在中国国内的出版社中，出版专门用途中文教材数量较多的出版社依次为：北京语言大学出版社（149 种）、高等教育出版社（115 种）、外语教学与研究出版社（60 种）、华语教学出版社（47 种）、暨南大学出版社（21 种）、五洲传播出版社（18 种）及商务印书馆（14 种）。7 家出版社共出版专门用途中文教材 424 种，占专门用途中文教材出版总数的 75.18%。

其他 6 个国家共有 28 家出版机构出版专门用途中文教材，其中韩国出版机构达 13 家，其他国家数量较少，分别为美国 5 家、泰国 4 家、波兰 3 家、印度尼西亚 2 家、马来西亚 1 家。（表 3-19）

表 3-19　专门用途中文教材出版机构数量统计

国家	中国	韩国	美国	泰国	波兰	印度尼西亚	马来西亚
出版机构数量（个）	63	13	5	4	3	2	1

三、教材类型

"中文 +"理念对专门用途中文教材的发展可起到一定的方向指引作用。随着中文学习者需求的多元化，专门用途中文教材已涉及商务经贸类、旅游类、理工类、科技类、医学类、国防类等主要领域，涵盖商务、旅游、科技、医学、媒体、公务、交通、工业、体育、法律、国防、政治、军事、外交、航空、工程、金融等十余个专业和职业方向。其中，商务用途中文教材数量最多，占总数的 42.89%；旅游用途中文教材次之，占 14.30%；科技用途中文教材位列第三，占 14.23%；医学用途中文教材位列第四，占 11.02%；其余十余个类别专门用途中文教材数量相对较少，除媒体中文与公务中文以外，其他各类教材出版数量均未达到总数的 3%。

中国国内出版的专门用途中文教材共 499 种，其中商务用途中文教材种类最多，以系列教材为主。商务用途、旅游用途、科技用途、医学用途的代表性教材详见表3-20。除此以外，还有公务用途中文教材《实用公务汉语》《体验汉语·公务篇》、法律用途中文教材《中国法律专业汉语教程》《法律汉语·商事篇》、军事用途中文教材《初级军事汉语》、艺术用途中文教材《艺术汉语》、民航用途中文教材《民航汉语——飞向中国的航班》、体育用途中文教材《体育汉语》《奥运汉语》，等等。

表 3-20　中国出版的代表性专门用途中文教材

类别	名称	编者	出版社	出版年
商务中文	《商务汉语入门》	张黎	北京大学出版社	2005
	《经理人汉语》	张晓慧	外语教学与研究出版社	2005
	《体验汉语：商务篇》	张红等	高等教育出版社	2006
	"经贸汉语口语"系列教材	黄为之	北京语言大学出版社	2007
	"新丝路商务汉语"系列教材	李晓琪	北京大学出版社	2009
	《赢在中国——商务汉语系列教程》	季瑾	北京语言大学出版社	2010
	"卓越汉语"系列教材	周红等	外语教学与研究出版社	2011
	《纵横商务汉语》系列教材	陈珺等	高等教育出版社	2012
	《商务汉语拓展》	张黎	北京大学出版社	2018
旅游中文	《观光汉语》	秦惠兰、黄意明	北京大学出版社	2004
	《旅游汉语》	《旅游汉语》节目组	外语教学与研究出版社	2008
	《旅游汉语》	刘兆熙	上海大学出版社	2010
	《实用旅游汉语》	杜敏等	陕西师范大学出版社	2014
	《300 词畅游中国》	王尧美	北京语言大学出版社	2017
科技中文	《科普汉语阅读》	王碧霞、王瑞烽	北京语言大学出版社	2006
	《科技汉语：中级阅读教程》	安然	北京大学出版社	2006
	《基础科技汉语教程》	杜厚文	华语教学出版社	2011
	"来华留学生专业汉语学习丛书·科技汉语系列"	白晓红等	北京语言大学出版社	2012
医学中文	《中医现代汉语》	高光震等	吉林教育出版社	1997
	《中医汉语》	王砚农、阎德早	北京语言文化大学出版社	1999
	《医学汉语》	周小兵、黄秀英	北京大学出版社	2007
	《实用医学汉语》系列教材	朱德君、潘国栋	外语教学与研究出版社	2008
	《中医汉语口语入门》	宋一伦等	高等教育出版社	2008

海外出版的专门用途中文教材（表 3-21）中，韩国是出版数量较大的国家，且类别多样，涵盖商务中文、旅游中文、科技中文、交通中文等类别；非洲、东南亚出版的"中文＋职业教育"类教材具有一定代表性，将在本书第六部分"专题篇"第三节"'中文＋'教学资源建设"中详述。

表 3-21　海外出版的代表性专门用途中文教材

类别	名称	编者	出版社	出版年
旅游中文	《自信满满的旅游汉语》（《자신만만 통 여행 중국어》）	장지연	탑메이드북	2016
	《游玩中国》（《ไป เที่ยวเมืองจีน》）	Prapatson Lumwasana	Tolearn Series	2019
科技中文	《中文手机短语》（*Mobilne Rozmówki Chińskie*）	Praca Zbiorowa	SuperMemo	2009
	《网络汉语》（《인터넷으로 배우는 중국어》）	이경규	제이앤씨	2017
交通中文	《基础物流中文》（《기초물류중국어》）	이준서	제이앤씨	2017
	《航空客舱中国语》（《항공객실 중국어》）	서효원	새로미	2020
商务中文	《中文银行业务》（《중국어뱅크 비즈니스》）	천주오	동양북스	2014
	《开放商务》（*Open for Business*）	Jane C.	Cheng & Tsui	2019
医学中文	《美容整形汉语》（《미용성형 중국어》）	최정윤	진샘미디어	2013
	《药店汉语会话》（《약국 중국어 회화》）	장민지	맑은샘	2019

四、教材使用情况

中国国内专门用途中文教材主要在高校和培训机构中使用。近年来，在汉语言专业下开设经贸或商务中文方向的国内高校数量猛增，这使得商务／经贸用途中文教材增多，这类高校主要选用北京语言大学出版社的"经贸汉语口语"系列教材、《赢在中国——商务汉语系列教程》、《尔雅中文》的商务汉语系列教程，北京大学出版社的"新丝路商务汉语"系列教材，高等教育出版社的《纵横商务汉语》系列教材，外语教学与研究出版社的《经理人汉语》系列教程等。2009 年，教育部发布《关于对中国政府奖学金本科来华留学生开展预科教育的通知》，汉语预科教育经过 4 年的试点，已悄然开始中兴。① 北京语言大学出版社出版的"预科汉语强化教程系列""来华留学生专业汉语学习丛书"，外语教学与研究出版社出版的《学在中国》，高等教育出版社出版的《留学中国》等教材是高校预科汉语教育的常用教材。另外，高校短期商务中文进修以及培训机构的培训课程常采用《体验汉语·商务篇》《成功之道》等。

海外专门用途中文教材的使用主要呈现出"多元"和"实用"两个特点。美国高校常用的教材有《卓越汉语：公司实战篇》《新丝路：中级商务汉语综合教程》《新世纪商用汉语高级课本》《在商言商》《实用商业汉语》等，俄罗斯使用的教材有《商务汉语》《商业汉语会话手册》《汉俄军事翻译教程》等，泰国使用《基础实用商务汉语》《旅游汉语》《新丝路：中级速成商务汉语》《经贸洽谈 ABC》《赢在中国：基础篇》《经理人汉语：生活篇》等，韩国使用《中国语 BANK·SMART 中国语》《通过饮食学习中国语》《销售达人中国语会话》等。

五、教材发展特点

（一）教材现状尚无法满足教学需要

据统计，1996—2020 年，专门用途中文教材共 564 种，涉及十余个专业和职业类别。这与专门用途中文教材的重要性和专门用途中文教育快速发展的新形势仍不相称。具体体现为：一是教材总量不多，可选用的教材不够丰富；二是教材种类不能满足各种需要，特别是"一带一路"倡议中有关"五通"重点行业的专门用途教材较为缺乏；三是教材的适用性还不理想，前端需求分析不足，没有突破"语法结构""以课文为中心"等以往的教材编写模式，创新乏力。

----

① 李宇明，翟艳. 来华留学汉语教育 70 年：回顾与展望 [J]. 语言教学与研究，2021（04）：1-10.

（二）教材发展不平衡

据统计，商务用途中文教材数量最多，占 42.89%；英语注释版本教材最多，占 65.60%。各领域、专业、职业中文教材发展尚不平衡，商务用途中文教材"一枝独秀"，其他用途中文教材相去甚远。为国内高校专业课程编写的专门用途中文教材较多，为海外研发的教材较少，除了美国、韩国等少数国家具有专门用途教材本土开发能力以外，其他国家均不同程度地处于教材缺乏、研发能力不足的状态。

第五节 中国文化教材

中国文化教材（以下简称"文化教材"）是国际中文教材的重要组成部分，在国际中文教学中发挥着重要作用。文化教材是指为外国人士或海外华侨华人学习、了解中国文化而编写的教材、读物等。文化教材是展示中国文化的窗口，是外国人士了解中国文化、认识中国的媒介。全面梳理文化教材发展状况有助于提升文化教材研制水平，有助于"讲好中国故事，传播好中国声音"。

一、教材数量

从"数据库"中选取样本教材，经统计，1996—2020 年，全球共有文化教材 713 种，文化教材出版的高峰期在 2011—2015 年。（图 3-8）

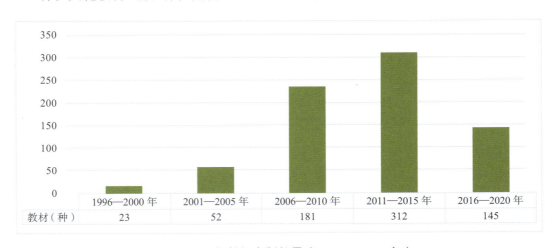

	1996—2000 年	2001—2005 年	2006—2010 年	2011—2015 年	2016—2020 年
教材（种）	23	52	181	312	145

图 3-8 文化教材出版数量（1996—2020 年）

二、教材注释语种与出版机构

在 713 种文化教材中，英语注释版教材 363 种，占 50.91%；无注释语种版 209 种，占 29.31%；西班牙语注释版 46 种，占 6.45%；其他注释语种分别为俄语、德语、法语、韩语、日语、阿拉伯语及泰语等，占比仅为 13.33%。

近年来，文化教材出版呈现出多元化发展态势，注释语种表现出"三个增多"现象：一是注释语种的数量有所增多；二是非英语注释语种的占比有所增多；三是亚洲国家注释语种有所增多，日语和韩语的占比达到总数的 1.82%。

文化教材的出版机构以中国国内出版社为主。其中，五洲传播出版社出版数量居首，共出版文化教材 183 种，占 25.67%；北京语言大学出版社次之，共出版 132 种，占 18.51%；黄山书社位列第三，共出版 85 种，占 11.92%。其他出版机构的出版量依次为：高等教育出版社 67 种、华语教学出版社 65 种、暨南大学出版社 56 种、外语教学与研究出版社 35 种、北京大学出版社 30 种、上海外语教育出版社 20 种、商务印书馆 11 种。这 7 家出版机构出版总量较少，但也为文化教材的出版做出了贡献。

三、教材类型

文化教材分为三大类别：课程类、通识类、专题类。在 713 种文化教材中，课程类文化教材 147 种，占总量的 20.62%；通识类文化教材 125 种，占总量的 17.53%；专题类文化教材 441 种，占总量的 61.85%。

（一）课程类文化教材

课程类文化教材主要面向国内外中文学习者的文化课程教学而编写，多以初级、中级和高级三分法进行编排。147 种课程类文化教材中，有 99 种明确了教材分级。其中，中级教材数量最多，占 60.61%；初级教材次之，占 24.24%；高级教材数量相对较少，仅占 15.15%。代表性教材有北京大学出版社的《中国国情》、高等教育出版社的《体验汉语·文化篇》，以及北京语言大学出版社的《尔雅中文·中国文化基础》等。（表 3-22）

表 3-22　代表性课程类文化教材

名称	编者	出版社	出版年
《说汉语，谈文化》	吴晓露	北京语言学院出版社	1994
《中国文化》	韩鉴堂	北京语言文化大学出版社	1999
《汉语文化双向教程（准中级）》	杨瑞、李泉	北京语言文化大学出版社	1999
《汉语与中国文化（汉日对照本）》	鲁宝元	华语教学出版社	2000
《文化全景：中级汉语教程》	史迹	高等教育出版社	2000
《中国传统文化与现代生活》	张英、金舒年	北京大学出版社	2001
《中国人文地理》	李富	北京语言文化大学出版社	2002
《文化中国》《解读中国》	王海龙	北京大学出版社	2002
《中国国情》	肖立	北京大学出版社	2007
《体验汉语·文化篇》	曾晓渝	高等教育出版社	2007
《文化纵横观》	Kunshan Carolyn Lee、Hsin-hsin Liang 等	Routledge	2010
《尔雅中文·中国文化基础》	李春雨、舒燕	北京语言大学出版社	2019

（二）通识类文化教材

通识类文化教材以基础性、概括性、多门类性、日常性为基本特点，帮助学习者全面了解中国的历史和发展现状，促进国家间的良性交流与合作。代表性教材有：通识类文化读物"中国常识"系列（包括《中国文化常识》《中国历史常识》《中国地理常识》）、《中国人的生活故事》等。中国社会科学院主编的《简明中国百科全书》是较早向外国学习者全面介绍当代中国国情的大型图书，为其后通识类文化教材的编写提供了内容和形式上的参考范例，也是通识类文化教材的典型代表。（表 3-23）

表 3-23 代表性通识类文化教材

名称	编者	出版社	出版年
《简明中国百科全书》	汝信主编，中国社会科学院编	中国社会科学出版社	1989
《中国文化要略》	程裕祯	外语教学与研究出版社	1998
《中国社会概览》	沈治钧、高典	北京语言文化大学出版社	1999
《中国历史·地理·文化常识》	国家汉办、国务院侨办	高等教育出版社等	2006
《中国文化概况》	廖华英	外语教学与研究出版社	2008
《感知中国：中国文化百题》	《中国文化百题》编写组	北京语言大学出版社	2008
《中国文化读本》	叶朗、朱良志	外语教学与研究出版社	2008
《你好，中国》	中国国际广播电台	高等教育出版社	2011
《中国概况》	郭鹏、程龙、姜西良	高等教育出版社	2011
《当代中国概况》	包文英、刘弘	华东师范大学出版社	2012
《中国概况》	宁继鸣	北京语言大学出版社	2013
《中国概况》（第 4 版）	王顺洪	北京大学出版社	2014
《中国文化欣赏读本》	刘谦功	北京语言大学出版社	2014
《中国人的生活故事》	孔子学院总部 / 国家汉办	外语教学与研究出版社	2015
《中国行——从传统走向现代》	王晓钧	北京语言大学出版社	2018

（三）专题类文化教材

专题类文化教材种类最多，可分为艺术、文学、历史、地域、建筑、民俗、商务、思想文明、饮食、其他共 10 大类文化专题。其中，文学类教材达 133 种，占总数的 30.16%；艺术类教材次之，共 102 种，占 23.13%；地域类教材占比为 14.29%；民俗类教材占比为 9.52%；历史类和建筑类教材均占 5% 左右；其他类教材占比为 3.63%；饮食类、商务类、思想文明类教材均占总数的 3% 左右。代表性教材有：《新版人文中国》、"中外文化交流故事"丛书、《汉字五千年》、《中国音乐轻松学》及"中国好东西"系列等。

在 10 类文化专题中，文学类文化教材最多，内容以中国传统的文学名著为支撑，涉及中国传统文化、民间故事、诗歌、小说、散文等，是外国学生了解中国文学的重要途径之一。代表性教材有：北京语言大学出版社的文化类汉语言专业本科系列教材《尔雅中文·中国当代文学》、北京大学出版社的《中国现当代文学史教程》、五洲传播出版社的"中国当代文学精选"系列等。

艺术类文化教材涉及中华艺术的不同门类，如书法文化、戏曲文化、音乐文化等，以高等教育出版社的"《中国欢迎你》短期汉语系列教材"为典型代表，五洲传播出版社的"新版人文中国"系列图书也具有一定代表性。

历史类文化教材主要介绍历史人物、历史故事和各个朝代的发展脉络，根据内容可分为哲学史、艺术史、文学史、交流史、科技史等。2010年五洲传播出版社出版的《新版基本情况：中国历史》是其代表性教材。

地域类文化教材主要对中国重要省份及城市的发展概况、风景名胜、风俗文化、地域文化等进行专题介绍。以北京语言大学出版社的《快乐中国——学汉语》为典型代表，已出版的分册有《北京篇》《西安篇》《四川篇》《温州篇》《黄山篇》《深圳篇》《香港篇》《景德镇篇》《杭州篇》《庐山篇》《新疆篇》等。此外还有五洲传播出版社的"魅力西藏"系列、《浦东奇迹》等。

建筑类文化教材以中国建筑为主要内容，较为全面地展示出中国传统建筑与现代建筑的多种类型，包括中国石窟、中国名塔、中国名寺等。代表性教材是黄山书社出版的《中国红·中国建筑装饰》和《中国红·长城》等。

民俗类文化教材能够较为全面、系统地介绍中国民俗和传统文化，介绍中国56个民族的概况、分布、人口数量、发展情况、风俗习惯等。代表性教材有五洲传播出版社"中国基本情况"丛书中的《中国民族（英文）》、北京语言大学出版社"认识中国"系列图文书中的《中国有56个民族》及《中国的故事·民俗篇》、北京大学出版社的《中国民俗文化》等。

商务类文化教材主要满足商务人士中文学习的需要，为开展中文商务活动提供语言话题、案例分析和行动指南，以北京语言大学出版社的"中国商务文化"系列教材为典型代表。

思想文明类文化教材主要介绍禅宗、道教、佛教等精神、思想领域的内容。代表性教材有五洲传播出版社的《中国智慧故事》《中国道教》《中国佛教》等。

饮食类文化教材以中国美食文化为核心，介绍中国的餐饮文化及中国茶文化、酒文化等内容。代表性教材有五洲传播出版社的《体验中国茶文化》《上品中国菜》等一系列教材。

四、教材使用情况

文化教材的使用主要分为三种类型。一是系统性使用，指在国内外高校中文相关专业课程中选用，如中国文学、中国文化、中国社会与文化等课程，前文列举的课程类文化教材选用较为普遍。除此以外，还有一些本土教材，如美国查菲学院的中国文化课选用 *China — Culture Smart!: The Essential Guide to Customs & Culture* 和 *Private Life Under Socialism: Love, Intimacy, and Family Change in a Chinese Village, 1949-1999* 这两本教材[①]，意大利米兰国立大学选用《百部中国杰出文学作品》《中国文化》《中国报纸》等，马来西亚沙巴大学进阶班使用《中国文化导读》等。二是插入式使用，常用在中文课的文化教学模块中。这种使用方式比较灵活，文化点范围广泛，需要短小精良的可视化、可动手制作的文化素材。这类现成的文化素材和教具不多，受欢迎的教材有《中文百宝箱》《中国欢迎你》《中国文化百题》《你好，中国》等。三是供社会人士阅读的趣味读物，包括思想类、故事类、历史类、人物类、时事类读物，还有一些中文小说的简写本或翻译本等。

五、教材编写特点

（一）逐步落实"四个转变"

经过多年努力，文化教材的编写取得了长足进步，主要表现为"四个转变"。一是逐步从"走出去"向"走进去"转变。在内容阐释方面，教材注意选取中外文化中容易让人产生情感共鸣的内容作为切入点，以加深读者对中国文化的理解和认同；在呈现形式方面，借鉴具有现代感、设计感的艺术手段，以激发读者对中国文化的兴趣。二是逐步从"重古轻今"向"古今并重"转变。文化题材从以传统文化为主转变为传统文化与当代中国并重，以适应海外读者了解当代中国的需求。三是逐步从"对照读物"向"分级读物"转变。教材编写与语言水平等级结合，以加强教材的系统性和科学性。四是逐步从"纸质教材"向"立体资源"转变。部分文化

---

① 顾利程．美国汉语教学动态研究 [M].北京：北京语言大学出版社，2019：109.

教材采用直观化、形象化、立体化的方式编写和设计，以充分调动读者的多感官体验。

（二）亟须突破"四个瓶颈"

文化教材研发仍然存在"瓶颈"，具体表现为：一是文化内容"无纲可依"。中国文化博大精深，设定教学目标、选取文化项目、合理编排顺序等均需要"标准"的指引。二是语言水平与文化内容衔接不到位。用什么水平的"语言"讲授什么内容的"文化"，是文化教材编写的难点。三是教学方法创新不足。只有在教材编写中不断创新教学设计，才能改变之前教材单调陈旧的面貌，以更加丰富多样的活动设计、新颖多元的呈现方式展现中国文化，引发读者共鸣。四是文化体验性不够。教材需要进一步解决中国文化"生硬""刻板""遥远""陌生"的面貌，增强体验性，以帮助读者感受"真实""立体"的中国文化。

第六节　考试教材

经过 30 多年的发展，我国已形成以汉语水平考试（HSK）为龙头，包括中小学生汉语考试（YCT）、商务汉语考试（BCT）、医学汉语水平考试（MCT）等在内的国际中文测试体系。此外，一些国家或地区、组织或机构自主研制了美国大学预科课程（AP）中文考试、国际文凭大学预科项目（IB）中文考试、英国普通中等教育证书（GCSE）中文考试等各类中文考试，成为国际中文测试体系的重要组成部分。中文考试的持续发展带动考试教材不断推陈出新，新教材层出不穷。

本节所称"考试教材"是指依托各类国际中文考试项目，为满足国际中文考试教学者、学习者需要而编写的中文考试大纲、教材和辅导类图书等。

一、教材数量

从"数据库"中选取样本教材，经统计，自 1984 年以来，全球共有国际中文考试大纲、教材和辅导类图书 822 种。1984—2020 年间，中文考试教材出版数量总体呈增多趋势。其中，1984—2005 年变化幅度较小，数量增长较为缓慢，但自 2011 年开始，中文考试教材的出版数量出现显著提升。中文考试教材出版数量的波动与中文水平考试制度的改革、中文考试相关政策文件的出台以及海外中文考试考点的设置等均有紧密联系。近年来，随着数字化考试用书的增多和网络考试的大力推行，中文考试教材出版数量略有下降。（图 3-9）

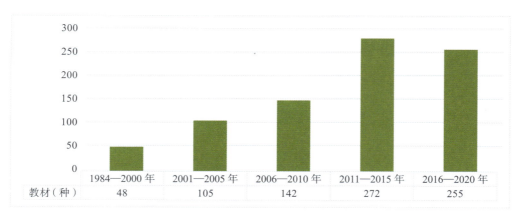

图 3-9　中文考试教材的出版数量（1984—2020 年）

二、教材注释语种与出版机构

在 822 种中文考试教材中，无注释语种版 480 种（含简繁体中文版），占 58.39%；英语注释版 284 种，占 34.55%；韩语、日语注释版各 15 种，分别占 1.82%；其他语种占比均低于 1%，其中泰语注释版 8 种，阿拉伯语、西班牙语、意大利语、法语等其他语种注释版共 17 种，汉、英、日三语注释版 3 种。

北京语言大学出版社出版数量居首位，共出版中文考试教材 257 种，其他出版数量较多的还有：华语教学出版社 73 种、商务印书馆 54 种、高等教育出版社 51 种、三联书店（香港）42 种、外语教学与研究出版社 41 种、北京大学出版社 23 种、人民教育出版社 18 种。上述出版机构是中文考试教材的主要出版机构，中文考试教材的出版总量占全部出版量的 68%。中文考试教材的海外出版量占 20% 以上，海外出版机构主要集中于韩国、日本、新加坡、西班牙、法国等国。

三、教材类型

国际中文考试类型多样，包括汉语水平考试（HSK）、中小学生汉语考试

（YCT）、商务汉语考试（BCT）、国际文凭中文项目考试（IB 中文）、国际中文教师证书考试（CTCSOL）五大类中文考试，以及英国普通中等教育证书（GCSE）中文考试、美国大学预科课程中文考试（AP 中文）等。本节主要统计 HSK、YCT、BCT、IB 中文、CTCSOL 五类考试的教材出版情况，其中，HSK 教材 496 种、BCT 教材 130 种、YCT 教材 62 种、IB 中文教材 49 种、CTCSOL 教材 23 种。其他类型中文考试教材共 62 种，品种比较分散。

（一）HSK 考试教材

HSK 考试教材共计 496 种。从各级别来看，一级教材出版数量占 11%，二级教材占 10%，三级教材占 14%，四级教材占 23%，五级教材占 22%，六级教材占 20%。各级别的教材出版数量基本持平，其中四、五级教材相对较多，一、二级教材相对较少。从教材类型来看，试题集和试卷占 34%，教程占 11%，专项训练占 39%，其他类型占 16%。

中国国内出版的 HSK 考试教材，多以分级套装或者配套教辅形式出版，体现出体系化特点。代表性教材有《HSK 标准教程》《新 HSK 应试全解析》《新汉语水平考试模拟试题集》等。（表 3-24）

表 3-24　国内 HSK 考试代表性教材

名称	编者	出版社	出版年
《HSK 单词速记速练》（初级、中级、高级）	赵明德、鲁江	北京语言大学出版社	2003
《HSK 核心词汇天天学》（上、中、下）	刘东青	华语教学出版社	2009
"外研社·新 HSK 课堂系列"	外研社国际汉语研究发展中心等	外语教学与研究出版社	2010
《新汉语水平考试模拟试题集》（1—6 级）	王江、刘红英等	北京语言大学出版社	2010
《决胜 30 天——新汉语水平考试 HSK 仿真试题集》（1—6 级）	刘云	北京语言大学出版社	2011
《新 HSK 应试全解析》（1—6 级）	金学丽、李春玲、董萃、王素梅	北京语言大学出版社	2014
《HSK 真题集》（2014 版）（1—6 级）	孔子学院总部 / 国家汉办	高等教育出版社	2014
《HSK 标准教程》（1—6 级）	姜丽萍	北京语言大学出版社	2014

续表

名称	编者	出版社	出版年
《HSK 考试大纲》（1—6 级）	孔子学院总部 / 国家汉办	人民教育出版社	2015
《HSK 规范教程》（1—6 级）	王珝	华语教学出版社	2015
《HSK 分频词汇》（1—6 级）	杨莹	华语教学出版社	2016
《HSK 考试大纲·词汇学习手册》（1—6 级）	姜丽萍	外语教学与研究出版社	2017
《汉语水平考试真题集》（2018 版）（1—6 级）	孔子学院总部 / 国家汉办	人民教育出版社	2018
《新中国汉语水平考试应试指南》（1—6 级）	倪明亮	北京语言大学出版社	2018

国外的 HSK 考试教材，从以考试训练为主向语言学习与考试演练相结合转变。韩国多乐园出版社、时事出版社、Gilbut 出版社等出版了大量 HSK 考试用书，主要有：《新 HSK 一本通》《PAGODA HSK》《HACKERS HSK 达标》《SINAGONE HSK》《VERSION UP 新 HSK》《新 HSK ONE PASS 合格模拟考试全攻略》《全攻略 5 级两月突破》《新 HSK 1 级用 150 词汇完全奠定汉语基础》《中短期 HSK 4 级单词本》《新 HSK 4 级模拟考试一本通》《新 HSK 押题集锦 6 级》等。

（二）BCT 考试教材

BCT 考试教材共计 130 种，主要包括教程类（60%）、专项训练类（24%）、试题集类（11%）、大纲类（5%）。有代表性的 BCT 考试教材有北京大学出版社的商务汉语系列教材《商务汉语提高》、北京语言大学出版社的《BCT 商务汉语考试应试指南（听、读）》、人民教育出版社的《BCT 标准教程》和《商务汉语考试真题集（BCT A、BCT B）》等。（表 3-25）整体上看，与同类考试教材相比，BCT 考试教材数量较少，以中国出版的教材居多。

表 3–25　BCT 考试代表性教材

名称	编者	出版社	出版年
《商务汉语提高》	张黎	北京大学出版社	2005
《BCT 商务汉语考试应试指南（听、读）》	丁安琪、岳薇	北京语言大学出版社	2008

续表

名称	编者	出版社	出版年
《BCT 商务汉语写作教程》	杨东升	北京语言大学出版社	2009
《商务汉语 800 句》	刘慧清	商务印书馆	2012
《商务汉语考试 BCT（A、B）大纲》	孔子学院总部 / 国家汉办	高等教育出版社	2014
《BCT 标准教程》	孔子学院总部 / 国家汉办	人民教育出版社	2015
《商务汉语考试真题集（BCT A、BCT B）》	孔子学院总部 / 国家汉办	人民教育出版社	2018

（三）YCT 考试教材

为满足全球中小学生中文学习需求，YCT 考试教材出版数量持续增长。2009 年至今，共出版 YCT 考试教材 62 种，涵盖试题集、考试教程、分级读物、分级大纲、活动手册及教学套装 6 个类别。其中，试题集占比达 40%，教程占 21%，分级读物占 13%，大纲占 12%，活动手册占 11%，教学套装占 3%。

中国国内出版的 YCT 考试教材中，具代表性的有高等教育出版社的《YCT 标准教程》、北京语言大学出版社的《YCT 模拟试题集》《YCT 图解词汇手册》等。海外有代表性的 YCT 考试教材是韩国出版的《梦想中国语 YCT 实战模拟考试 1—10 套》、美国出版的《新中小学生汉语考试读物》等。（表 3-26）

表 3-26　YCT 考试代表性教材

名称	编者	出版社	出版年
《新中小学生汉语考试大纲》（YCT 1—4 级）	国家汉办 / 孔子学院总部	商务印书馆	2009
《新中小学生汉语考试读物》（1—4 级）	Mandarin Matrix	Mandarin Matrix	2014
《YCT 标准教程》（1—6 级）	苏英霞等	高等教育出版社	2015
《YCT 考试大纲与应考指南》（1—4 级）	孔子学院总部 / 国家汉办	高等教育出版社	2016
《YCT 模拟试题集》（1—4 级）	姜丽萍	北京语言大学出版社	2017
《YCT 真题集》（2018 版）（1—4 级）	孔子学院总部 / 国家汉办	高等教育出版社	2018
《梦想中国语 YCT 实战模拟考试 1—10 套》（1—4 级）	드림중국어	드림중국어	2019

（四）IB 中文考试教材

IB 中文考试教材主要分为两类：一是 IBDP（国际文凭大学预科项目）中文 A 文学课程指导类，二是 IBMYP（国际文凭中学项目）语言与文学课本类。出版内容涉及课本、点评、试卷、写作、指导、案例、词典、听力以及创作等多个专题。2015 年 6 月至 2020 年 1 月，三联书店（香港）、华语教学出版社和新加坡 NTK 出版机构（NTK Publishing Limited）3 家出版机构共出版 IB 中文考试教材 49 种。其中，三联书店（香港）出版 32 种，华语教学出版社出版 13 种，新加坡 NTK 出版机构出版 4 种。具有代表性的考试教材是三联书店（香港）的"国际文凭大学预科项目"系列中文教材。

（五）CTCSOL 考试教材

CTCSOL 考试教材共计 23 种，包括培训类、大纲类、辅导类、案例分析类、试题集类、教程类。人民教育出版社出版的 CTCSOL 教材最多，代表性教材有《〈国际汉语教师证书〉考试大纲》《〈国际汉语教师证书〉考试大纲解析》《〈国际汉语教师证书〉面试指南》《国际汉语教师经典案例详解》《〈国际汉语教师证书〉考试真题集》，以及"国际汉语教师证书备考丛书"等。此外，还有北京语言大学出版社的"国际汉语教师证书备考指南"系列、《国际汉语教师证书考试一本通》，北京大学出版社的"《国际汉语教师证书》考试"系列，高等教育出版社的《国际汉语教学案例与分析》，外语教学与研究出版社的《跨文化交际》等。

四、教材海外使用情况

随着中文考试的国际推广，应试教材成为许多国家学习者的"刚需"。在韩国，各类中文考试用书十分丰富，包括 HSK、YCT、BCT、TSC（Test of Spoken Chinese）、CST（Chinese Speaking Test）、OPIc（Oral Proficiency Interview-computer）、韩国中文高考、韩国中文导游考试、韩国中文翻译考试和韩国中文教师考试 10 个门类，其中 HSK 考试教材最多。在日本，中文考试教材占全部中文教材的 15% 左右。一些国家除了开发并使用 HSK 考试教材以外，还推出了针对本国中文考试的系列教材，如俄罗斯常用的教材有《HSK 备考词典》《中文国家统一考试准备材料》等，法国常用的教材有《考试中文》《说学想：中文考试准备手册》《汉语水平词汇训练系列——甲级词》《中文 LV1—LV2—LV3 系列》《会考中文》等，美国常用的教材有《AP 中国语言文化》《AP 中文综合测试——专项练习题》等，英国常用的教材有《GCSE 中文教材》等。

五、教材发展特点

（一）品种不断细化

首先，随着国际中文测试体系的不断扩大，全球中文考试项目已有十余种，中文考试教材的种类日趋丰富，已形成 HSK、YCT、BCT、IB 中文、CTCSOL 等较为成熟的考试教材系列。其次，围绕特定考试项目、根据考生需求开发的教材教辅不断拓展，从大纲发布到真题集、模拟试题集出版，再到考试教程及专项技能教程研制，涉及词汇、语法、汉字、听力、口语、阅读、写作等多个专题，考试教材产品线不断延长。再次，随着中文考试进入部分国家国民教育体系，国别化、本土化的中文考试教材渐趋多样。

（二）市场化程度最高

在众多国际中文教材类型中，考试教材是市场化、商业化程度最高的类型，表现在：（1）市场反应快。考试教材的编写紧随考试项目的研制，甚至是同步进行。出版单位和编写者均表现出较高的参与积极性和主动性，力求快速推出新产品抢占市场，迅速实现经济效益。（2）盈利能力强。考试教材需求大、成系列、定价高、成本低，主要出版社均研发了成系列的中文考试产品，且各有侧重，成为各自国际中文教材盈利能力较强的业务板块。（3）产品竞争激烈。正因为考试教材出书快、利润率高，也形成了同类产品竞争的局面。2021 年 7 月 1 日《国际中文教育中文水平等级标准》正式实施，可以预见，为对接《等级标准》，中文考试教材的修订蓄势待发，考试教材也必将迎来新一轮的市场竞争。

（三）考教结合理念需深化

2009 年，新汉语水平考试推出即提出了"考教结合、以考促教、以考促学"的理念。《HSK 标准教程》《YCT 标准教程》《BCT 标准教程》三大系列的出版是落实"考教结合"理念的有效举措。事实证明，三大系列成为全球 HSK、YCT、BCT 考试考生的首选教材。但统计仍显示，各类考试教材中"教程"所占比例并不高，远低于试题集等强化速成用书。这就提示我们，在强调中文应试教育的同时，也应注重中文素养教育；在追求考试产品"短平快"收益的同时，更应重视精品考试教材的长期效益。

第七节　工具书

工具书是专为读者考查字形、字音、字义、词义、字句出处和各种事实等而编撰的书籍，如字典、词典、索引、历史年表、年鉴、百科全书等。国际中文教育工具书（以下简称"工具书"），是指在国际中文教育过程中具有检索性、参考性和工具性的书籍，以满足国际中文教育教与学的特定需要。

一、工具书数量与类型

据统计，全球范围内的国际中文教育工具书约有 400 种。与其他类型的教材相比，国际中文教材整体呈现出"教材多，辞书少"的面貌。工具书涉及 80 个语种，可见，"语种多，品种少"也是目前国际中文教育工具书的主要特点。同时，工具书的类型不算丰富。从工具书内容来看，以语言文字类工具书为主，专业领域类、百科全书类工具书还比较少；语言文字类工具书又以词典类、字典类和语法类为主。从适用对象来看，可以分为教学型工具书和学习型工具书，分别面向教师使用群体和学生使用群体；但从实际编写和使用来看，工具书的分众化研发尚不明确，还不能满足特定群体的特定需求。

二、工具书发展特点

（一）语合中心主干工具书占多数

为缓解国际中文教育工具书短缺的问题，在语合中心的策划和资助下，《汉语800字》《汉语900句》《汉语图解词典》《汉语图解小词典》4个工具书系列及其80个语种版本陆续推出，出版总量约占全部国际中文教育工具书的80%。（表3-27）

表3-27　语合中心主干工具书研发情况

名称	适用人群（岁）	语种（个）	出版社
《汉语800字》	12+	80	外语教学与研究出版社
《汉语900句》	12+	80	外语教学与研究出版社
《汉语图解词典》	12+	80	商务印书馆
《汉语图解小词典》	3—15	80	商务印书馆

（二）国内少数出版社从事工具书出版

国内从事国际中文教育工具书出版业务的出版社很少，出版种类也十分有限。表3-28显示，1996年至今，4家国内出版社出版工具书近40种（不含多语言注释版本），以词典类、字典类工具书为主。词典类工具书多涉及常用词、近义词、成语等，包括离合词、虚词、量词等中文词法中的难点，还经常以HSK考试为选词范围进行编写；字典类工具书包括部首、字素、常用字、汉字演变、认读、书写等，以查找、释义功能为主。

表3-28　中国出版社工具书研发情况

出版社	名称	编者	出版年
北京语言大学出版社	《现代汉语常用词用法词典》	李忆民	1995
	《汉英汉语常用近义词用法词典》	邓守信	1996
	《多媒体汉字字典》（光盘）	郑艳群等	1999
	《对外汉语常用词语对比例释》	卢福波	2000
	《两岸现代汉语常用词典》	北京语言大学、（台北）中华语文研习所	2003
	《实用字素词典》（汉英本）	编写组	2003

续表

出版社	名称	编者	出版年
北京语言大学出版社	《近义词使用区别》	刘乃叔、敖桂华	2003
	《我的部首小字典》	达世平	2004
	《当代汉语学习词典（初级本）》	徐玉敏	2005
	《学汉语用例词典》	刘川平	2005
	《1700 对近义词语用法对比》	杨寄洲、贾永芬	2005
	《汉语近义词典（汉英双解）》	王还	2005
	《我的汉语小词典》	达世平、达婉中	2007
	《汉语 1000 常用字》	陈明、张瑞	2010
	《汉语常用离合词用法词典》	周上之	2011
	《汉语 800 虚词用法词典》	杨寄洲、贾永芬	2013
	《新 HSK5000 词分级词典》	李禄兴	2013
	《汉字演变 500 例》（第 2 版）	李乐毅	2014
	《汉字演变 500 例续编》（第 2 版）	李乐毅	2015
	《汉语近义词典（汉英双解）》（第 2 版）	王还	2015
	《汉语入门词典（汉英对照）》	郑定欧	2017
	《汉字多米诺》	付云华	2018
	《汉字认读助学手册》	鲁健骥	2018
	《汉语国际教育用词语声调组合及轻重音格式实用手册》	刘英林	2019
	《汉字书写助学手册》	鲁健骥	2021
商务印书馆	《商务馆学汉语词典》	鲁健骥、吕文华	2006
	《商务馆学汉语近义词词典》	赵新、李英	2009
	《商务馆学成语词典》	杨寄洲、贾永芬	2010
	《商务馆学汉语字典》（ *The Chinese Broken Marks Dictionary* ）	〔美〕黄全愈、黄矿岩、陈彤	2011
	《汉语教与学词典》	施光亨、王绍新	2011
	《汉语量词图解词典（汉英版）》	曾琪主编，商务印书馆世界汉语教学研究中心编	2012

续表

出版社	名称	编者	出版年
外语教学与研究出版社	《汉语阿拉伯语政治外交词典》	张志祥	2005
	《基础汉语学习字典》	郑述谱	2009
	《跟我学同义词》	蔡少薇	2010
	《汉语小词典》	北京外国语大学汉语国际推广多语种基地	2018
华语教学出版社	《看图学量词》	焦凡	1993
	《学生成语词典》（全新版）	说词解字辞书研究中心	2009
	《同义词近义词反义词组词造句多音多义字易错易混字大全》	说词解字辞书研究中心	2010
	《现代汉语成语规范词典》（第4版）	李行健	2010

另外，还有两本工具书值得关注：一是朗文出版亚洲有限公司与上海译文出版社联合出版的《朗文英华（汉语拼音）图片词典》（1994），作者是 Marilyn S. Rosenthal 和 Daniel B. Freeman，该词典收录了2000多个生活词语和超过800幅精美彩色图片，采用简体汉字，并注明汉语拼音，适合中文学习者使用；二是上海外语教育出版社和朗文联合出版的《朗文汉英中华文化图解词典》（2000），作者是日本的舆水优等，该词典根据世界著名的三大语料库之一 COBUILD 中的英语语料库（The Bank of English）编写，它以中国社会日常生活和习俗为题材，分为308个专题，包含词条约13300个、插图近10000幅。

辞书出版需要出版单位具备辞书出版资质，责任编辑需持有辞书编辑人员岗位培训合格证书，编者需要较高的专业知识和文字素养。由此可见，工具书出版对出版社、编辑、编者的要求都很高，这也是国际中文教育工具书种类少、数量少的主要原因。

（三）部分国家使用本土中文工具书

部分国家根据自己的需要，研制了本土中文工具书，如俄罗斯的《俄汉大词典》《汉语·汉字学习字典》《汉语主题词词典》《古代汉语字典》、法国的《实用汉法拼音注音辞典》《利氏汉法辞典》、澳大利亚的《汉语语法步步高》、美国的《麦格劳-希尔汉语词典》《普通话图解词典》、匈牙利的《匈中双语词典》、拉脱维亚的《汉语拉脱维亚语大词典》、蒙古的《汉蒙成语词典》、秘鲁的《汉西金融术语词典》、塞舌尔的《汉语、英语、克里奥语小词典》、卢旺达的《汉语—卢旺达语词典》、埃塞俄比亚的《中、英、阿姆哈拉语常用词词典》，等等。上述工具书均为本土化中文教学提供了便利。

（四）借用语文类、外语类工具书较多

正因为专门为国际中文教育开发的工具书偏少，所以使用《新华字典》《新华词典》《现代汉语词典》《小学生多功能字词典》等语文类工具书和《牛津高阶英汉双解词典》《学生实用英汉双解大词典》《现代日汉汉日词典》等外语类工具书的情况较为普遍。此外，数字化工具书受到欢迎。商务印书馆精品工具书数据库（www.icidian.com.cn）集成了 29 部精品汉语言类工具书，包括字典、词典、成语词典、语典和专科辞典，共收词目（累计）约 35 万条、6000 万字。Pleco 汉语词典、多邻国、有道等也是中文学习者经常使用的中文学习工具类应用程序（APP）。

第八节　华文教材

海外华文教育是国际中文教育的重要组成部分，广大华侨华人创办的近 2 万所华文学校是中国语言文化在海外传播的重要平台。海外华文教育历史悠久、分布广泛，摸清海外华文教育教学资源现状对于提升中国语言和文化传播的实际效果具有重要意义。本节以全球 309 所示范华文学校为样本（表 3-29），采集各级各类华文教材使用数据，建成数据库并主要依据数据库撰写成文，力图全景式展示华文教材的发展及使用现状。

表 3-29　华文示范学校各州分布情况

洲别	学校（所）	占比（%）
非洲	8	2.6
大洋洲	29	9.4
美洲	72	23.3
欧洲	80	25.9
亚洲	120	38.8
总计	309	100

一、教材数量

截至 2020 年底，全球华文学校使用频率较高的华文教材有 60 余套（不包括中小学考试用书和读物），从幼儿园到高中阶段的华文教育教材较为完善。

目前，海外华文教育主干教材是国务院侨务办公室（以下简称"国侨办"）委托暨南大学华文学院编写的《中文》和北京华文学院编写的《汉语》。近年来，东南亚各国以及澳大利亚和美国等西方国家也有越来越多的非华裔子女进入华文学校接受教育，华文学校的教学对象日益多元复杂。有些学生虽然是华裔，但其中文水平与非华裔学生相比并无多大差异。因此语合中心规划的国际中文教育系列教材以及北京语言大学出版社、北京大学出版社、高等教育出版社、人民教育出版社、华语教学出版社等编写的面向中文作为外语学习者的教材越来越多地被华文学校所使用。

暨南大学出版社是国内华文教学资源研发出版基地，近年来出版了《天山华语》《新丝路华文系列教材》《少儿国学读本》和新版《中文》（小学版）、新版《华文》（小学版）、新版《中文》（初中版）、新版《华文》（初中版）等教材。国侨办重点加快推进本土化教材的编写工作，完成了通用型高中版《中文》编写工作以及《幼儿汉语》《海外幼儿识字培训教材》《汉语拼音》《说话》等教材的修订；完成了《华裔青少年"一带一路"知识读本》《菲律宾华语》，以及印度尼西亚小学版《华文》《说话》《幼儿汉语》《汉语拼音》等 6 套教材的编写修订工作；先后启动了欧洲小学版《中文》、中亚地区小学版《天山华语》、澳大利亚高中版《中文》，以及柬埔寨小学版《写作》和初中版《华文》等多套华文教材的编写工作。[①]

表 3-30 列出了全球主要华文教材的出版及使用情况。

表 3–30　全球主要华文教材及使用情况

名称	出版地	出版社	出版年	主要使用国家或区域
《中文》（修订版）	中国大陆	暨南大学出版社	1997	印度尼西亚、泰国、日本、西班牙、丹麦、匈牙利、卢森堡、比利时、瑞典、瑞士、奥地利、英国、意大利、德国、加拿大、智利、美国、阿根廷、葡萄牙、牙买加、苏里南、挪威、澳大利亚、毛里求斯、南非、埃及、新西兰、马达加斯加
《小仓颉儿童识字大王》	中国大陆	新世纪出版社	1999	泰国
《新实用汉语课本》	中国大陆	北京语言大学出版社	2002	澳大利亚

---

① 根据《中国语言文字事业发展报告（2017）》《中国语言文字事业发展报告（2018）》《中国语言文字事业发展报告（2019）》相关数据整理。

续表

名称	出版地	出版社	出版年	主要使用国家或区域
《标准中文》（修订版）	中国大陆	人民教育出版社	2006	瑞典、瑞士、葡萄牙、美国、澳大利亚
《汉语会话301句》（第3版）	中国大陆	北京语言大学出版社	2005	印度尼西亚、泰国、牙买加、马达加斯加
《初级汉语课本》	中国大陆	北京语言大学出版社	2003	秘鲁
《德国人学汉语》	中国大陆	人民教育出版社	2008	德国
《快乐汉语》	中国大陆	人民教育出版社	2003	印度尼西亚、泰国、德国、瑞士、美国、澳大利亚、新西兰、印度尼西亚；中亚、西亚
《跟我学汉语》	中国大陆	人民教育出版社	2003	印度尼西亚、泰国、澳大利亚、美国
《中国历史·地理·文化常识》	中国大陆	高等教育出版社等	2006	泰国、缅甸、美国、澳大利亚
《语文》（浙教版）	中国大陆	浙江教育出版社	2003	西班牙、缅甸
《速成汉语》（修订版）	中国大陆	北京大学出版社	2004	缅甸、卢森堡
《初级汉语口语》（第2版）	中国大陆	北京大学出版社	2004	泰国
《长城汉语》	中国大陆	北京语言大学出版社	2005	澳大利亚；中亚、西亚
《快乐北京——实用日常汉语会话》	中国大陆	北京语言大学出版社	2007	缅甸
《汉语韵律会话》	中国大陆	北京语言大学出版社	2005	美国
《博雅汉语》	中国大陆	北京大学出版社	2004	美国；中亚、西亚
《童趣汉语》	中国大陆	北京大学出版社	2006	美国
《轻松学中文》	中国大陆	北京语言大学出版社	2006	印度尼西亚、缅甸、美国、澳大利亚、德国、菲律宾、瑞士
《时代：中级报刊阅读》	中国大陆	北京语言大学出版社	2006	中亚、西亚

续表

名称	出版地	出版社	出版年	主要使用国家或区域
《汉语拼音》（海外版）	中国大陆	暨南大学出版社	2006	泰国、德国、匈牙利、澳大利亚、新西兰、肯尼亚
《幼儿汉语》	中国大陆	暨南大学出版社	2007	印度尼西亚、泰国、缅甸、德国、西班牙、匈牙利、奥地利、加拿大、澳大利亚、肯尼亚
《说话》	中国大陆	暨南大学出版社	2007	泰国、缅甸、澳大利亚、法国
《口语速成》	中国大陆	华语教学出版社	2007	澳大利亚
《华语向前走》	中国大陆	暨南大学出版社	2007	菲律宾
《汉语口语速成》（第3版）	中国大陆	北京大学出版社	2015	印度尼西亚、澳大利亚
《汉语》	中国大陆	暨南大学出版社	2007	印度尼西亚、泰国、菲律宾、缅甸、英国、法国、德国、西班牙、丹麦、比利时、瑞典、加拿大、澳大利亚、马达加斯加；中亚、西亚
《体验汉语》	中国大陆	高等教育出版社	2006	泰国、澳大利亚
《风光汉语》	中国大陆	北京大学出版社	2007	印度尼西亚
《成功之路》	中国大陆	北京语言大学出版社	2008	印度尼西亚；中亚、西亚
《新实用汉语课本·入门级》	中国大陆	北京语言大学出版社	2009	印度尼西亚、德国
《新编中国语文》	中国大陆	西南交通大学出版社	2009	美国
《新编菲律宾华语课本》	中国大陆	北京大学出版社	2009	菲律宾
《快乐学中文》	泰国	泰国南美出版社	2009	泰国
《交际汉语》	中国大陆	科学普及出版社	2009	澳大利亚
《朗朗中文》	中国大陆	江西教育出版社	2009	美国
《当代中文》	中国大陆	华语教学出版社	2003	德国、丹麦、瑞典、瑞士

续表

名称	出版地	出版社	出版年	主要使用国家或区域
《汉语乐园·入门级》	中国大陆	北京语言大学出版社	2009	瑞典、瑞士、澳大利亚、泰国
《汉语教程》（修订本）	中国大陆	北京语言大学出版社	2006	印度尼西亚、泰国；中亚、西亚
《语文》（沪教版）	中国大陆	上海教育出版社	2015	卢森堡、西班牙
《语文》（人教版）	中国大陆	人民教育出版社	2016	德国、瑞士、匈牙利、西班牙、捷克、意大利、泰国、缅甸
《标准汉语会话360句》	中国大陆	北京语言大学出版社	2017	美国
《新版实用视听华语》	中国台湾	台北正中书局	2008	澳大利亚
《国语》	中国台湾	翰林出版社	2010	缅甸
《华语》	中国台湾	台北正中书局	2011	加拿大、日本、美国、菲律宾、澳大利亚
《华语课本》	泰国	泰国华文民校协会	1998	泰国
《开开汉语——泰国小学中文课本》	中国大陆	北京语言大学出版社	2006	泰国
《千岛娃娃学华语》	印度尼西亚	雅加达联通书局出版社	2007	印度尼西亚
《汉缅会话教材》	中国大陆	不详	不详	缅甸
《新双双中文教材》	中国大陆	北京大学出版社	2014	美国
《中文听说读写》（Integrated Chinese）	美国	Cheng & Tsui	1997	美国
《马立平中文教材》	美国	www.mlpchinese.com	2019	美国、澳大利亚
《欢乐伙伴》	新加坡	新加坡教育部课程规划与发展司	2004	新加坡、印度尼西亚、菲律宾
《中学华文》	新加坡	Marshall Cavendish Education	2006	印度尼西亚、缅甸
《新世纪菲律宾华文学校幼儿园教材》	菲律宾	菲律宾华文研究中心	2003	菲律宾

续表

名称	出版地	出版社	出版年	主要使用国家或区域
《菲律宾华语课本》	菲律宾	菲律宾华文研究中心	2009	菲律宾
《中国语文》	澳大利亚	纽修威中文教育理事会	不详	澳大利亚
《千岛华语》	印度尼西亚	印度尼西亚东爪哇华文教育统筹机构	不详	印度尼西亚
《育苗华语》	印度尼西亚	印度尼西亚东爪哇华文教育统筹机构	不详	印度尼西亚

二、教材类型

目前华文学校使用的教材主要有以下几种类型：中国大陆版、中外合作版、中国台湾版、新加坡版、本土教材以及教师自编教材。越来越多的华文学校使用中国大陆版的教材，整个欧洲、大洋洲的华文学校，尤其是海外华文教育示范学校，所选用的教材几乎都来自中国大陆。其中，德国、瑞士、匈牙利、西班牙、捷克、意大利、泰国、缅甸等国的几所华文学校在教材选择上有别于其他国家，他们更倾向于与中国国内教育接轨，因此直接选用了人民教育出版社的小学和中学《语文》作为中文教材，西班牙的马德里华侨华人中文学校也选择了人民教育出版社的小学《语文》作为教材。有的华文学校单独或配合使用幼儿园教材，如《幼儿汉语》；还有少数学校配合使用中学或成人教材，如《新实用汉语课本》等。除此之外，中国台湾以及新加坡华文教材的市场占有率也比较高。

自编教材也占有一定比例，但使用学校数量不多。选用自编教材的学校一般没有一套固定的教材，教师在教学过程中会参考某种或多种教材，选取或改编自己认为比较适合学生的内容进行教学。这种教学安排虽然灵活性比较强，但教学内容之间衔接不够，缺乏系统性和科学性。

三、教材使用情况

受到国家经济发展水平、政策环境、文化习俗的影响，各个国家华文教育教学资源差异较大，发展不平衡。

（一）亚洲本土化教材基本能够满足华文教育需求

亚洲地区华人众多，华文教育起源早，华文教育教学资源的建设也相对成熟。以马来西亚为例，它拥有相对完整的华文教育体系，其相应的华文教材开发较早且比较系统。除独立中学以外，中小学华文教材均由教育部统一负责编写，并免费提供。独立中学华文教材则由"董教总"[①]全国华文独中工委会课程局统一编写并发放使用。目前马来西亚的华文教育在"董教总"的牵头下，在中小学阶段已经基本实现了教材的系统性，具备一定的本土特色和体系。"董教总"出版的教材编入了大量的马来西亚本土作家作品，更利于当地的华文学习。根据"董教总"发布的工作报告，华文教材的研发比较完善，在编排上注重符合教学对象的年龄特征并重视修订更新。

新加坡的华文教育体系比较完整，教材与教材配套也注重创新和与时俱进。1979 年新加坡教育部颁布《小学普通课程华文课程纲要（一年级）》，同时教育部课程发展署开始编写统一的华文教材。从此，新加坡进入由国家统一编写华文教材的时期。目前统一使用的是新加坡本地出版的《欢乐伙伴》。这套教材不仅在印度尼西亚、菲律宾等东南亚国家的三语学校广泛使用，而且在美国的中文沉浸式项目中使用率也很高。从 2021 年开始，新加坡教育部采用新的中学华文教材《华文伴我行》。与旧版教材相比，新版教材更注重文化与文学元素，以及新闻时事内容，包括邀请新加坡作家为学生创作分级读物，让学生可以更有效地"乐学善用"华文。[②] 在借助地理优势与中国合作发展的基础上，各国发掘本土华文教育力量，东南亚地区本土化华文教材日益丰富，在一定程度上满足了当地华文学校的教学需求。（表 3-31）

[①] 马来西亚华校董事联合会总会（简称"董总"）和马来西亚华校教师会总会（简称"教总"）合称为"董教总"。

[②] 胡洁梅. 明年中一华文新教材，加入贴近生活活动单 [EB/OL]. https://www.zaobao.com/news/singapore/story 20201025-1095490. 2020-10-25.

表 3-31　亚洲地区教材使用统计

名称	出版地	主要国家使用各套教材的学校数量（单位：所）						
		马来西亚	新加坡	菲律宾	印度尼西亚	缅甸	泰国	日本
《中文》及修订版	中国大陆				6		19	1
《跟我学汉语》					2			
《汉语》及修订版				4	12	18	41	
《汉语会话 301 句》					2		1	
《说话》						2	20	
《汉语基础》					1			
《汉语教程》					4		4	
《快乐汉语》					2		5	
《幼儿汉语》					5	2	8	
《新实用汉语课本》					2			
《语文》						12	2	
《HSK 标准教程》							1	
《YCT 标准教程》							1	
《开开汉语》							1	
《体验汉语》							4	
《中国历史·地理·文化常识》					1	5	4	
其他				4	10	5	6	
《国语》	中国台湾					4		
其他				1				2
《欢乐伙伴》	新加坡		15		1			
《小学华文》					9	1		
《中学华文》					3			

续表

名称	出版地	主要国家使用各套教材的学校数量（单位：所）						
		马来西亚	新加坡	菲律宾	印度尼西亚	缅甸	泰国	日本
《华文》（新加坡教育部）	马来西亚	1379					1	
《华文》（董总）		6						
《菲律宾华语课本》	菲律宾			7				
《新世纪菲律宾华文学校幼儿园教材》				1				
Kebudayaan Tionghoa（《中国文化》）	印度尼西亚				1			
《成功之路》					1			
《千岛华语》					1			
《育苗华语》					1			
《快乐汉语》（中印版）	中外合作				3			
《欢乐伙伴》				1	2			
《千岛娃娃学华语》					2			
《华语》					2			
《汉缅会话教材》						1		
《华语课本》							3	
——	自编		2		9		3	2
——	其他				2	1	9	
总计		1385	15	21	83	51	133	5

（二）欧洲华文教育本土化教材建设仍需进一步加强

目前整个欧洲的华文学校，尤其是海外华文教育示范学校，所选取的教材几乎都来自中国大陆。这一方面说明，国内编写的华文教材较为符合欧洲华文学校需求；另一方面也表明，教材在本土化方面存在明显不足。

欧洲华文教材形式多样，有简体字版，有繁体字版，有普通话版，有方言版等，但教材未能实现本土化。以英国为例，英国华文学校数量众多，教材需求量大，但目前这些学校主要使用的是国侨办委托暨南大学华文学院编写的《中文》。再如，意大利使用的华文教材也是《中文》，少部分学校使用人民教育出版社编写的《语文》，教材本土化程度较低。（表3-32）

（三）美洲华文教材类别较多，以综合教材为主

美洲地区使用的中文教材主要是暨南大学华文学院编写的《中文》以及美国出版的《马立平中文教材》。美洲国家普遍缺乏本土化华文教材，教材注释语种也主要是英文和中文。该地区需要出版更多西班牙语和葡萄牙语注释的教材，以方便不同母语背景的学习者使用。（表3-33）

表3-32　欧洲地区教材使用统计

名称	出版地	主要国家使用各套教材的学校数量（单位：所）																	总计
		英国	丹麦	匈牙利	荷兰	卢森堡	法国	比利时	意大利	瑞典	德国	瑞士	西班牙	葡萄牙	奥地利	爱尔兰	挪威	捷克	
《中文》及修订版	中国大陆	6	3		3	1	1	2	8	2	11	5	4	1	2		1		50
《汉语》		1					5	3		1	2	1	1						14
《幼儿汉语》															2				3
《中文》（试用版）									1										1
《新实用汉语课本》			1								2								3
《当代中文》										1	1	1							4
《快乐汉语》											1								2
《汉语拼音》					1						1								2
《拼音》（海外版）											1								1
《标准中文》										1		3		1					5
《幼儿汉语》					1						3								4
《德国人学汉语》											1								1
《汉语乐园》						1				1		1							2
《轻松学汉语》						1					1								1
《轻松学中文》												1							1
《说话》							2												2
《等级汉字》											1								1
《中华字经》											1								2
《汉字入门》																			1
《速成汉语会话》									1			1							1
国内统编教材				1					1	1	8	1	4					1	17
HSK考试教材											1		1						2
英国中文课本（本土教材）	英国	1											1						2
自编教材	不详	2										2		1					5

表 3-33　美洲地区教材使用统计

名称	出版地	主要国家使用各套教材的学校数量（单位：所）						
		美国	加拿大	牙买加	苏里南	智利	阿根廷	秘鲁
《中文》及修订版	中国大陆	18	10	1	1	1	2	
《中国地理常识》		2						
《中国历史常识》		2						
《中国文化常识》		2						
《跟我学汉语》		1						
《数学》							1	
《初级汉语课本》								1
《汉语会话 301 句》				1				
《汉语》			1					
《幼儿汉语》			1					
《标准中文》		4						
《童趣中文》		1						
《快乐汉语》		1						
《博雅汉语》		1						
《轻松学汉语》		2						
《汉语韵律会话》		1						
《标准汉语会话 360 句》		1						
《中文听说读写》（Integrated Chinese）		1						
《朗朗中文》		1						
《新幼儿汉语》		1						
《华语》		1						
《华文》(初中版)		1						
《新编中国语文》		1						
《新双双中文教材》		1						
新版《华语》	中国台湾		1					
其他		1						
美洲版《小学华语》	中国香港		1					

续表

名称	出版地	主要国家使用各套教材的学校数量（单位：所）						
		美国	加拿大	牙买加	苏里南	智利	阿根廷	秘鲁
《马立平中文教材》	美国	10						
《马立平多媒体教材》		1						
《整全教育：AP 教材》		1						

（四）大洋洲华文教材基本采用中国和北美出版的教材

目前，大洋洲的绝大多数华文示范学校都采用中国出版的华文教材，使用最多的是暨南大学出版社的《中文》，许多学校甚至还依据该套教材设置中文班课程，同时也使用其他中国教材作为补充材料辅助教学。此外，少部分华文学校使用美国的《马立平中文教材》、本土教材《你好》及其他教材。（表 3-34）

表 3-34　大洋洲地区教材使用统计

名称	出版地	主要国家使用各套教材的学校数量（单位：所）		
		澳大利亚	新西兰	斐济
《标准中文》幼儿版	澳大利亚	1		
大学入学（TEE）考试范围		1		
《你好》		1		1
《马立平中文教材》	美国	2		
《语文》	中国大陆	1		
《中文》及修订版		38	4	
《汉语拼音》		6		
《标准中文》		4		
《跟我学汉语》		4		
《幼儿汉语》		4		
《说话》		4		
《汉语乐园》		2		
《拼音》		2		
《口语速成》		2		

续表

名称	出版地	主要国家使用各套教材的学校数量（单位：所）		
		澳大利亚	新西兰	斐济
《快乐汉语》	中国大陆	1	1	
《新实用汉语课本》		1		
《当代中文》		1		
《轻松学汉语》		1		
《长城汉语》		1		
汉语水平考试范围		1		
《体验汉语·生活篇》		1		
《幼儿中文》		1		
《学前中文》		1		
《早教中文》		1		
《实用汉语课本》		1		
《跟我说汉语》		1		
《交际汉语》		1		
《汉语口语》		1		
《汉语》				
《中国历史·地理·文化常识》		1		
Talking with Me		1		
《华语》	中国台湾	1		
《新版实用视听华语》		1		

（五）非洲华文教材依赖中国政府或华文教育基金会捐赠

　　非洲华文教育历史较为短暂，华文教材较少，所用教材几乎都由中国政府或华文教育基金会捐赠，多为中国大陆出版的教材。使用范围最广的为暨南大学出版社的《中文》系列教材。与其他大洲相比，非洲华文教材本土化程度严重不足，辅助教材和专项教材也几乎没有，华文教材几乎完全依赖于中国。

第四部分　数字篇

第一节　国际中文教育数字资源发展概况 [①]

大数据时代，信息技术逐渐渗透到教育领域的各个角落，数字资源已成为国际中文教育的重要基础性条件。教育部2018年4月发布的《教育信息化2.0行动计划》、2019年2月发布的《中国教育现代化2035》对国际中文教育数字资源（以下简称"中文数字资源"）建设发挥了引领作用。新冠肺炎疫情成为中文在线教学的"助推器"，推动了中文数字资源建设的快速发展，人工智能技术也加速进入国际中文教育领域。

数字资源是可以通过计算机或者其他移动设备进行创建、查看、分发、修改、存储和访问的教学资源，包括计算机程序、计算机软件、数字图像、数字音频、数字视频、网站、数据库和电子书等。[②] 随着信息技术的不断发展，数字资源的内涵和外延也不断变化。本篇聚焦数字教材、网络课程（含慕课和微课）、数字应用（含电脑终端和移动终端）三大数字资源类型，从数字资源整体状况，以及数字教材、慕课、微课、教学应用程序（APP）、学习网站、教学平台、新技术应用七个主要方面，尽可能全面地梳理并展现中文数字资源的发展面貌。

本篇数据主要依托"汉语国际传播动态数据库"中的"国际中文教育教学资源动态数据库"（以下简称"数据库"），并利用数据挖掘技术采集、整理、补充相关数据，数据来源主要为各大出版社网站、中文学习网站、安卓和苹果应用商店、社交媒体平台等。

---

① 本节内容为"2021年度国际中文教育研究课题重点项目（21YH25B）"阶段成果。
② JONES, R., FOX, C. & NEUGENT, L. Navigating the digital shift: Mapping the acquisition of digital instructional materials [R]. Washington, DC: State Educational Technology Directors Association (SETDA), 2015.

一、数字资源的发展历程

我国教育信息化的发展历程大体可以分为"电化教育""数字教育"和"智能教育"三个迭代升级阶段。国际中文教育信息化以及数字资源建设也紧跟其步伐，沿着同样的发展脉络前行。

（一）电化教育阶段

在电化教育阶段，数字资源建设主要依托视听技术，资源形态主要为文字、图片、音频、图像、动画等，教育形态多为视听教学和多媒体教学。

20 世纪八九十年代，中文电视教学片深受欢迎。1981 年，中国第一部对外汉语电视教学片《中国话》摄制完成。90 年代，中央电视台陆续投资制作了多部中文电视教学节目，例如《你好，北京》（1990）、《旅游汉语》（1992）、《汉语四百句》（1997）等。在这一阶段，多媒体技术在对外汉语教学中的含量逐步增加，主要体现在课件的开发与使用、多媒体教室建设、多媒体教学软件的开发与利用、网上对外汉语教学和学习、远程对外汉语教学等方面。[①]

（二）数字教育阶段

网络技术的发展推动中文数字资源建设进入数字教育阶段，教育形态向着同步异步在线教学转变。

2004 年第四届中文电化教学国际研讨会论文集《数字化对外汉语教学理论与方法研究》出版，这是国际中文教育界首次集中探讨"对外汉语教学数字化"问题，其中数字资源是重要议题之一。在实践层面，"中美网络语言教学项目"（US-China E-Language Learning System）成果《乘风汉语》、基于网络多媒体技术开发的《长城汉语》等产品在数字资源建设和教学模式创新方面展开了积极探索。这两个项目的陆续完成标志着我国中文数字资源建设迈上了新台阶。

二十年间，数字资源开发与应用飞速发展，其形态从局域网络环境下的单机版快速升级到网络版，又从电脑终端发展到移动终端，并不断融入新科技。《乘风汉语》和《长城汉语》见证了这个过程。2008 年，国家汉办与美国密歇根州立大学合作开

---

① 程裕祯．新中国对外汉语教学发展史 [M]．北京：北京大学出版社，2005：246．

发《新乘风汉语》，用基于网络的多人游戏平台，提供互动中文学习环境，教授中文和中国文化。2021年新版《长城汉语》配备集"教、学、管、测、评"功能于一体的智能型教学服务平台，产品形态覆盖纸质教材、电脑终端和移动终端，支持包括翻转课堂在内的多元教学模式。

中文数字资源建设发展至今，规模不断扩大，种类也逐渐丰富，为世界各地中文教育提供了有力支持。其发展现状与特点将在下文详细论述。

（三）智能教育阶段

在互联网、云计算、物联网、大数据、人工智能等先进技术的推动下，教育形态、学习方式、教学流程、教学环境、资源形态等发生了巨大变化，智能教育在电化教育和数字教育的基础上深化拓展而来。在新阶段，智能教学系统和自适应学习将成为主要教育形态，教学资源也将向着智能化方向发展。

人工智能技术已经进入国际中文教育领域。嗨中文、Aha Chinese、Pleco汉语词典、ChineseSkill、漫中文、SPKChinese等智能化中文教育产品快速推向市场，实现了大规模的商业应用。目前这类产品主要运用语音识别、文字识别、手写识别、语音合成、自然语言处理、深度学习、虚拟现实等技术。但同时也应看到，新技术与国际中文教育的融合还不够深入，技术成熟度也有待提高，教学应用尚未得到普及。总体来看，国际中文教育信息化水平仍处在智能教育的起步阶段。

二、数字资源的类型

（一）资源的呈现形态

随着信息技术的发展，数字资源的呈现形态愈发智能；同时因其"助管、助学、助教、助研、助用"的功能拓展而呈现出多种形态。中文数字资源可以概括归纳为数字素材、数字教材、网络课程（含慕课和微课）、数字应用四个类别。

数字素材是指教学过程中使用的文本、图形、图像、动画、视频、音频等多媒体材料，是数字教材、网络课程、数字应用等教学资源的基本组成元素，是承载教学信息的基本单位。数字教材是通过数字化技术实现对传统教材的文本、图形、图像、声音、视频、动画等媒体的整合，通过各种数字终端阅读并具有交互功能，能够支撑一门课程教学的完整教材资源。网络课程是指以计算机网络为基础实现的课程教学内容及实施的教学活动总和。从组成内容来说，它包含教学目标、教学内容、教学活动和评价方法等课程教学必备的要素。从组成形式来说，它包含符合网络学习特点的按照一定的教学目标组织起来的课程教学内容、网络课程教学支撑环境以及基于以上二者开展的网络教学活动。[①] 数字应用是指利用数字技术实现多种功能的复合型教学资源，包括网站、应用程序（APP）、插件、虚拟仿真系统、游戏、教学工具等。

（二）资源的媒体格式

中文数字资源涉及多种媒体格式，既可以是电子文档格式，也可以是图片或图像格式，又可以是音频或视频格式，还可以是动漫、超链接、超文本等其他格式。资源载体可以是文本、图片、音频、视频等单一媒体形式，也可以是文档、数字包装文件等复合媒体形式。数字资源具有"内嵌"或"外链"功能，附载了关联、交互、赋能等技术特征。在此意义上，数字素材、数字教材、网络课程、数字应用即是上述多种格式的材料信息关联、技术叠加、功能耦合的产物。[②]

（三）资源的学科内容

中文数字资源按内容分类包括：中文学习资源、教师能力发展资源、中国文化与当代国情资源。（图 4-1）在此分类下，按适用对象、课程类型、课程难度等又可进一步细分。

图 4-1　中文数字资源内容分类框架

---

① 教育部教育信息化推进办公室. 国家教育资源公共服务平台教育资源评价指标体系，2013 年。
② 王志刚，余宏亮. 基础教育数字教学资源体系架构研究 [J]. 数字教育，2016，2（03）：1-7.

三、数字资源的规模

根据中文数字资源呈现形态的分类框架，结合目前国际中文教育领域的实际应用，本篇各节对数字教材、慕课、微课、学习网站和应用程序（APP）进行了全面细致的考察，总体考察结果可概括如下（表4-1）：

表 4-1　各类数字资源分布及数量

种类	数字教材	慕课	微课	网站	应用程序
时间节点	—2021.08	—2021.02	—2020.12	—2020.11	—2021.01
数据来源	国内主要出版社网站	学堂在线 好大学在线 中国大学 MOOC 华文慕课 中国高校外语慕课平台 中文联盟	全国研究生汉语教学微课大赛 汉语国际教育专业研究生教学技能大赛 全球华文教学微课大赛 全球志愿者中文教学微课比赛	Alexa 排名	七麦数据
	国外各大教材网站	超星慕课 优课联盟 北京语言大学出版社·国际汉语慕课中心 Coursera edX	中文联盟 视频网站：YouTube、腾讯视频、爱奇艺、哔哩哔哩 新媒体平台：抖音		
数量	3679 种	485 门	约 4865 节	404 个	334 款

数字素材数量充足。数字教材的统计数量为 3679 种，中国开发的数字教材 1744 种，占 47.40%；国外 18 个国家开发的本土中文数字教材 1935 种，占 52.60%。美国开发的中文数字教材有 806 种，占总量的 21.91%。慕课的统计数量为 485 门，主要来自国内外 11 个慕课平台。其中，国内慕课平台上线课程共 364 门，占总数的 75.05%；国外慕课平台主要有 Coursera 和 edX，共计 121 门慕课，占 24.95%。微课的统计数量约为 4865 节，包括四大公开微课赛事 3370 节、"中文联盟"数字化云服

务平台（以下简称"中文联盟"）微课资源 1265 节、国内外视频网站上碎片化微课资源共约 230 余节。学习网站的统计数量为 404 个，包括机构类网站 109 个、素材类网站 106 个、课程类网站 82 个、工具类网站 68 个、教学类网站 18 个以及 21 个其他类网站，开发者分布于全球 5 大洲 25 个国家。应用程序（APP）的统计数量为 334 款，主要分为语言要素类、语言技能类、专项内容类、专项功能类和其他五大类。语言要素类 APP 占 22.46%。在世界范围内用户数量较多的 APP 有 Duolingo、Quizlet、HelloTalk、Drops、Tandem、LingoDeer、FluentU 等。（详见各节内容）

虽然上述数据并非穷尽式收集和统计，但从中也可以看出，中文数字资源建设取得了长足进展，在资源类型和数量方面已经基本能够满足全球中文在线教学的需要。

四、数字资源的使用情况

2020 年 6 月，我们对全球 5 大洲 84 个国家和地区的 718 名中文教师和 767 名中文学习者进行了中文数字资源使用情况调查，调查结果如下：

（一）教师选用的在线教学平台

在线教学平台的使用具有多元化和国际化的特点，但多以国外开发的平台为主。Zoom 是较为常用的在线教学平台（54.04%），使用频率远高于 Google Classroom（17.97%）、Google Meet（10.86%）、Skype（8.08%）、Microsoft Teams（7.10%）、WebEx（2.23%），以及学校自建教学平台（9.47%）。有 32.45% 的教师选择使用"其他"平台进行教学，包括腾讯会议、钉钉、微信、中文联盟等。（图 4-2）

使用简便是 Zoom 的功能优势。学生无须注册，直接点击教师发来的链接或者输入会议码便可进入在线课堂。教师还可以利用 Zoom 的录制功能，将每次讲课内容录制后上传云端，帮助学生复习或补习。Zoom 的分组讨论、屏幕标记等功能也比较适合远程教学。此外，平台之间的兼容性也很重要，在这方面，谷歌产品（包括 Google Meet、Google Classroom、Google Drive 等）具有明显优势，使用者只要拥有一个谷歌账号，就可以登录、使用谷歌旗下的所有应用，顺利实现文件和数据的跨平台共享。

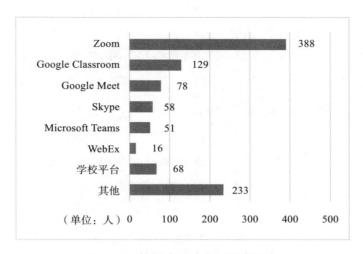

图 4-2　教师选用的在线教学平台

（二）教师获取数字资源的途径

教学资源的获取途径也呈现出多样化趋势，其中网络资源（82.17%）、教材（72.70%）及本校资源（35.65%）是教师获取教学资源的主要途径，学区资源（12.12%）与校外资源（6.13%）是教学资源的补充来源。（图 4-3）

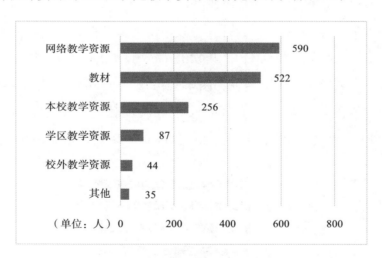

图 4-3　教师获取数字资源的途径

发达国家网络基础设施较好，教师经常会选用互动性、游戏性、竞争性较强的网络教学工具，如 Kahoot!、Quizlet、Class123 等；发展中国家主要使用教材配套资源，或在 Google Search、百度、YouTube、腾讯视频等网站搜集图片和小视频，做成 PPT 课件在教学中使用。

（三）教师在线教学的困难

与学生的互动沟通（59.33%）是教师在线教学面临的最大挑战，同时，教师在课堂管理（39.55%）、作业反馈（34.26%）、在线教学资源查找（30.78%）及技术操作（22.01%）等方面也面临不少的问题。（图4-4）

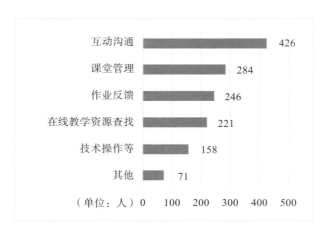

图4-4　教师在线教学的困难

（四）学生需要的在线学习资源

师生使用的教学平台具有一致性。与教师调查结果相似，学生使用 Zoom 网络直播平台最多（452 人，58.93%），其次是 Google Classroom（231 人，30.12%）。但学生反馈的资源需求却十分多样，图4-5 中，61.67% 的学生需要讲解视频或音频，此外，需要推荐学习网站（55.93%）、相关阅读材料（52.41%）、在线作业（45.50%）、课件（44.85%）、数字教材（41.59%）的学生数量都超过或接近半数。

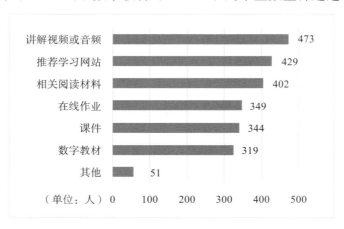

图4-5　学生需要的在线学习资源

（五）师生对数字资源的满意度

师生对教学平台和教学资源的满意度均为中等偏上，学生的满意度略高于教师。教师对教学平台"非常满意"的占 7.66%，"满意"占 74.93%，"一般""不太满意""非常不满意"共占 17.41%；教师对教学资源"非常满意"的占 4.74%，"满意"占 75.63%，"一般""不太满意""非常不满意"共占 19.63%。学生对教学平台"非常满意"的占 26.73%，"满意"占 56.58%，"一般""不太满意""非常不满意"共占 16.69%；学生对学习资源"非常满意"的占 27.64%，"满意"占 58.41%，"一般""不太满意""非常不满意"共占 13.94%。

五、数字资源的发展特点

（一）政府推进，企业行动

从政府推进角度，主管部门高度重视中文数字资源建设工作。2006 年国家汉办提出的"六大转变"之一，即为"由纸质汉语教材向多媒体网络汉语教材转变"。2007 年"网络孔子学院"投入试运行，该网站面向全球中文学习者和中文教师，提供在线课程、教学资源、孔子学院在线管理及新闻发布等多项功能。2013 年《孔子学院发展规划（2012—2020 年）》中提出"加强网络孔子学院建设"。2020 年 3 月，语合中心发起建设"中文联盟"，采用整合、研发、购买等多种方式汇聚以中文学习、中国文化和国情、教师发展为核心，以"中文 +"为特色的各类优质数字课程及资源，上线中文联盟直播平台，发布中文联盟 APP，为全球中文学习者和教师提供数字化教学服务。

2016 年国侨办、华文教育基金会正式启动实施"互联网 + 华文教育"工程，2018 年基本建成"一网"（中国华文教育网）、"一盒"（华文教育百宝盒）和"一个 APP"（侨宝 APP），以信息化手段更好地满足了海外华校师生学习中国语言文化的需求。"华文教育百宝盒"包括近百个约 3000 分钟的示范课资源，对外配发累计约

2400 台，覆盖 34 个国家和地区；"侨宝 APP"设立开通"学中文"频道。[①] 2021 年，华文教育区块链平台"梅兰书院"开始运营，面向海外华校开展华文和中国文化课程教学。

从企业开发角度，出版社积极向数字化业务转型，越来越多的高新科技公司进入国际中文教育领域。出版社的数字化转型主要采取两种路径：一是以教材为核心进行资源配套。资源配套有"简装版""豪华版"等不同形式，大部分教材都配备了"简装版"资源，即包括音频、PPT 课件等基础配套产品；重点教材的资源配置更为"高端"，例如《中文听说读写》（第 4 版）的配套资源网站、《快乐汉语》的 APP、《体验汉语》的学习系统等。二是开发独立的数字化教学产品，例如外语教学与研究出版社与外研讯飞联合打造的适配多终端的中文口语教学与管理系统 Aha Chinese、iChineseReader 公司推出的数字化有声中文分级读物平台等。中外高新技术公司纷纷进入国际中文教育领域并陆续推出数字化产品，开展市场化、商业化运营，更是业界有目共睹的事实。

（二）种类增多，规模扩大

总体看来，中文数字资源建设无论在数量上还是种类上都取得了很大进展，并形成了一定规模。尤其是为应对突如其来的新冠肺炎疫情，满足"停课不停学"的现实需求，在线教学模式所需的各类数字资源被倒逼着加速发展。如 2020 年疫情以来，数字教材的分批推出就是为了解决海外中文学习问题。与纸质教材相匹配的系列中文慕课资源建设也迅速取得突破。近两年随着越来越多企业的加入，以及微课赛事的推动，微课资源建设规模迅速扩大。为提高在线学习体验的真实性，虚拟仿真技术在国际中文教育教材开发上有了新尝试。总之，中文数字资源不但数量上有所增加，种类上也在朝着多元化方向发展。

（三）技术驱动，趋向智能

中文数字资源注重新技术的探索与应用，当前在人工智能、大数据、虚拟现实等技术应用方面均有实践案例。语音识别技术在嗨中文、多邻国、e 学中文、ChineseSkill、ChineseVoice、Mondly 学中文、Aha Chinese 等数字化产品中得到了

---

① 根据《中国语言文字事业发展报告（2017）》《中国语言文字事业发展报告（2018）》《中国语言文字事业发展报告（2019）》相关信息整理。

广泛应用，Pleco 汉语词典、百度汉语、Chinagram、Skritter 中文等均采用了文字识别技术。上述两种识别技术日趋成熟，使用率高，准确率也较高。语音合成技术和手写识别技术是人机交互的关键性技术，ChineseSkill 的词汇、听力和口语练习板块，百度汉语的拍照朗读功能，漫中文、MagiChinese 的书写功能等在这一技术领域均有所涉及。国际中文教学指南平台采用了自然语言处理技术。SuperChinese 和SPKChinese 是采用深度学习技术的典型代表，能够结合大数据进行挖掘和分析，实现教学内容的智能推荐，定制个性化学习方案。体验汉语 VR 视听说教程、酷熊猫（Cool Panda）VR 系统、虚拟仿真实验"新时代中国故事"等产品尝试采用虚拟现实技术，让学习者产生身临其境的学习体验。

（四）通用型资源居多，语言类课程为主

1. 面向大众化的通用型数字资源占主导地位

通过对数字资源内容的分析发现，目前各类数字资源建设的共性特点是，面向大众化的通用型资源占主导地位。语言技能类的 APP 以综合类居多，共计 44 款，占 APP 总数的 57.14%；听说训练类 APP 共计 15 款，占 19.48%；口语专项训练APP 共计 14 款，占 18.18%；阅读和写作类的 APP 极少，分别占 3.9% 和 1.3%；无听力专项训练 APP。专项内容类的 APP 中，绝大部分为 HSK 考试类 APP，占总样本量的 38.14%。入门级通用型慕课同样占主导地位，尤其是相较于专门用途类的中文慕课，如"中文＋职业技能"慕课。

2. 语言类数字资源规模大于文化类数字资源

从数字教材、慕课、微课、APP 和网站资源建设现状看，目前语言类数字资源建设数量普遍高于文化类资源。数字教材中，80% 以上都是语言类资源；慕课资源中，语言类课程占比最高，文化类课程次之；三届微课大赛中，语言类微课占比远高于文化类微课作品；APP 资源目前主要以语言类为主；在网站的全球排名和访客排名中，仅一种专门用于中文学习资源的网站"快乐汉语"上榜，其他上榜网站多为辅助语言学习的工具或平台等。

第二节　数字教材

　　数字教材是通过数字化技术实现对传统教材的文本、图形、图像、声音、视频、动画等媒体的整合，通过各种数字终端阅读并具有交互功能，能够支撑一门课程教学的完整教材资源。[①] 本文基于"数据库"，利用大数据技术，对拥有纸质本土中文教材的国家进行全网搜索，共检索到中国和海外 18 个国家的 3679 种中文数字教材。

一、数字教材规模

　　在 3679 种中文数字教材中，中国开发的数字教材共计 1744 种，占 47.40%；国外本土数字教材共计 1935 种，占 52.60%。各大洲统计结果显示，亚洲开发的数字教材数量最多，共计 2462 种，占总量的 66.92%；其次是北美洲，其中文数字教材主要集中在美国，共 806 种，占总量的 21.91%；再次分别是欧洲 253 种、大洋洲 158 种，共占全球数字教材总量的 11.17%。（图 4-6）

[①]　教育部教育信息化推进办公室. 国家教育资源公共服务平台教育资源评价指标体系，2013 年。

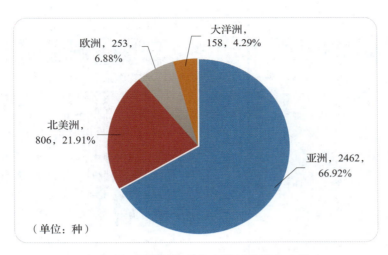

图 4-6　各大洲中文数字教材数量与占比

　　具体到国家，亚洲数字教材出版数量位列前三名的分别是中国（1744 种）、韩国（489 种）、泰国（106 种），日本位居第四位；北美洲的美国在总体数量上仅次于中国，共计 806 种；欧洲中文数字教材较为高产的分别是俄罗斯、爱尔兰、意大利和英国，四国共占全球数字教材总量的 6.63%；大洋洲的澳大利亚数字教材共计 158 种，占比为 4.29%。

二、数字教材类型

　　数字教材有别于纸质教材，20 世纪末以来，数字教材主要经历了静态媒体教材、多媒体教材、富媒体教材、智能化教材的发展变。（表 4-2）静态媒体教材以复现纸质教材的阅读模式为主，在中文数字教材中占比最大。智能化教材是随着人工智能技术的发展而出现的一种教材类型，集实现个性化机器辅助教学和学习的智慧导学系统为一体①，是目前中文数字教材中数量最少的一种。

---

① 徐丽芳，邹青 . 国外中小学数字教材发展与研究综述 [J]. 出版科学，2020，28（05）：31-43.

表 4-2　中文数字教材类型

类型	注释[①]	示例
静态媒体教材	静态媒体教材以文本、图形、图像等无交互特性的静态媒体作为主要的内容形式，强调纸质教材内容的数字化还原	《猪八戒吃西瓜》（华语教学出版社） 《说汉语，写汉字》（意大利 Zanichelli 出版社） 《林书豪》（美国 Cheng & Tsui 出版社） 《汉语》（俄罗斯 Вентана-Граф 出版中心）
多媒体教材	多媒体教材主要为教学提供音频、视频、图像、动画等类型丰富的资源	《新实用汉语课本》（北京语言大学出版社） 《发展汉语》（北京语言大学出版社） 《汉语乐园》（北京语言大学出版社） 《环球汉语》（华语教学出版社）
富媒体教材	富媒体教材通过交互增加学习者投入并提升学习沉浸感	《长城汉语》（第 2 版）（外语教学与研究出版社） 《快乐汉语》（人民教育出版社） 《我的补习老师》（新加坡泛亚出版社）
智能化教材	智能化教材是基于教学活动的学习系统，融教学内容、学习工具和个性化学习服务于一体，全方位支持教师的教和学生的学	《七色龙》（外语教学与研究出版社） 《中文听说读写》（美国 Cheng & Tsui 出版社） 《牧羊犬"丁丁"》（美国 iChineseReader 中文学习平台）

数字教材在教学内容、教学对象等方面差异明显。以北京语言大学出版社的"梧桐中文"为例，该应用平台提供的中文数字教材共计 1133 种，其中文化类教材 11 种，占总量的 0.97%；其余均为语言类教材，约占 99.03%。"华教云图书馆"（Virtual Library）以及"Sinolingua App"分别为学习者提供适用于网页版和移动终端的数字教材，共计 358 种，其中文化类教材 76 种，占"华教云图书馆"数字教材总量的 21.23%；语言类教材 282 种，占总量的 78.77%。上述两个平台数字教材的共同点在于，都是在纸质教材的基础上增加了图、文、声、像等媒体形式，提升了学习内容的直观性和生动性，便于理解，有助于提高学习者的学习兴趣。有些数字教材以单品移动终端的形式供学习者使用，例如，《七色龙》是针对学龄儿童的分级阅读数字教材，《长城汉语》开发了针对 18 岁以上人群的数字教材，《快乐汉语》开发了面向 11—16 岁中学生的数字教材。这三套教材作为其出版单位的"拳头产品"，具有一定的代表性。它们的数字教材以独立的 APP 产品形态呈现，便于固定人群有针对性地、系统性地学习一套教材。在形式上，它们具有融媒体教材的特

[①] 分类及注释参考：贾楠，杨青，沙沙. 韩、日、美中小学数字教材发展现状及启示 [J]. 中小学数字化教学，2020（07）：10；胡畔，王冬青，许骏，韩后. 数字教材的形态特征与功能模型 [J]. 现代远程教育研究，2014（02）：93-98+106.

点，即学习者与机器的互动性较强。此外，由于是独立的 APP，考虑到在线学习的容量和学习路径的清晰程度，数字教材会根据不同的学习需求覆盖本套教材的全部或部分内容。例如，《七色龙》包含的 225 个故事对应 225 本纸质教材；《长城汉语（学生版）》包含生存交际 1—6 级和拓展交际 1—6 级，也全面覆盖了纸质教材的学习内容。截至 2021 年 8 月，人民教育出版社的"快乐汉语"APP 上线了 1—3 册纸质教材对应的内容。（表 4-3）

表 4-3　中国开发的数字教材基本情况

数字教材所属平台名称		梧桐中文	华教云图书馆	七色龙、长城汉语	快乐汉语
数字教材所属出版单位		北京语言大学出版社	华语教学出版社	外语教学与研究出版社	人民教育出版社
总量（种）		1133	358	231	3
教学内容	文化	11	76	–	–
	语言	1122	282	–	–
教学对象	儿童和青少年	821	343	225	3
	成人	312	15	6	–

三、数字教材的注释语种与出版机构

（一）注释语种

中文数字教材的注释功能主要包括两种情况：一种是纸质教材本身带有外语注释，因此对应的电子扫描版或者电子书带有同样语种的外语注释，Kindle 中文电子书的注释一般属于这一类；另一种是基于平台或网络的数字教材，它们对纸质教材进行复杂的数字化处理，以新的形态呈现，增加了新的注释语种，因此虽然学习同一种教材，但是不同国家的学习者可以根据个人需要选择不同的语种，看到实时的注释，"华教云图书馆"的注释语种最多，达 104 个。

从数量上来看，以英语为注释语的中文数字教材最多，达 1000 余种。其中，中国的部分教材以及美国、英国、爱尔兰、澳大利亚、新加坡和日本均出版了英语注释的数字教材，俄罗斯、泰国、韩国、印度尼西亚、意大利等其他国家多使用本国语言作为数字教材的注释语。

（二）教材出版机构

国内中文数字教材的出版社主要有北京语言大学出版社（1133 种）、华语教学出版社（358 种）、外语教学与研究出版社（231 种）。国外各国中文教材出版情况各异，有的相对集中，例如美国的 Cheng & Tsui 主要负责亚洲国家的产品出版，因此中文教材较为丰富，同时也做了大量的数字化设计和处理。

四、数字教材的建设特点

（一）数字教材低龄化趋势明显

中国 4 个主要平台的 1725 种数字教材中，针对学前儿童和学龄儿童的数字教材共计 1392 种，占总量的 80.70%，低龄化趋势明显。究其原因，主要是儿童中文学习内容、方式、媒体形式等要求更符合教材数字化的特点，能够更好地发挥数字教材的优势。除此之外，调研中的几家中国出版单位都出版了面向儿童的分级阅读数字教材，如北京语言大学出版社的《轻松猫·中文分级读物》《这是我的书：中文指导性阅读丛书》《凤烈鸟汉语分级绘本》、华语教学出版社的《华语阅读金字塔·学前亲子阅读》《彩虹桥汉语分级读物》、外语教学与研究出版社的《七色龙》等，这些分级阅读教材基本上都覆盖了视听、跟读、注释和评价四大功能。（图 4-7）

视听功能：
随文变色
教材文字会随读
音逐字变色，便
于儿童对照，听
音认字。

注释功能：
截屏取词
拼音注释
中英文翻译

汉字读写

视听功能：
调节语速
配音朗读，语速
可调节快慢，适
配不同听力水平
的读者。

跟读 + 评价功能
跟读完成后，提
供对本次朗读的
评测。

功能收纳
所有互动功能可
通过点击收起或
展开。

图 4-7　中文数字教材主要功能

2017 年底，全球开设中文课程的基础教育机构是高等教育机构的 8 倍，众多国家的中文教学从大学迅速向中小学延伸，海外中文学习者呈现出低龄化趋势。对于低龄中文学习者来说，最有效的方法就是寓教于乐。美国圣智学习出版公司（CENGAGE Learning）结合中文学习低龄化的需求，开发了大量的儿童中文阅读类本土数字教材。俄罗斯、韩国、意大利等国也开发了大量阅读类、汉字类、听说类本土数字教材，以满足低龄中文学习者的需求。

（二）中文本土数字教材国别差异较大

从检索到的数字教材的统计结果来看，各国的中文数字教材基本是在已有的本土纸质教材基础上进行数字化处理而来的。为了便于学习和阅读，更多教材考虑的是数字教材的出版加工周期和便捷性，因此大部分数字教材是纸质教材的扫描版或者以电子书的形式呈现，学习者可以直接在移动终端或者 Kindle 阅读器上学习使用。

1. 国别数字教材发展不均衡

世界不同国家和地区的数字教材发展并不均衡。"数据库"检索结果显示，美国共有中文数字教材 806 种，数量居本土数字教材第一位，且种类丰富。《中文听说读写》是美国较受欢迎的本土中文教材。与中国的《长城汉语》相似，Cheng & Tsui 出版社将《中文听说读写》打造成了明星产品，充分考虑到了美国在校学生和成人利用网络学习的习惯，除了纸质教材，还对应开发了教材的学习平台，包含丰富的音频、视频资源和互动功能。此外，教师用书、教辅材料也都进行了数字化处理。

韩国共检索到本土中文数字教材 489 种，数量居第二位。韩国数字教材种类丰富，除通用型数字教材外，韩国的中文学习者应试和求职就业的需求较高，因此该国 HSK 考试辅导类数字教材、商务用途类数字教材数量较多，如《银行汉语：商务实务中国语·中高级》(《중국어뱅크 비즈니스 실무 중국어 중고급》)、《梦想中国语 HSK4 级（实战模拟考试 1—5 套　含注解）》(《드림중국어 HSK 4급 실전 모의고사 1-5 회분 해석집 포함》)等。

通过各国网站，利用网络信息收集技术对全球开设中文课程的国家进行检索，共收集到已开发中文本土数字教材的国家有 18 个，大部分国家未检索到，其中文数字教材开发仍处于空白阶段。此外，部分本土常用且具有影响力的纸质教材有待进行数字化开发和处理，如意大利的《意大利人学汉语》暂时没有数字教材。

2. 国别政策支持力度不同

全球已有 70 多个国家将中文纳入国民教育体系，教材作为中文教育的重要因素，首先应该符合当地的教育政策和要求。马来西亚于 2013 年正式启动全国数字教科书项目，根据马来西亚相关政策的要求，由教育部主管的华语教材及其他学科教材都进行了数字化处理，共检索到中文数字教材 22 种。除此之外，受全球新冠肺炎疫情影响，实体教室骤然转为在线课堂，在线教学的推动与成效成为教育工作者的关注点。马来西亚"董总"趁此契机，开发、建置供华文独中教师和学生进行教与学的线上资源——董总 E 启学（Dong Zong E-Learning），将独中教材数字化，并附加各类供老师备课、授课，以及供学生学习、复习的多媒体资源，以此打造一个包含综合课本和辅助材料的线上学习平台。

2007 年 3 月，韩国教育部颁布《数字教科书普及推进计划》，指出"由教材、参考书、题库和辞典等多个要素构成的多媒体教科书将成为重点研发对象"，拉开了韩国中文数字教材开发的序幕。2012 年，美国时任教育部长阿恩·邓肯（Arne Duncan）呼吁各州尽快采用数字教科书，并提出要在 5 年内实现全国采用。同年，教育部与联邦通讯委员会成立"教材协作小组"，为各州、学区和学校发展数字教材提供指导。^① 在此背景下，中文数字教材得到了快速发展，质和量同步推进。俄罗斯科学教育部规定，从 2015 年 9 月 1 日起，所有纳入俄罗斯联邦《国家普通教育阶段推荐教材目录》的教材均须配有相应的数字版，与纸质教材一起为学生提供学习内容和学习过程的互动补充。^② 数字版教材包含基本的视听内容，具有人机交互功能，并且能够适配多种操作系统，尤其是能在移动设备上使用。同时，数字版教材必须通过非商业机构、俄罗斯科学院和教育科学院的专业认证。^③ 从 2018 年 12 月 28 日起，《汉语》(*Китайский Язык*) 等三套中文教材正式纳入俄罗斯教育部颁布的《国家普通教育阶段推荐教材目录》，同时开发了相应的数字教材。

　　但是，大部分国家都没有明确的政策要求来规范数字教材的开发。没有政府的支持，数字教材开发的技术和成本都难以得到保障，这在不同程度上阻碍了中文数字教材的发展。

---

① 徐丽芳，邹青. 国外中小学数字教材发展与研究综述 [J]. 出版科学，2020，28（05）：31-43.

② Минобрнауки：электронные учебники поступят в школы с 1 сентября - РИА Новости [EB/OL]. https://ria.ru/20150326/1054571717.html.

③ 俄罗斯中小学将自主选用数字版教材 [EB/OL]. https://wenku.baidu.com/view/69e1d4c1773231126edb6f1aff00bed5b9f373a9.html.

第三节　慕　课

慕课是一种基于因特网的开放网络课程，可以由讲课视频、作业练习、论坛活动、通告邮件、测试考试等多种要素构成，跨度可达数周时间。其主要技术为万维网 2.0 版、流媒体和云计算。慕课始于 2008 年，但直到 2012 年才成为一种引起广泛关注的教育实践。[①] 2014 年，北京大学在 Coursera 慕课平台上推出第一门中文慕课 "中文入门"（Chinese for Beginners），拉开了中文作为第二语言教学慕课建设的序幕，众多高校、教育机构纷纷加入，国际中文教育慕课（以下简称 "中文慕课"）建设也进入了一个快速发展时期。特别是在 2020 年，突如其来的新冠肺炎疫情打乱了世界各国的教育秩序。在 "停课不停学" 的理念之下，面授课堂出现了大规模线下教学向线上教学转变的趋势，这在客观上促进了中文慕课教学的发展。以 "中文联盟" 为代表的数字教育平台上线了一批应对疫情的中文慕课，更是进一步推动了中文慕课建设的发展。中文慕课包含中文作为外语教学慕课、中国文化慕课、专业领域慕课以及国际中文教师发展慕课，具体分为 "语言学习（含中文考试、职业中文）、文化学习、专业学习、教师发展" 四个课程类别。

一、整体发展现状

（一）慕课平台简介

依托 "数据库" 数据，结合网络搜索，共发现 11 个主要中文慕课平台，大部分课程都是在国内的慕课平台上线，国外主要是 Coursera 和 edX 两大平台，另外也存

---

① 术语在线：https://www.termonline.cn/index。

在部分课程同时在多个平台上线的现象。11 个慕课平台的基本信息见表 4-4。

表 4-4　中文慕课平台信息

序号	平台名称	网址	备注
1	中国大学 MOOC	https://www.icourse163.org	由网易与高等教育出版社携手推出的在线教育平台
2	学堂在线	https://www.xuetangx.com	由清华大学发起建立的慕课平台，是教育部在线教育研究中心的研究交流和成果应用平台
3	好大学在线	https://www.cnmooc.org	由上海交通大学开发的中国高水平大学慕课联盟
4	华文慕课	http://www.chinesemooc.org	由北京大学与阿里巴巴集团联合打造的中文慕课平台
5	中国高校外语慕课平台	https://moocs.unipus.cn	由外语教学与研究出版社主办，是我国首个以外语学科特色为主的国际化慕课平台
6	中文联盟	https://www.chineseplus.net	由五洲汉风网络科技（北京）有限公司、汉考国际教育科技（北京）有限公司、阿里巴巴钉钉等 20 多家单位联合发起的非营利性机构间合作组织
7	超星慕课	http://mooc.chaoxing.com	由超星公司开发的在线教育平台
8	优课联盟	http://www.uooc.net.cn/league/union	首个全国地方高校优质慕课课程资源共享平台
9	北京语言大学出版社·国际汉语慕课中心	http://www.blcup.com/DicCourse	由北京语言大学出版社开发
10	Coursera	https://www.coursera.org	由美国斯坦福大学创办的全球最大的慕课平台
11	edX	https://www.edx.org	由美国麻省理工学院和哈佛大学于 2012 年 4 月联手创建的大规模开放在线课堂平台

（二）慕课分布情况

上述 11 个平台中，按照前文四个课程类别，选取受众为全球母语非中文者的课程进行搜索并统计，共有 485 门中文慕课（数据搜索时间为 2021 年 2 月 27 日）。从平台开课数量来看，国内平台上线的中文慕课共 364 门，占课程总数的 75.05%；国外两大平台上线的中文慕课共 121 门，占 24.95%。所有平台中，课程数量最多的是"中文联盟"，共 216 门，占课程总数的 44.54%。

从各类课程数量来看，最多的是语言学习类课程，共 186 门，占 38.4%；其次是文化学习类课程，共 175 门，占 36.1%；第三是教师发展类课程，共 93 门，占 19.2%；最少的是专业学习类课程，共 31 门，占 6.4%。（表 4-5）

表 4-5　慕课数量及分布情况[①]

平台	课程数量（门）				
	语言学习	文化学习	专业学习	教师发展	总计
中国大学 MOOC	25	21	15	14	75
学堂在线	8	8	1	7	24
好大学在线	8	1	0	0	9
华文慕课	10	0	0	0	10
中国高校外语慕课平台	5	8	0	1	14
中文联盟	79	70	0	67	216
超星慕课	0	3	0	4	7
优课联盟	1	1	0	0	2
北京语言大学出版社 国际汉语慕课中心	7	0	0	0	7
Coursera	33	28	8	0	69
edX	10	35	7	0	52
总计	186	175	31	93	485

对 485 门课程按照课程名称、教学内容、开设机构、任课教师等信息进行二次筛选，可以更全面、客观地掌握中文慕课的建设情况。剔除不同平台上线的同一门重复课程之后，实际课程为：语言学习 150 门、文化学习 169 门、专业学习 31 门、教师发展 88 门。有 47 门是跨平台开设的课程。其中，语言学习类课程减少了 36 门，

[①] 表中数据是根据各个慕课平台实际上线的中文慕课数量进行统计的，但一门课程会在多个平台同时开设，如清华大学开设的"对外汉语"（Tsinghua Chinese: Start Talking with 1.3 Billion People）同时在 edX、学堂在线、中国大学 MOOC、中文联盟四个平台上线。因此，表中数据中包含部分重复课程。

是在慕课平台上开课重复率最高的课程模块，文化学习与教师发展两个模块的课程重复率基本相同，专业学习类课程没有变化。由此可见，语言学习课程跨平台开设的情况较为普遍。（表 4-6）

表 4-6　慕课开设数量

课程类型	平台上线数量（门）	实际课程数量（门）	减少数量（门）
语言学习	186	150	36
文化学习	175	169	6
专业学习	31	31	0
教师发展	93	88	5
总计	**485**	**438**	**47**

（三）不同模块课程情况

1. 语言学习模块

语言学习模块是中文慕课的核心模块，从数量上看，各平台上线课程共 150 门。为了更深入地考察语言学习模块课程的分布情况，我们根据课程的教学内容将其分为五类：综合类课程、语言要素类课程、语言技能类课程、中文考试类课程、专门用途类课程。（表 4-7）

表 4-7　语言学习模块慕课分布情况 [①]

课程类型		课程数量（门）		占比（%）
综合类		92		61.3
语言要素类	语音	1	18	12.0
	词汇	1		
	语法	7		
	汉字	9		
语言技能类	口语	5	11	7.3
	视听说	4		
	写作	1		
	翻译	1		

---

① 此处的分类标准是课程主要的教学目的及教学内容，部分课程的教学内容可能会有交叉。

课程类型		课程数量（门）	占比（%）
中文考试类		14	9.3
专门用途类	商务中文	11	
	职业中文	3	15	10.0
	其他	1	
总计		**150**	**100**

从课程开设情况看，综合、语言要素、语言技能三类课程虽然在教学内容上有所侧重，但都属于通用型中文课程，共 121 门，占 80.7%；中文考试类课程以 HSK 专项课程为主，共 14 门，占 9.3%；包括商务中文、职业中文等在内的专门用途类课程共 15 门，占 10.0%。可见，通用型中文课程是语言学习模块慕课的主体。

（1）综合类课程

综合类慕课共 92 门，占所有中文学习课程的 61.3%。从教学对象的年龄来看，59 门为成人中文课程，分布在多个慕课平台；33 门为少儿中文课程，均在"中文联盟"上线。从教学对象的中文水平来看，61 门为初级中文课程，17 门为中级中文课程，14 门为高级中文课程。从课程形式来看，24 门为独立课程，68 门为系列课程，包括"长城汉语""当代中文""锦灵中文""七色龙"等 9 个系列。

（2）语言要素类课程

语言要素类课程共 18 门，占 12.0%，其中汉字类课程 9 门、语法类课程 7 门，是占比最大的两类课程，词汇与语音课程各 1 门。这些课程对教学对象的年龄没有严格区分，主要面向成人学习者。除了 6 门课程明确教学对象为初级水平以外，其他 12 门课程未明确教学对象的适用水平。不过从教学内容的难度来看，大部分属于高级阶段课程，主要是因为这部分课程以语言要素理论知识的讲授为主，需要学生具备一定的语言水平。

（3）语言技能类课程

语言技能类课程共 11 门，占 7.3%，其中口语课 5 门、视听说类课程 4 门、写作与翻译技能课程各 1 门，可见语言技能类慕课主要以学习者中文听说技能的培养为主。课程都是面向成人学习者的，其中初级水平课程与中级水平课程各 5 门、高级水平课程 1 门。

（4）中文考试类课程

考试类课程以北京大学在华文慕课、Coursera 两个平台上推出的从 HSK 一级到 HSK 六级全系列的专项课程为代表，累计选修人数达到 15 万人以上。此外，"中文联盟"推出了"HSK 标准课程""HSK 标准会话教程""YCT 标准课程"等系列培训课程，修读人数超过 5 万。可见，HSK 慕课颇受学习者欢迎，选修人数众多，具有较大的发展空间。

（5）专门用途类课程

专门用途类课程是指与某一特定领域、职业、学科、目的相关的中文课程，是近年来国际中文教育纵深发展的主要课程领域。这一模块共有课程 15 门，其中商务中文课程 11 门，占 73.3%；另有 3 门职业中文课程，分别是电子信息技术中文、铁路运输中文、餐饮中文；此外，还有 1 门古代汉语。

在 11 门商务中文课程中，有 3 门是美国亚利桑那州立大学开设的"中文基础：语言与企业文化"（Chino básico：Lenguaje y cultura empresarial）商务系列课程，有 4 门是美国私立教育机构"MandarinX 中文客"开设的"普通话"（Mandarin Chinese）系列课程，分别在 Coursera、edX 两大平台开课。这也说明商务中文课程在国外市场较好。

2. 文化学习模块

剔除重复数据，文化类课程共 169 门，居四个课程模块之首。从教学对象看，其受众多于语言学习类课程，主要分为两类：一类是完全面向中文作为外语学习者开设的课程，数量较少；另一类是同时面向外国学生和中国学生开设的课程，绝大多数课程属于此类。

从授课语言来看，除了少数课程采用全中文授课以外，大部分文化课程采用中英双语教学，或者中文辅以英文字幕。Coursera 和 edX 两个慕课平台上的文化课程大部分是英文授课。除此之外，高等教育出版社开设的"你好，中国"文化课程提供英语、俄语、西班牙语、泰语、阿拉伯语、法语 6 个版本，是唯一使用多语种授课的课程。

从授课内容来看，国内高校开设的文化课大多是整体性、概况性的通用型文化课程，以"中国概况"类课程为多。国外高校开设的课程，则多为专题性课程。如哈佛大学推出的"XSeries Program in History of China"系列课程共 10 门，涵盖了从青铜器时代到当代中国的历史发展，累计修读人数达到 49 万，是颇具影响力的中国历史专题慕课。此外，"中文联盟"推出的"中国文化与当代国情"系列课程共65 门，较为全面地介绍中国传统文化与当代文化，是国际中文教育领域较为集中的文化学习平台。

3. 专业学习模块

专业学习模块课程，主要是指在语言学习及通用的文化学习之外，以一定学科领域内的专业知识或技能为教学内容的课程。该模块课程共 31 门，其中医学类课程10 门、经济类课程 12 门、工程类课程 4 门、其他课程 5 门（含音乐、体育、服装、手语、飞行）。

国内平台上线的专业类课程的开设机构都是国内高校，主要面向进入专业学习的来华留学生及国内外对相关领域感兴趣的学习者，基本采用中英双语或英语授课。Coursera 和 edX 平台上的专业类课程，其受众更偏向社会大众，主要为英文授课。如英国专业研究机构 Enodo Economics 开设的"The Global Impact of China's Economy, Politics and Markets"系列课程，是帮助外国人了解中国经济、政治、社会的专业课程。

近年来，来华攻读专业的留学生日益增多，越来越多的学校也开始开设面向留学生的线下专业课程，但目前这方面的慕课数量还比较少，且集中度较高，还有很多专业领域的课程尚属空白，这也为中文慕课未来在各个学科专业领域的纵深发展提供了较大空间。

4. 教师发展模块

教师发展类课程主要是面向汉语国际教育专业的中外学生，以及有志于从事国际中文教育事业的中外学习者开设的。该模块课程共 88 门，从教学内容来看，主要分为四类：一是教学本体知识类课程（4 门），二是教学法类课程（26 门），三是国际中文教师证书考试培训课程（8 门），四是外语类课程（50 门）。

开设教师发展课程的单位和机构，都是国内高校或相关教育机构。其中，"中文联盟"是提供教师发展类课程的最大平台，共上线 67 门课程，包括"国际中文教师证书基础精讲""国际中文教师基础课程"系列培训课程以及各类教学示范课。此外，外语教学与研究出版社开设的"国际汉语教师多语种培训课程"，涉及西班牙语、德语、法语、越南语等 21 门外语，且多数为非通用语种，对培养面向这些语种地区的中文教师起到了积极作用。

二、慕课开发机构

据统计，438 门中文慕课的开发单位共涉及 87 个教学机构，其中国内高校 62 所（含港台高校 4 所）、国外高校 14 所（含孔子学院 3 所）、社会机构 6 家（国内 4 家、国外 2 家）、出版社 4 家、在线学习平台 1 家（中文联盟）。具体分布情况见图 4-8。

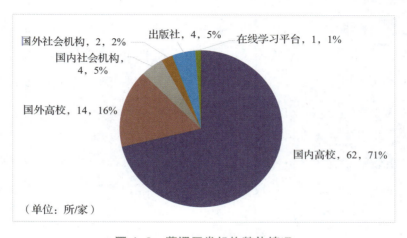

图 4-8　慕课开发机构整体情况

从数量上看，国内外 76 所高校占所有机构的 87%，可见高校是中文慕课开发的主体。尽管高校开发的慕课数量最多，但其中 48 所高校开发的慕课数量都只有 1 门，且大多为文化类课程。由此可见，大多数高校只是初步涉足中文慕课建设领域，课程建设达到一定规模的高校数量还比较少。

以国内高校开发的中文慕课为例，62 所高校中开发中文语言类慕课的学校仅 17 所（含台湾 1 所），还有 45 所高校未开发中文语言类慕课。从开课数量来看，这 17 所高校共开课 59 门，占 150 门语言类慕课的 39.3%。其中排名前 5 位的高校分别是北京大学、北京语言大学、北京理工大学、上海交通大学、北京第二外国语学院，共开课 43 门，分布情况见图 4-9。

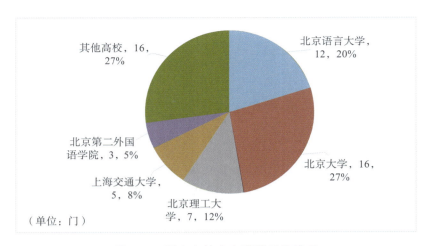

图 4-9　国内高校中文慕课开发情况

上述 5 所高校的中文慕课占国内高校中文慕课数量的 73%，其余 12 所高校开课数量 16 门，仅占 27%。由此可见，中文类慕课的开发机构分布极不均衡，基本集中于北京、上海等一线城市的几所高校，这说明中文慕课资源建设还有很大空间。

从课程开设数量来看，出版社也是慕课建设的主力军。外语教学与研究出版社（66 门）、北京语言大学出版社（24 门）、高等教育出版社（18 门）、语文出版社（2 门）4 家出版社共开设 110 门课程，具体分布见图 4-10。这些出版社在配套纸质教材基础上开发相应的慕课，形成了"七色龙""体验汉语"等系列课程。

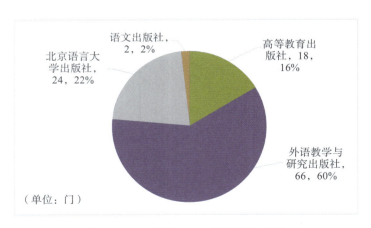

图 4-10　出版社中文慕课开发情况

此外，还有 6 家社会教育机构共开设慕课 28 门，具体数据见图 4-11。这也说明，除了出版社以外，当前社会资本参与中文慕课建设的力量还比较有限。国际中文教育的发展离不开政府、学校、社会组织、民间机构等多方力量的参与，同样，中文慕课建设也需要更多的社会力量参与，因此，未来需要更多的社会教育机构加入到中文慕课开发与建设的队伍中来。

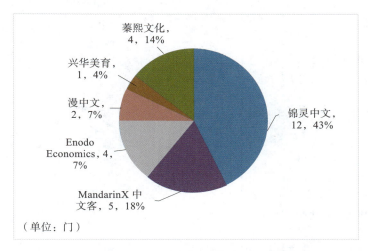

图 4-11　社会机构中文慕课开发情况

三、慕课学习人数

课程学习人数在一定程度上反映了中文慕课的影响力及活跃度。课程学习人数排名前 10 位的语言类慕课如表 4-8 所示。

表 4-8　学习人数排名前 10 位的语言学习类慕课

序号	课程名称	开设机构	上线平台	学习者（人）	总计（人）
1	中文入门 Chinese for Beginners	北京大学	Coursera	902870	902997
			中国大学 MOOC	127	
2	对外汉语 Tsinghua Chinese: Start Talking with 1.3 Billion People	清华大学	学堂在线	75647	76280
			学堂在线	633	
3	Mandarin Chinese Level 1	MandarinX 中文客	edX	64480	64480

续表

序号	课程名称	开设机构	上线平台	学习者（人）	总计（人）
4	Mandarin Chinese 1: Chinese for Beginners 你好，中文（初级）	上海交通大学	Coursera	58641	58923
			好大学在线	282	
5	Chinese for HSK 1 汉语水平考试（一级）	北京大学	Coursera	53167	53924
			华文慕课	757	
6	Chinese Characters for Beginner 汉字	北京大学	Coursera	43225	43680
			华文慕课	455	
7	HSK 标准课程	中文联盟	中文联盟	43218	43218
8	当代中文	中文联盟	中文联盟	40537	40537
9	More Chinese for Beginners 汉语基础	北京大学	Coursera	40919	40919
10	Mandarin Chinese Essentials	MandarinX 中文客	edX	40016	40016

从学习人数来看，排名前 10 位的中文慕课中，有 6 门是中国高校开设的，其中北京大学 4 门、清华大学 1 门、上海交通大学 1 门。

由北京大学刘晓雨老师开设的"中文入门"（Chinese for Beginners）课程选修人数达到 902997 人，是所有中文慕课中人数最多的一门。该课程于 2014 年上线 Coursera 平台，是国内最早的中文教学慕课。2020 年 5 月，该课程首次上线中国大学 MOOC，但选课人数远远少于 Coursera 平台。

由清华大学丁夏、王小宁、鲁俐等开设的"对外汉语"（英文名 Tsinghua Chinese：Start Talking with 1.3 Billion People），以中英文两个名称同时在"学堂在线"平台开课，累计学习人数达到 76280 人，排名第二，但英文名称课程学习人数远远少于中文名称课程学习人数。该课程还同时在 edX、中国大学 MOOC、中文联盟多个平台开课，是上线平台最多的一门中文课程，也是清华大学开设的唯一一门中文慕课。

由上海交通大学王骏、叶军等开设的"Mandarin Chinese 1：Chinese for Beginners"课程，学习人数 58923 人。该课程隶属于"Chinese for Beginners"系列课程，在 Coursera 平台上线，共 4 门课，累计学习人数为 100515 人，同时在"好大学在线"平台开课，名称为"你好，中文（初级）"，但选修人数仅 282 人。

上述 3 所高校是国内较早进入慕课领域的高校，北京大学建立了"华文慕课"平台，清华大学建立了"学堂在线"平台，上海交通大学则有"好大学在线"平台。另外，美国的语言教育机构"MandarinX 中文客"也有两门课程选修人数名列前 10。该机构推出的"普通话"（Mandarin Chinese）系列课程，以商务中文为主要教学内容，2015 年至今，全球累计修读人数超过 29 万人，已经成为国外中文学习者了解和学习中国语言文化的重要渠道。

表 4-8 中有 5 门课程同时在国内外慕课平台上线，课程学习人数都呈现出一个特点，即国外平台学习人数远远超过国内平台学习人数。以"中文入门"为例，在 Coursera 上学习人数为 902870 人，但在中国大学 MOOC 上仅有 127 人。

中文联盟开设的"HSK 标准课程"系列修读人数达到 43218 人，"当代中文"系列课程修读人数达到 40537 人，也是位居前列的影响力较大的慕课。

四、慕课建设特点

（一）通用型课程多，专门用途中文、语别型中文课程少

在 150 门国际中文教育语言学习类慕课中，通用型中文课程 121 门，占 80.7%；专门用途中文课程 15 门，占 10.0%，其中大部分是商务中文课，职业中文课程仅有 3 门。另外，无论是国内还是国外平台，大部分中文慕课都是面向英语国家学习者开设的，面向其他语种学习者开设的语别型中文课程仅有 18 门。（表 4-9）

表 4-9　语别型中文慕课信息

序号	课程名称	开设机构	使用语言
1	Chino básico：Cómo dar una primera impresión positiva 中文基础：如何给人留下积极的第一印象	美国亚利桑那州立大学	西班牙语
2	Chino básico：La etiqueta social en los negocios 中文基础：商务社交礼仪	美国亚利桑那州立大学	西班牙语

续表

序号	课程名称	开设机构	使用语言
3	Chino básico：Los viajes de negocios 中文基础：商务旅行	美国亚利桑那州立大学	西班牙语
4	Chino básico：Lenguaje y cultura empresarial 中文基础：语言与企业文化	美国亚利桑那州立大学	西班牙语
5	Fundamentals of the Chinese character writing（Part 1）	俄罗斯圣彼得堡国立大学	俄语
6	Fundamentals of the Chinese character writing（Part 2）	俄罗斯圣彼得堡国立大学	俄语
7	Китайский для начинающих（Chinese for beginners）	俄罗斯圣彼得堡国立大学	俄语
8	新实用汉语初级课程（一） Chinesisch mal anders（1）	德国海德堡大学孔子学院	德语
9	新实用汉语初级课程（二） Chinesisch mal anders（2）	德国海德堡大学孔子学院	德语
10	餐饮汉语	长城汉语	波兰语
11	《到中国，学技术》职业汉语课程——电子信息技术汉语	泰国孔敬大学孔子学院	泰语
12	《到中国，学技术》职业汉语课程——铁路运输汉语	泰国孔敬大学孔子学院	泰语
13	HSK 1 级 标准课程	泰国海上丝路孔子学院	泰语
14	体验汉语：初中学生用书（第 1 册）	高等教育出版社	泰语
15	体验汉语：高中学生用书（第 1 册）	高等教育出版社	泰语
16	长城汉语·生存交际（第 1 册）	中文联盟	阿拉伯语
17	长城汉语·生存交际（第 2 册）	中文联盟	阿拉伯语
18	长城汉语·生存交际（第 3 册）	中文联盟	阿拉伯语

（二）成人中文课程多，少儿中文课程少

150 门中文学习慕课中，大部分课程的教学对象都是成人学习者，明确面向少儿学习者开设的中文课程有 34 门，都分布在"中文联盟"平台上，占所有语言课程的 22.7%。其中 33 门为通用型中文课程，1 门为 YCT 少儿中文考试培训课程。文化类、

专业类课程中，也基本都是面向成人开设的慕课。

（三）初级中文课程多，高级中文课程少

中文慕课总体上呈现出"初级阶段课程居多，中高级阶段课程较少"的特点。以 92 门中文综合课程为例，其中 61 门为初级水平课程，占 66.3%；17 门为中级水平课程，占 18.5%；14 门为高级水平课程，占 15.2%。

（四）课程类型由单一化向多元化、系统化发展

早期的慕课大部分是独立的通用型中文综合课程，且多以初级阶段课程为主。近年来，中文慕课课型出现了多元化发展趋势，开始出现语言要素类和语言技能类单项语言课程，以及商务中文和职业中文等专门用途类课程，甚至出现了以中文为教学语言的专业化课程，使中文慕课的教学内容与课程体系日益完善。慕课资源系统化发展还呈现出越来越多依托纸质教材建设系列慕课的特点。例如，面向成人学习者的"长城汉语·生存交际""长城汉语·拓展交际""当代中文""发展汉语""HSK 标准课程"等系列中文课程，面向少儿学习者的"酷熊猫（Cool Panda）""七色龙""体验汉语""锦灵中文"等系列中文课程。

第四节 微 课

　　微课是指运用信息技术按照认知规律，呈现碎片化学习内容、过程及扩展素材的结构化数字资源。[①] 以微课形式开展的中文教学受到广泛关注，相关赛事极大地推动了微课的资源建设和教学应用。下面从"相关赛事、相关平台、微课建设特点"三个角度考察中文微课的发展现状。

一、相关赛事

　　微课赛事是微课建设和应用的主要方式之一。我国举办了各级别、多类型的微课赛事，不过大多是为母语者的学科教育服务的。

　　2017 年 12 月，首届"'唐风杯'互联网＋中文国际教育微课大赛"在华南师范大学国际文化学院成功举行。[②] 这次比赛是我国国际中文教育领域内的首次微课赛事，由华南师范大学国际文化学院和北京唐风汉语教育科技有限公司（以下简称"唐风汉语"）联合举办，仅面向学院内部师生，共产生 50 余份参赛作品。此后中文微课赛事逐渐兴起，主要由高校主办，或与中文教育科技类公司共同举办。全球孔子学院也开设了微课大赛，如 "2019 年泰国志愿者汉语教学微课比赛"（2019 年 8 月—11 月）、"首届'网络孔子学院杯'拉美及加勒比地区原创微课大赛"（2019 年 7 月—10 月）。目前规模较大的中文微课公开赛事有四个：（1）全国研究生汉语教学微课大赛；（2）汉语国际教育专业研究生教学技能大赛；（3）全球华文教学微课大赛；（4）全球志愿者中文教学微课比赛。

---

① 百度百科：https://baike.baidu.com/。
② 网址：http://cicgz.scnu.edu.cn/cicweb/1653，华南师范大学国际文化学院官网：教育信息化背景下的国际中文教育研讨会暨第二届全国研究生汉语教学微课大赛颁奖典礼成功举行，2019-12-30。

（一）全国研究生汉语教学微课大赛

该比赛截至目前已举办了 3 届，是规模最大、影响最广的中文微课赛事，3 届共收录微课作品 2292 节，参赛院校从 20 所增至 113 所，参赛选手累计约 3500 人次。

"全国研究生汉语教学微课大赛"官网[①]是唐风汉语为该比赛专门创建的网站，除了比赛流程服务板块，也公开一定数量的中文微课作品。网站上对外公开的微课作品为往届比赛的获奖作品和唐风汉语制作的微课制作相关视频教程，目前还有第三届大赛的所有参赛作品，共 387 个可公开访问，内容涵盖汉语语音、汉字、词汇、语法及文化各个方面，需要注册登录才能够观看。微课单个视频时长一般为 6—10 分钟，视频中不直接内嵌字幕，有的作品单独配备字幕文件，同时提供教学设计（教案）、教学课件和配套习题。

（二）汉语国际教育专业研究生教学技能大赛

该比赛由北京语言大学汉语国际教育学部于 2019 年 10 月举办，参赛对象为全国各高校汉语国际教育专业在读中外硕士，作品要求为 10 分钟以内的课程视频。全国共有 67 所高校参与，提交 382 份参赛教学视频作品。由于比赛通知中并未要求提交微课作品，因此比赛作品当中绝大部分都是课堂教学实录视频。一部分参加过"全国研究生汉语教学微课大赛"的选手则提交了微课作品。设置获奖作品数量为40 个。

（三）全球华文教学微课大赛

该比赛由暨南大学华文学院与有关单位共同发起。第一届比赛于 2020 年 4 月 18日正式启动，由暨南大学华文学院承办、唐风汉语协办，共有来自全球 22 个国家和地区的 500 余名华文教师报名参赛，收集到个人赛（国内组）、个人赛（海外组）及团体赛提交的有效作品共计 156 个作品包，共 346 个参赛作品。

为该比赛专门创建的"全球华文教学微课大赛"官网[②]上目前对外公开的是第一届比赛的入围作品、参展作品及获奖作品。作品内容范围广泛，选题涵盖汉语语言知识、语言技能及文化知识。除部分获奖作品外，其余作品均可点击观看，无须注

---

① 网址：https://tmc.tangce.net/user/index.action。
② 网址：https://tgmc.tangce.net/webCourse/worksRanking.action。

册或登录账号。微课视频时长及配套资料与"全国研究生汉语教学微课大赛"官网要求一致。

（四）全球志愿者中文教学微课比赛

该比赛由五洲汉风网络科技（北京）有限公司、北京语言大学出版社共同主办。"2020 年全球志愿者中文教学微课比赛"于 2020 年 11 月 23 日正式启动，2021 年 4 月 1 日公布结果。该比赛的目的是进一步推动全球中文教学数字化发展，鼓励全球中文教师志愿者积极创新教学方法、提升中文教学水平，培养一批熟练运用现代教育技术进行在线教学的国际中文教师，汇聚、共享一批优秀的数字化中文教学资源。因此目标参赛人员为在岗志愿者、2019—2020 年离任志愿者、国内汉语国际教育本硕学生等期望成为国际中文志愿者的学生。该比赛限定微课选题范围，比赛选手需根据指定教材选择教学内容。比赛历时半年，共吸引海内外 400 余名选手参加，征集作品 350 余个，通过在线投票初选、复赛导师辅导、专家评审三大环节共产生 79 个优秀示范性微课作品。

二、相关平台

（一）"中文联盟"上的中文微课

"中文联盟"平台上的原创微课从世界各地征集而来，通过统一的编辑和整理，筛选出适合作为精讲的知识点来进行视频教学，所有视频基本不超过 10 分钟。截至 2019 年 3 月 6 日，该平台共有 82 个教学视频。截至 2021 年 6 月 11 日，该平台上的微课作品数量猛增，中文教学板块共有 1265 个微课作品，包括"全球孔院原创微课""微课中文""生活汉语""中国视记""国风传颂""老外 SHOW 中文"以及"CIO 国画课程"等。其中"老外 SHOW 中文"微课截取"汉语桥"选手精彩比赛片段，并对常见字、词、句进行系统解读，同时设置文化小讲堂，对片段中的衍生内容进行介绍。而"CIO 国画课程"微课则是通过对国画教学的现场录制、剪辑，结合音乐、软文及学习工具等介质，进行整体生成。该平台上的微课内容丰富，形式多样，设计理念有所创新。

（二）视频网站上的中文微课

国内比较流行的视频网站（如抖音、爱奇艺、腾讯视频、哔哩哔哩）也出现了少量中文微课。仅有几个汉语国际教育行业的公司注册了抖音官网账号，如 Panda（攀达）汉语，并上传了少量中文微课。

在哔哩哔哩网站以"对外汉语微课"为关键词进行搜索，仅有 49 个视频作品。以"中文微课"为关键词，可搜索到 77 个视频作品。删除与中文教学无关的、不完整的视频作品，完整的中文微课数量为 37 个，其中文化微课 3 个、语法微课 25 个、词汇微课 1 个、课文微课 8 个。时长最短的 2 分 3 秒，最长的 9 分 49 秒，大部分时长为 5—8 分钟。作品来源多为首都师范大学选手在"全国研究生汉语教学微课大赛"上的参赛作品。不完整的微课视频（1 分钟左右）大部分为某位国际中文教师的微课系列课程推广视频。观看次数大多为 50 次以下、200—300 次或 500—700 次，只有 4 个视频的观看次数超过 1000，最高为 1742 次（"趋向补语'起来'的教学"）。

在国外的 YouTube 网站以"对外汉语微课""中文微课"为关键词进行搜索，未显示作品数量，根据下拉菜单显示的情况估算，数量在 100 个以上。观察视频名称，发现内容分布较散，未见到系列微课。发布时间以 2—3 年前的最多，最新发布时间为"一天前"（2020 年 12 月 6 日），较早发布的有"八年前"（2012 年）。观看次数有高达 13—15 万的，也有低至 1000 左右的；观看次数高的基本都是 2—3 年前发布的视频。

（三）APP 上的中文微课

除此之外，APP 上也开始出现中文微课资源。北京语言大学出版社的"梧桐中文"APP 上，除了中文教材和学术资源之外，也提供部分中文微课资源，以文化类微课居多，如"中国文化百题"，视频内容很丰富；另外还提供中文教学课堂录像，供中文教师参考或国际汉语教师资格证备考。"嗨中文"APP 作为首个短视频汉语学习平台，提供超短微课供汉语学习者使用，量大质佳。以语法微课为例，微课视频仅 30 余秒，配有文字讲解和跟读例句，内容涵盖 HSK1—4 级的语法点。

三、微课建设特点

（一）中文微课赛事渐成规模，商业力量助推微课发展

1. 中文微课赛事得到重视，数量和规模逐年递增

中文微课赛事虽发起时间较晚，但发展速度极快，仅 2019 年就举办了 4 个中文微课赛事。参赛人员范围从 1 所院校内部发展到 20 多所国内高校，再扩大到全球 22 个国家和地区；参赛人员类别从仅面向在读中国汉语国际教育硕士（以下简称"汉教硕士"），扩大到外籍汉教硕士、本科生、离 / 在岗志愿者、国内中文教师，直至全球华文教师；参赛选手数量从 500 多人激增到 2000 余人；一次比赛收录的参赛作品也从 50 多节增至近 1400 节，4 年间已累计收录 3000 余节微课作品。

2. 高校主导、公司协办的合作机制逐渐成形，商业力量助推微课发展

从近年来中文微课赛事的举办情况来看，从发起、承办到参与，高校均在其中发挥主导作用。中文微课选题范围、评审标准与细则的制定等都需要学科专家把关，而作品的评审更需要大量行业专家的参与。以"全国研究生汉语教学微课大赛"为例，北京师范大学、华南师范大学和天津大学等高校作为主办方都为微课大赛的规范化、标准化投入了大量的人力、精力，而来自全国各个院校的评审专家队伍也扩大到了近百位。同时，参与比赛的高校数量不断增加，这也意味着愿意投入人力物力对学生进行微课制作相关培训的院校越来越多。唐风汉语作为主要的主办单位，除了投入技术力量开发专门网站作为比赛平台外，更多的是作为各大院校专业力量之间的"融合剂"，通过评审专家微信工作群讨论，举办与微课大赛相关的小型研讨会、专门学术研讨会和颁奖典礼等多种形式，增加各院校之间的合作交流，促进微课建设相关知识的流动、汇集，形成行业专家与技术公司联合协作的工作机制，在微课建设的可持续发展模式方面做出了有益探索。

微课制作费时费力，微课评审耗时耗资。微课大赛有了商业公司的参与，设置了奖项和奖金作为必要的激励机制，才能促使更多人员参与到微课的制作当中，并努力产出质量更高的微课作品。同时，商业公司提供资金聘请足够多的评审专家，控制评审工作量，保证评审质量，才能选拔出真正优秀的微课作品。"全国研究生汉语教学微课大赛"的作品评审采取"背靠背"式的独立评审机制，为微课大赛的公

平性提供了保障，而每个获奖作品都需经过至少 7 位初赛评委和终审评委的打分才能最终脱颖而出。这其中耗费的人力、物力和财力对于每个院校来说都是巨大的，因此商业力量的助推对于中文微课的持续发展可谓至关重要。

（二）微课研发主体以个人为主，有序组织与无序竞争共存

目前，微课资源的研发主体以个人为主，如各大微课赛事的参赛者，以及媒体平台上的微课视频制作者。高校和其他机构虽然部分参与了微课资源的建设过程，如制定参赛规则、指定选题、培训选手、评审作品等，但并未成为微课设计及制作的主体力量。

微课赛事作为推动中文微课资源建设的主要途径，是一种有序、有组织的资源建设方式。微课比赛通常会规定微课时长、视频格式以及一些通用的具体参数，以方便微课资源在网络平台的存储和播放。微课的评选标准和获奖作品的示范作用，无疑会对微课资源的规范性建设起到一定的引导作用。微课赛事在教学内容的选题方面有两种做法：一种是自由选题，另一种是给出选题范围。"全国研究生汉语教学微课大赛"规定了 60 个个人选题、21 个团体选题。其中有些选题非常具体，如"二和两""只有……才……"；也有稍微宽泛一些的，如"离合词""兼类词"等。这些选题在经过三届比赛的反复筛选后，已经出现了一批质量不错的微课作品。"全球志愿者中文教学微课比赛"虽然限定教材，但相对而言，选题比较宽泛，并未限定具体的教学内容。以指定教材作为比赛选题，进行有组织的微课资源建设，是希望在较短时间内形成系列微课资源。

媒体平台上由个人创建的中文微课视频，大多从个人兴趣、专长出发，选题自由，形式多样，没有限制，属于无组织状态。自由选题可以丰富微课资源的种类，创新中文微课的形式。这些媒体平台上的中文微课目前处于无序竞争状态。媒体平台传播速度快，更新周期短，能够很好地发挥微课短小精练、灵活机动的特点。流量机制形成了微课资源的自由竞争、优胜劣汰，由用户来筛选出真正受欢迎的中文微课内容和形式。无序竞争有利于探索微课资源的新形式。不过，媒体平台上由个人开发的中文微课不成体系，质量良莠不齐。这将增加学习者的试错成本，还需较长时间方能发挥其优势。

由此可见，微课赛事有序组织和媒体平台自由竞争这两种方式各有利弊。中文

微课资源的建设不能仅依靠某一种形式，只有进行科学的顶层设计，合理加以引导，才能使其健康可持续地发展。

（三）中文微课规范和标准尚未明确，相关理论亟待完善

目前，中文微课的规范和标准还比较模糊，相关理论探讨刚刚起步。从微课评审的分数来看，评委群体对于微课的评分分歧较大。同一作品的分数，有的甚至可以相差 15 分以上。虽然评审专家对作品的评语角度不一，但指出的问题趋同，主要集中在教学设计、教学呈现和总体效果三个方面。

1. 教学设计方面，较为普遍的问题是教学内容针对性不强，教学方法特点不鲜明，例句设计规范性和典型性不够，练习设计不能很好地结合所教内容，难度过高或不够，不符合学习者的认知规律等。有些微课作品中的教学语言不规范，某些作品中大量使用专业术语，影响学生理解。部分作品还存在多媒体资源利用不合理的问题，如插入视频时间太长、多媒体资源利用率不高等。

2. 教学呈现方面，视觉或声音效果欠佳的原因较多，如取景不合理、镜头晃动、外景拍摄质量差、背景杂音多等。教师遮挡教学内容的问题也较为常见。有些课件制作不精美、不吸引人，部分作品的构图需要优化，存在 PPT 模板过于花哨、PPT 文字太多且字号偏小、重点内容未处于视觉中心位置等问题。

3. 总体效果方面，很多作品都未能凸显微课特点，未发挥多媒体技术的优势。部分参赛作品照搬真实课堂教学，甚至有些参赛作品就是参赛者的课堂实录，并未考虑到微课与线下课堂教学的区别，对微课的教学定位十分模糊。有些教师录课时背诵痕迹明显，教态不自然，很难引起观众共鸣。

总的来说，中文微课的总体教学效果还有待提高，微课的教学定位、规范和标准都还需进一步明确。

（四）微课资源建设低质重复，微课应用尚未进入实质阶段

1. 中文微课精品较少，选题重复且类型单一

中文微课作品的制作者以汉教硕士为主体。大部分院校仅仅把微课大赛作为培养汉教硕士教学能力的一种方式，而不是将其作为微课资源建设的重要组成部分。虽然也有教师制作的微课示范作品，但精品微课的数量仍然极少。"全球华文教学微课大赛"的微课制作群体为海内外华文教师，其中有些作品制作精良，但由于部分

教师缺乏微课制作经验，或因为设备限制，大部分微课作品的视觉效果欠佳，部分获奖作品很难称之为精品。再者，选题较少也是中文微课建设低质重复的一个原因。目前参与者最多、影响最大的微课赛事"全国研究生汉语教学微课大赛"给出的选题清单仅有不到 100 个选择，历时三年，重复选题不可避免。"全球华文教学微课大赛"的选题清单中选项所涉及的内容更宽泛，如"汉语学习中易混淆虚词辨析""汉字教学案例""当代中国 / 世界面面观"等，能反映海外华文教学的实际情况和特点。该赛事的文化选题中包括中国各类传统及现代艺术形式、中外教育异同等选题，但并未对微课内容进行指导说明，因此一些微课作品脱离了一般语言和文化微课的范畴，偏向于知识介绍。

2. 语言类微课占多数，文化类微课较少

语言类微课中，语法类微课占绝大部分，语言技能类微课极少。与课堂教学紧密结合的"应用类"中文微课，仅出现于"全国研究生汉语教学微课大赛"的参赛作品之中。这类中文微课应比赛要求增加了课堂应用实录和相应的教案。以第一届"全国研究生汉语教学微课大赛"为例，文化类微课仅占作品总量的 10% 左右，60个获奖作品中仅有 5 个为文化类选题；语言技能类则仅有 7 个作品入围。语言知识类微课中，以语法类为主（41 个），占 90% 左右；另有汉字类（6 个）、词汇类（4个）和语音类（4 个）。第二届的获奖作品中，语法类作品 68 个，占语言类获奖作品的 78%，占获奖作品总数的 68%。第三届的获奖作品中，应用类和系列作品类别明显增多，文化类作品的提交数量与第二届相比提高了 10%，但语法类获奖作品仍占语言类获奖作品总数的 72%。（表 4-10）

表 4-10　三届"全国研究生汉语教学微课大赛"个人赛作品总数及作品获奖数量

届次	个人赛作品总数（个）	个人赛获奖作品总数（个）	语言组获奖数					文化组获奖数（个）
			语法组		其他		总计（个）	
			数量（个）	占比（%）	数量（个）	占比（%）		
第一届	501	60	41	75	14	25	55	5
第二届	290	100	68	78	19	22	87	13
第三届	522	176	97	72	37	28	134	42

3. 中文微课重建设轻推广，微课应用尚未进入教学常规

目前，中文微课的重要性尚未得到足够重视。很多中文教师本身对于微课比较陌生，并不清楚微课可以在教学的哪些环节使用，以及如何使用。这也是某些微课作品仅仅是课堂实录或者教学目的非常模糊的原因之一。网络媒体平台上虽然有一些微课作品的点击量很高，但不能说明微课已实际用于中文教学。高校常规教学中还没有出现常用的微课应用模式。即使如唐风汉语等中文微课制作公司，对于中文微课在信息化教学中该如何应用推广也还处于探索阶段，方向尚不明确。

第五节　教学应用程序

应用程序（英文为 Application，简称 APP）是指为某种应用目的而开发的运行于操作系统之上的计算机程序。[1] 国际中文教学 APP（以下简称"中文教学 APP"）一般指移动智能终端中为中文学习者提供服务的应用程序。本节以"数据库"中 334 款有效中文教学 APP 作为研究对象，从"发展概况、开发特点、运营模式、使用评价"四个观测维度考察中文教学 APP 的发展现状。

一、APP 发展概况

（一）APP 年度发展情况

从 APP 创立时间来看，2010 年前可以看作是中文教学 APP 的早期萌芽阶段，数量较少。2011—2015 年为第一发展阶段，年上架 APP 数量迅速增加到 18 个后，基本保持平稳增长。2016—2019 年为第二发展阶段，年上架 APP 数量爆发式增长到 54 个后，年均上架量保持在 50 个左右。疫情后的 2020 年稍有回落。334 款 APP 的上架时间具体见图 4-12。

---

[1]　术语在线：https://www.termonline.cn/index。

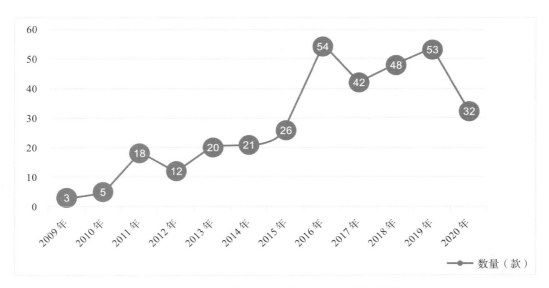

图 4-12　334 款中文教学 APP 年度上架数量

（二）版本更新情况

一般说来，持续更新时间越长，APP 的运行情况就越好。更新的内容包括升级版本、修正错误、更新资源、解决反馈问题等。334 款 APP 中有 62 款中文 APP 已经下架。仍在架的 APP 中，更新持续时间超过 10 年的有 12 款，10 年以下 5 年以上（含 5 年）的有 76 款，5 年以下 3 年以上（含 3 年）的有 56 款，3 年以下 1 年以上（含 1 年）的有 100 款，不足一年的有 28 款。

（三）语种分布情况

在语言支持系统方面，除两款已下架 APP（"HSK Lite"和"轻松学习汉语"）未能查到其支持语言外，其余普遍支持简体中文和英文，部分 APP 界面语言中英文皆有，或者以中文为主、辅以关键内容的英文翻译。还有一些 APP，如"中文帮、寰语在线"等都具备中文的简繁体转换功能。332 款中文教学 APP 中支持语种数量为 1—2 种的占 70%，其中绝大部分支持英语；支持 7 个以上语种的占 14%。具体分布见图 4-13。

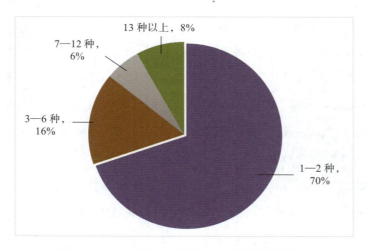

图 4-13　332 款中文教学 APP 语种数量分布

（四）开发类别情况

根据内容、受众对 334 款 APP 进行开发数量分类。从内容看，可分为语言要素类、语言技能类、专项内容类（HSK 和旅游汉语）、专项功能类（词典及翻译）及其他五个类别。中文教学功能不明显、难以归类的 APP 归入"其他"这个类别中。从表 4-11 可见，专项内容类数量最多，占 38.62%，语言要素类和语言技能类共占 45.51%。从受众看，91.32% 的 APP 受众目标为学生，师生共用的 APP 有 28 款，教师专用的 APP 仅 1 款。

表 4-11　中文教学 APP 开发类别情况

按内容分类			按受众分类		
类别	数量（款）	占比（%）	类别	数量（款）	占比（%）
语言要素类	75	22.46	教师类	1	0.30
语言技能类	77	23.05	学生类	305	91.32
专项内容类	129	38.62	师生共用类	28	8.38
专项功能类	26	7.78			
其他	27	8.08			
总计	334	100	总计	334	100

与语言要素相关的学习内容同样也出现在其他几类 APP 的学习资源中，表 4-11 中统计的语言要素类数据仅仅是以语言要素学习为核心进行设计的 APP，例如

"Pleco 汉语词典" APP 中有与汉字相关的学习内容，但统计时归入专项功能类中的字 / 词典一项，而不计入语言要素类的统计数据。语言要素类 APP 中，以词汇和汉字混合类的 APP 为主，共计 35 款，占该类别总数的 46.67%；词汇专项 APP 共 20 款，占该类别总数的 26.67%；汉字专项 APP 共 14 款，占 18.67%。75 款 APP 中仅有 6 款为拼音专项类，尚未见到专门的语法学习类 APP。语言技能类 APP 中综合类居多，共计 44 款，占该类别总数的 57.14%；听说训练类 APP 共计 15 款，占 19.48%；口语专项训练类 APP 共计 14 款，占 18.18%；阅读和写作类的极少，分别占 3.90% 和 1.30%；无听力专项训练类 APP。专项内容类的 APP 中绝大部分为 HSK 考试类 APP，共 127 款，占总样本量 334 款的 38.02%。专项功能类的 APP 中，字 / 词典类 APP 为主流，共有 19 款，其中 7 款兼具翻译功能，另有 7 款仅有翻译功能。（表 4-12）

表 4-12　中文教学 APP 细分内容开发类别情况

语言要素类	数量（款）	占比（%）	语言技能类	数量（款）	占比（%）
汉字 + 词汇	35	46.67	综合训练	44	57.14
词汇专项	20	26.67	听说训练	15	19.48
汉字专项	14	18.67	口语专项	14	18.18
拼音专项	6	8.00	阅读专项	3	3.90
语法专项	0	0	写作专项	1	1.30
			听力专项	0	0
总计	75	100	总计	77	100
专项内容类	数量（款）	占比（%）	专项功能类	数量（款）	占比（%）
HSK	127	98.45	字 / 词典	12	46.15
旅游	2	1.55	字 / 词典 + 翻译	7	26.92
			翻译	7	26.92
总计	129	100	总计	26	100

二、APP 开发情况

下面从教学功能、资源呈现方式、交互方式、评测方式、激励方式五个方面对中文教学 APP 的开发情况进行数据统计和分析。

（一）教学功能

教学功能是 APP 最重要的功能之一，教学功能的完善与否直接影响到学习质量。在样本数据中，仅有 14 款综合类、考试类的 APP 设置了在线教师，占总样本量的 4.19%。学习者可通过与在线教师的交流及时解决学习问题，获得专业指导，从而提高学习效率。无在线教师的 APP 为了弥补其交互性的不足，会在平台内增添真人教师视频课程，课程内容多为易错点讲解、语法解释、文化现象解释等，学习者可点击查看。

有 15 款 APP 还设置了"教学管理"功能，如在"熊猫记词"中，用户可以通过注册新账号、游客登录或者第三方账号登录 APP，制定个人学习内容、学习完成时间和每日目标，还可以申请加入班级学习或者建立一个新班级，添加学习伙伴，营造学习氛围，分享学习心得，交流学习经验。

有 137 款 APP 内有可供教师使用的教学工具，常见的教学工具有拼音表、字词典、试题库、词卡、翻译、汉字释义、形近字辨析、成语查询、HSK1—6 级词汇大纲以及语法大纲等。另外，教师也可直接使用 APP 内的 HSK 真题或模拟题，对学生进行语言测试。

（二）资源呈现方式

据统计，334 款 APP 教学资源呈现方式有文本、音频、视频、图片、漫画、动画、试题、注释、故事、游戏、对话等几十种，数量分布如图 4-14 所示。实际上，每一款 APP 都综合了至少两种以上的方式，因此 APP 资源内容的呈现方式总体上较为丰富。

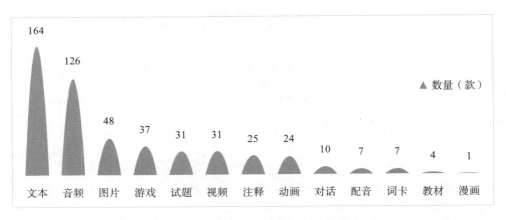

图 4-14　中文教学 APP 主要资源呈现方式

（三）交互方式

334 款样本中，仅有 132 款中文教学 APP 设计了在教学与学习过程中与学习者进行互动的功能，其中批改功能为最重要的互动形式，包括客观题的自动批改功能和主观题的人工批改功能。问答是语言学习最为有效的互动形式，但会大幅提高 APP 的开发成本和运营成本，因此仅有 6% 的 APP 具备这种交互功能。具备语音识别功能的 APP 占 17%，具备提供正确答案等纠错功能的 APP 占 18%，这两类互动形式对于技术和语料库的要求较高，由于缺乏测试数据，无法判断正确率和准确率，从人工随机测试情况来看，目前效果一般。除了这四种与语言学习密切相关的互动形式外，APP 常见的其他互动形式同样也存在于中文教学 APP 中，如评星、音效提示等。（图 4-15）

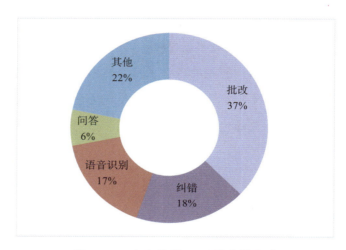

图 4-15　中文教学 APP 的交互方式

有 86 款中文教学 APP 可以分享平台链接到其他社交平台。由国外公司或者国内外公司共同研发的 APP 一般支持用户通过信息、邮件、AirDrop（隔空投送），还有社交平台如 Facebook（脸书）、YouTube（优兔）、Instagram（照片墙）、Twitter（推特）、Pinterest（拼趣）、KakaoTalk（卡考说说）、LINE（连我）等将 APP 推荐给其他人；国内公司支持的社交平台有微信、微博、QQ、百度、知乎、支付宝等。分享的链接可以是 APP 本身的下载链接，也可以是一些资源分享。

（四）评测方式

有 21 款 APP 设计了布置作业的功能，用户在完成作业后可在 APP 内提交，APP 会通过评分、评语、评星的方式给予用户反馈。99 款 APP 具备测试功能，测试类型分为三种：正式学习前的语言水平测试、学习中的学习效果检测，以及学习结束后的成绩测试，以帮助学习者针对学习内容进行复习和巩固。测试的反馈形式至少有两种以上，多为显示正误、批改、答案解析、显示正确率、正误提示音效、颜色标错、评分、评星、自动评语等。（图 4-16）

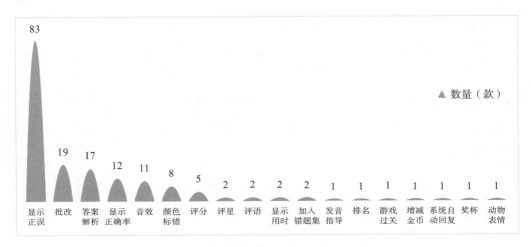

图 4-16　中文教学 APP 主要评测方式

（五）激励方式

APP 的用户激励方式是指 APP 在满足用户学习需求的同时，通过利益诱导激发和引导用户行为，以提升用户体验，提高用户活跃度，创造产品利润。中文教学 APP 内的激励方式一般为情感激励和利益激励两种。在数据样本中，有 61 款 APP 对学习者设置了较为明显的激励方式，占总样本的 18%。激励方式大致分为以下几类：

1. 新用户激励

中文教学 APP 一般会在用户首次注册时赠送新手礼包，如免费的学习资源和学习时间。有些 APP 会针对注册用户推出限时免费的新手课程，新手课程的缺点在于课程内容缺乏个性，资源形式和内容也都较少。在新手课程下则设置进阶性课程，需要付费。师生共用类 APP（如"梧桐中文"）则会采用注册后限时赠送免费资源的方式，来激励用户购买会员服务，以获取更为丰富、优质的教学资源。

2. 强化激励

这种激励一般设计在学习者进阶学习后，如首次完成笔记、首次评论留言、点赞分享等。此时 APP 会引导用户进行连续性学习并给予奖励，如直接用激励语激励学习者完成学习任务，显示学习者的学习时间、学习成就、在排行榜中的名次，连续打卡签到获取经验值，赠送虚拟金币购买知识型服务，获取更多学习时间，解锁更多课程，等等。比如 Drops 这款收费颇高的游戏型词汇学习软件，每天免费学习时长为 15 分钟，但完成一定词汇量的学习后将会增加免费学习时长作为奖励，以提升免费用户的学习动机。

3. 成长型激励

这一激励方式主要是引导用户分享、转发、推荐 APP，推荐成功后用户会获得直接的利益奖励或者 APP 内的虚拟奖励，如"咪咕灵犀"设置了积分抽奖活动，用户中奖可获取实物奖励。这一激励方式还会让用户在产品中投入更多价值和情感，如定制专属身份、获得生日祝福和其他福利等。

三、APP 运营情况

（一）注册信息

APP 注册形式较为丰富，可通过手机号码、邮箱账号直接注册，苹果商店的可以直接关联 Apple ID，也可以通过脸书、微信、推特、谷歌等第三方账号注册。通过第三方账号注册需要打通与第三方软件的接口，APP 开发方一般会选择在主要运营地区用户最多的软件进行关联。样本数据中，仅有 46 款 APP 必须注册才能使用，占样本总量的 14%。这说明中文教学 APP 的开放程度较高，还处于推广的初期。

（二）收费方式

据统计，APP 的收费方式主要分为以下几种：（1）会员充值。一般分为周会员、月会员、年度会员与终身会员，价格按照时间长短依次上升，但购买的时间越长，优惠力度就越大。在"数据库"中，会员免费试用时间最长的为 7 天，价格最高的为"ChinesePod"的年度会员，售价 1748 元人民币。（2）充值虚拟金币购买课程。用户可充值平台内提供的虚拟金币、金豆、钻石、宝石，然后使用虚拟金币购买自己需要的课程及资源。如"梧桐中文"APP 上可以人民币 1∶1 充值阅读币，购买中文教材和学术资源。（3）直接购买不同功能的学习资源。用户可根据自己的 APP 学习体验、学习需求及经济能力，选择最合适的付费板块进行深入学习。（4）去除广告。用户一次性花费人民币6元到68元不等即可去除APP内所有广告。（5）解锁全部学习内容。（6）实物销售。25款APP有自身延伸的商品销售，如"识字大卡"有相对应的纸质版书籍。（7）投放广告。完全免费的APP是用免费使用的方式吸引用户，通过增加下载量获得广告投放机会，从而实现盈利。所以在这类APP的评价中，很多用户都反映APP内广告数量太多，需等待的时间较长，影响界面操作和学习效果，但是广告植入是APP开发商重要的资金来源。APP收费情况统计见图4-17。

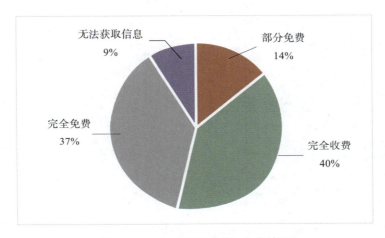

图4-17　中文教学APP收费情况

　　从支付方式上看，用户都可在登录苹果账号或iTunes账号的状态下，绑定银行卡或者使用支付宝进行支付。也有部分APP考虑到存在多国用户的情况，对支付方式进行了优化，如"中文帮"为来自全球不同国家的用户提供了更为人性化的支付设置，平台内可绑定不同国家的银行卡，支持多种支付系统，用户可选择最合适的一种进行支付。

四、APP 使用评价

（一）APP 排名

从"教育类""旅游类""生活类"等22个类别的APP排行榜分别搜索中国、

美国、英国、日本、韩国五个国家"教育类"iOS APP 榜单排名，每个国家包含免费榜和畅销榜[①] 两个榜单，从各个榜单中筛选出中文教学 APP，再按照 APP 上榜次数和平均排名排序，最终确定中文教学 APP 排名，见表 4-13。

表 4-13 中文教学 APP 排名

综合排名	APP 名称	上榜次数	总榜排名
1	Duolingo	8	8
2	Quizlet	8	75
3	HelloTalk	4	88
4	Drops	9	150
5	Tandem	4	158
6	LingoDeer	5	171
7	FluentU	5	175
8	HelloChinese	6	375
9	ChineseSkill	5	464
10	Chineasy	4	467
11	SuperTest（原 HSK Online）	4	470
12	Du Chinese – Mandarin Study	6	594

由表 4-13 可以看出，排名前 7 位的 APP 皆为含有中文的多语种学习 APP，此类 APP 在全世界都拥有数量较多的使用者。虽然专为中文学习者设计的中文 APP 在排名中不占优势，但在上榜的 APP 中，涵盖了综合类中文 APP，如 HelloChinese、ChineseSkill；汉字类 APP，如 Chineasy；考试类 APP，如 SuperTest；阅读类 APP，如 Du Chinese – Mandarin Study，共 4 种类型。同时，这 5 款 APP 也为中文在世界范围内的推广起到了极大的促进作用，从不同方面满足了来自世界各国学习者的需要。

（二）用户评分

在 334 个样本数据中，有 45 款 APP 没有足够评分，有 79 款无法获取相关数据，

---

① "免费榜"侧重于 APP 实时下载热度，"畅销榜"侧重于 APP 综合下载热度。

剩余的 210 款中，好评率 100% 的有 62 个，占样本总数据的 19%；90%—99% 的有 92 个，占 28%；80%—89% 的有 28 个，占 8%；70%—79% 的有 6 个，占 2%；70% 以下好评率的有 22 个，占 7%。数据显示，中文教学 APP 的质量基本受到用户认可。

在样本中，用户做出评论且能查询到的 APP 总量为 102 款。评论数最多的 APP 为百度翻译，评论数量超过 15 万条；有 7 款 APP 的评论数仅有 1 条。样本 APP 的评论数主要分布在 1—999 条之间，其中 10 条以下的 34 款、10—99 条的 30 款、100—999 条的 23 款。具体分布情况见图 4-18。

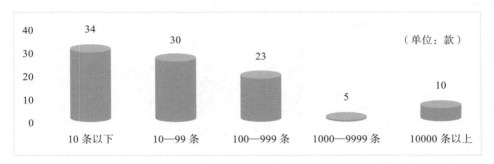

图 4-18　中文教学 APP 评论数量

第六节　学习网站

学习网站是指围绕学科教与学，通过网页技术，整合多样化的数字学习资源，并提供网络教学功能与支持服务的网站。[①] 本节基于"数据库"中的数据，结合网络搜索和 Alexa 网站流量全球综合排名查询[②]，全面考察国际中文教育学习网站（以下简称"中文学习网站"）的发展情况。

一、网站概况

根据"数据库"中的统计，目前基于电脑终端的中文学习网站共有 404 个，其中能够查到全球排名和访客排名的有 331 个，能查到国家/地区排名的有 236 个。有 6 个网站在全球排名前 100 名，13 个网站在 101—1000 名区间，61 个网站在 1001—10000 名区间，156 个网站排在 10000 名之后。这些网站可分为 6 大类：（1）机构类，包括中外中文教学机构、组织的官方网站，此类平台最多，共 109 个（26.98%），如斯坦福大学东亚语言文化系网站、全美中小学中文教师协会网站等；（2）素材类，指提供各类在线教学资源和素材的平台，包括动画资源、卡片资源、视频资源、游戏资源等，共 106 个（26.24%），如慢速中文、Level Chinese 中文分级阅读网站等；（3）课程类，包括慕课、微课、直播课平台，共 82 个（20.30%），如中文联盟、攀达汉语、Lingo Bus 等；（4）工具类，包括在线字词典、繁简转化工具、注音工具、笔顺字帖等，共 68 个（16.83%），如汉字笔顺查询网、中文转换网等；（5）教学平台类，包

---

① 教育部教育信息化推进办公室.国家教育资源公共服务平台教育资源评价指标体系，2013 年。

② 网址：http://www.alexa.cn/。Alexa 能够通过工具条追踪到 PC 访问网站的数据，继而计算出不同网站占整体访问量的比例。"Alexa 排名"是指网站的世界排名，主要分为综合排名和分类排名，Alexa 提供了综合排名、到访量排名、页面访问量排名等多种评价指标信息，是当前较为权威的网站访问量评价指标。

括教学管理系统平台、智慧教室等，共 18 个（4.46%）；（6）其他类，包括中文报纸期刊网站、中文网络论坛、在线中文书店等，共 21 个（5.20%）。

二、网站分布

从地域分布来看，中文学习网站的使用者遍及全球，但开发者分布范围只涵盖了 5 大洲的 25 个国家，且主要分布在美国（64.60%）和中国（18.32%），其他国家还有马来西亚、日本、新加坡、韩国、菲律宾、泰国等。虽然亚洲开发中文学习网站的国家最多，但是美国一国所开发的中文学习网站就超过了世界上其他所有国家。这说明学习网站的开发不仅仅取决于语言传播和学习的意愿，更重要的决定因素是经济与技术，印度的软件开发技术和英国的经济水平使它们并列排名中文学习网站的第 3 位。中文学习网站在亚洲分布差异较大，东亚地区的中文学习网站数量占亚洲总数的 75.7%，东南亚占 11.2%，南亚占 10.3%，而西亚、中亚分别只占 2% 和 1%。（表 4-14）

表 4-14　中文学习网站的洲别与国别分布情况

序号	洲别	分布国家及网站数量（个）										
1	**亚洲**	中国	印度	马来西亚	日本	韩国	菲律宾	新加坡	泰国	沙特阿拉伯	伊朗	吉尔吉斯斯坦
	107	74	11	8	4	2	2	2	1	1	1	1
2	**美洲**	美国	加拿大	墨西哥								
	266	261	3	2								
3	**欧洲**	英国	德国	俄罗斯	西班牙	爱尔兰	马其顿	波兰	以色列	立陶宛		
	24	11	4	3	1	1	1	1	1	1		
4	**大洋洲**	澳大利亚										
	6	6										
5	**非洲**	埃及										
	1	1										

三、教学内容

在 6 大类网站中，机构类网站上的内容包括各类中外文化交流新闻、课程资讯（指有关中文教学的资讯，如有关国际中文教学的通知、新闻和报道、考试通知、中国中文学习学校介绍、经典教材简介等）、课程资源、在线人工服务和电子商务（如中文学习类网上书城）等。素材类网站包括语言各种技能、课堂各个教学环节所涉及的中文材料，如语音材料包括辨别单音和声调、辨别单词和短句、听懂问答和语篇、听懂演讲和新闻报道等资源。课程类网站包括针对不同水平、不同需求，训练不同语言技能，属于不同专业领域的中文课程，如夏威夷大学的"华语理解网络课程"设置了引入、菜单、前测、音视频、课文、词汇、语法、翻译、自测 9 个环节。工具类网站以教学工具书、教学软件和研究软件等为主要内容。

四、运营情况

（一）收费情况

总体来说，404 个网站中，免费网站有 196 个，收费网站有 188 个。课程类收费网站数量是免费网站的 1.72 倍，机构类收费网站数量是免费网站的 8.9 倍。而教学平台类、素材类、工具类和其他类型网站则多为免费。（表 4-15）

表 4-15　不同类型网站的收费情况（单位：个）

收费情况	数量	类型					
		素材类	工具类	课程类	机构类	教学平台类	其他类
免费	196	81	52	25	11	12	15
收费	188	24	16	43	98	1	6
免费＋收费	20	1	0	14	0	5	0
总数	404	106	68	82	109	18	21

从拥有最多数量中文学习网站的两个国家的收费情况对比来看，美国的中文学

习收费网站 147 个，免费网站 105 个，收费网站是免费网站的 1.4 倍；而中国开发的中文学习收费网站 17 个，免费网站 51 个，收费网站仅占免费网站的 1/3。

五、使用评价

中文学习网站排名情况是网站受众使用评价的重要指标。本节以北京时间 2020 年 3 月 15 日 10:00 为搜索时间，在 Alexa 网站分别搜索中文学习网站的全球流量排名和访客排名，表 4-16 分别列出了不同类型排名前三位的网站。

表 4-16　中文学习网站排名

类别	网站名称	网址	开发者	全球排名	访客排名	国家
机构类	East Asian Languages and Cultures	https://ealc.stanford.edu/	斯坦福大学	1168	1073	美国
	Asian Studies	https://www.cla.purdue.edu/academic/slc/l/asian-studies/index.html	普渡大学	1936	1848	美国
	Asian & Middle Eastern Studies	https://cla.umn.edu/asian-middle-eastern-studies/asian	明尼苏达大学	2224	2352	美国
素材类	NYU Developing Chinese Language Teachers (DCLT) Resources for Remote Teaching	https://sites.google.com/nyu.edu/nyu-dclt-remote-teaching/home/teaching-resources	纽约大学	1	1	美国
	Quizlet	https://quizlet.com/zh-cn/teachers	Quizlet Inc.	251	264	美国
	Kahoot!	https://kahoot.com/	Kahoot! 教育科技公司	2025	1662	美国
课程类	沪江汉语	https://cn.hujiang.com/	沪江教育科技（上海）股份有限公司	2665	2978	中国

续表

类别	网站名称	网址	开发者	全球排名	访客排名	国家
课程类	爱拓奇国际语言学习社区和交易平台	https://www.italki.com/	italki.com	4959	5101	美国
	CCTV 学汉语	http://cctv.cntv.cn/lm/learningchinese/01/	中央电视台	5961	4763	中国
工具类	Chinese language	https://en.wikipedia.org/wiki/Chinese_language	维基百科免费百科全书	13	12	美国
	bab.la	https://bab.la/	bab.la	2524	2308	波兰
	Nearpod	https://nearpod.com/	Nearpod INC.	4989	4791	美国
教学平台类	Google Classroom	https://www.google-classroom.org/	谷歌公司	1	1	美国
	Zoom	https://zoom.us/	Zoom Video Communications Inc.	19	19	美国
	Microsoft Teams	https://www.microsoft.com/en-us/microsoft-teams/group-chat-software	微软	24	23	美国

由上表可以看出，教学平台类网站和工具类网站流量排名和访客排名均比较靠前。课程类网站中国开发者居多，但还没有突出的品牌，也就是说，中国的中文学习网站还没有打出全球知名的品牌。借助英语这门全球性语言的中介导引作用，以及常春藤名校的开发宣传平台，美国开发的中文学习网站占有一定优势。

第七节　教学平台

随着信息技术的更新迭代，数字资源形态不断变化，通信终端日益多样化。本节所指的"数字教学平台"是能系统解决数字化教学中教学资源管理、学生学习支持与帮助、教师教学组织与评价功能等关键问题的网络应用及工具（集合）。[①] 可见，多场景（涵盖"教、学、管、评"）是数字教学平台的基本特点，多终端（包括电脑终端和移动终端）也是数字教学平台的突出特征。中文联盟数字化云服务平台（以下简称"中文联盟"）、国际中文智慧教育云平台（以下简称"智慧平台"）、唐风汉语国际教育信息化云平台（以下简称"唐风汉语"）和庞帝智能中文教学平台（以下简称"庞帝智能"）是目前国际中文教育领域关注度较高的中文数字教学平台（以下简称"中文教学平台"）。本节选取这四个中文教学平台作为典型案例，从它们的基本情况、资源情况、主要功能、运营情况、推广情况五个方面进行比较，以期窥见目前中文教学平台的发展状况。

一、基本情况

2016 年，教育部和国家语言文字工作委员会印发的《国家语言文字事业"十三五"发展规划》明确提出，要"建设适应面广、影响力大、权威性强的全球中文学习网络平台"。本节选取的四个中文教学平台集多种功能、多种形式于一体，以先进的技术为支撑，拥有丰富的资源、强大的功能、便捷的体验，深受海内外院校、中文教师和学习者欢迎。从时间来看，大部分平台都是近几年的产物，新冠肺炎疫情

---

① 周炜，丰洪微，高芳 . 现代教育技术 [M]. 延边：延边大学出版社，2017 年，第 201 页 .

的出现更加速了平台的完善与升级。从开发机构来看，四个平台均拥有强大的开发团队，集技术与科研、教学为一体。四个平台既可用于电脑终端，也可用于移动终端，为使用者提供了最大的便利。（表 4-17）

表 4-17　四个中文教学平台的基本情况

平台名称	上线时间	开发机构	平台简介	网址	APP 名称
中文联盟	2020 年	五洲汉风网络科技（北京）有限公司、汉考国际教育科技（北京）有限公司、阿里巴巴钉钉、日本青少年育成协会、英国汉语教师协会、泰国孔敬大学孔子学院等 20 多家单位	聚集优质课程、技术、产品、渠道、服务等资源，为从事国际中文教育的学校、机构、教师和学习者提供在线教学及辅助服务	https://www.chineseplus.net/	ChinesePlus
智慧平台	2019 年	中国教育部和国家语言文字工作委员会指导，科大讯飞有限公司建设与运营	聚焦海外中文学习者学习中文知识、掌握中文技能和了解中国文化，在学习中文方面，着力突出 AI 中文课程、教材同步和模拟考试三部分内容	https://www.chinese-learning.cn/#/web/portal/learnChineseIndex?isHomePage=true	e 学中文
唐风汉语	2006 年	唐风汉语联合中外各领域专家及合作伙伴	集教学教务、教学资源、测评、教育应用于一体，云服务个性化定制、租用模式与各类自建独立系统有机结合，实现区域教育资源的最佳组合	https://www.tangce.net/	唐风课堂
庞帝智能	2017 年	庞帝智能科技（北京）有限公司联合美国硅谷高科技团队	运用美国高科技技术"支架式教学工具（AKLS）"①，以关联学习法为基础，采用人工智能及大数据开发的在线中文学习平台	https://chinese.iponddy.com/	庞帝中文词典

---

① 支架式教学工具（AKLS）是以字、词、偏旁部首为中心进行扩展的"关联式知识网络"，可针对教学内容的字与词提供字典查阅、情境例句显示等功能。此工具不仅能满足使用者的多种需求，还可帮助学习者加深记忆，使学习者的语言能力更接近母语者。

二、资源情况

克服数字资源碎片化、分散化的缺点，中文教学平台在资源整合方面体现出明显优势。从表 4-18 可以看出，四个平台在资源整合方面具有一定共性：一是汇聚海量教学资源。依托大型教学平台，各类中文数字资源快速汇集，各种媒介格式的数字化配套产品不断衍生，各个教学平台上的教学资源均已形成一定规模。二是为共建共享机制打下基础。平台本着共建共享原则与第三方统一用户、统一管理、统一接口，同时吸纳众多中文和中国文化教学内容建设者，营造全球中文学习平台的健康生态，促进资源建设的长足发展。中文教学平台联合全世界著名高校、企事业机构，广泛汇聚中文学习资源，进一步探索创新中文学习方式，以便更好地满足全球中文学习者的需求。三是凸显明星产品。平台打造了《长城汉语》、《HSK 标准课程》、《七色龙》、《酷熊猫》、《智慧宫》、《Pop On》、《发展汉语》练习、《HSK 标准教程》练习、《汉语》练习等一系列特色中文教学资源品牌。

表 4-18　四个中文教学平台的资源情况

平台名称	资源情况
中文联盟	包括 3 万多册电子书、30 多种报纸、200 多种期刊，利用自然语言处理技术，对全球近 5000 册使用广泛的国际中文教材进行研究和分析，析出教材语料 50 万条；中外文化差异案例库收集了 140 多个国家的 1 万多条案例；现有慕课 7300 多节，微课 21 门、1200 多节；已开展 144 次直播公开课，累计 329 课时
智慧平台	拥有 190 多门、6000 多节在线课程，200 余课时（超过 3000 分钟）的 AI 中文视频课，4 套教科书，300 余课的内容量，各朝代诗词共计 100 首，HSK 模拟题 30 套，723 个文化鉴赏学习资源以及 276 字、500 词、388 句和 60 篇对话
唐风汉语	考试题库 90 多套（5 万多道），PPT 课件、音频、视频、动画、文本、图片等近 19 万条，中文在线课程 12521 节，微课近万节
庞帝智能	6 万余个词条、700 个语法点、上万条语法点视频、900 余篇智能教材

三、主要功能

从平台主要功能的角度考察，其资源整合优势依然突出。除此之外，平台还有三个主要特点：（1）教育应用场景一体化。"中文联盟"涉及"管、教、学、练、研"五大教学环节；"智慧平台"涉及"教、学、考、评、管"主要教育场景；"唐风汉语"为教师提供课前、课中、课后全程服务；"庞帝智能"按照"课文、词汇、语法、练习"这一常见的中文教学过程设计平台功能，教师端可满足教学、管理、测试功能，学生端可满足自学、上课、评教功能。总之，中文教学平台构建的教育场景已经突破了单一的学生学习和教师教授场景，而是朝着全方位、一体化的教学解决方案的目标发展。（2）突出游戏化和互动性。"中文联盟"的直播课程板块中，学习者可通过预约在线课程，实时观看并参与线上互动，同时也可在课下观看课程回放。"智慧平台"将练习转化为闯关游戏，设置竞争机制以激发学习热情，同时在 AI 中文课中利用人机互动保障学习效果。"唐风汉语"提供互动式教学方案，可以进行课件浏览与同步、随堂测验与统计分析、互动提问与分组讨论等；HSK 考教结合服务平台提供打字小游戏，增强了学习的趣味性。"庞帝智能"所有字词均可自动生成游戏形式的课后练习，包括发音匹配、词语拼图、Bingo 游戏等多种互动游戏。可见，四个中文教学平台都十分重视增强平台的互动性，采用了不同的游戏和互动方式，但在互动程度和效果上略有不同。（3）体现高科技支撑。四个平台分别利用语音识别、虚拟现实、人工智能、大数据等新技术与国际中文教育相结合，开发了双师课堂、智能口语评测、沉浸式游览学习等优质学习工具。以科技辅助教学，以科技驱动教学，有效地提高了中文学习者的学习效率和兴趣。例如，"智慧平台"以 AI 技术和语音智能作为语言学习的关键技术支撑，包括语音合成、语音识别、语音测评和机器翻译等，使中文学习更加智能化；"庞帝智能"运用人工智能、大数据和自然语言处理等高科技手段，独创支架式学习工具 AKLS 智能引擎，打造智能中文学习平台。各平台主要功能见表 4-19。

表 4-19　四个中文教学平台的主要功能

平台名称	主要功能
中文联盟	由教务系统、直播课系统、慕课系统、习题系统、教学数据中心、云平台 APP 六部分组成
智慧平台	通过"教、学、考、评、管"辅助教师教学，帮助全球中文学习者提高学习兴趣和效率

平台名称	主要功能
唐风汉语	主要包含资源库、习题库、作业管理、考试管理、班级管理五大板块，方便教师课前备课、课中授课、课后作业、考试测试、统计分析等
庞帝智能	主要包括基础资源、教材资源、技术资源、课程资源、评测资源五大板块，使用功能主要包括智能课文转换、标准课程资源提供、"补充资源"板块共享、课后游戏练习等

四、运营情况

四个教学平台基本采用"基础模块"免费、"增值模块"收费的运营模式，一方面凸显了公益性，满足了全球中文教学者的基本需求；另一方面坚持市场化导向，在教学平台商业化运作方面进行了积极探索。

在公益性方面，"中文联盟"除了 HSK 标准课程、中文教师发展部分课程及一门"中文＋职业技能"教育课程外，平台用户通过注册账号即可享有其余课程的免费学习权利。"智慧平台"目前提供的 AI 智能中文课程和海量中文学习资源皆为免费，用户只需注册账号后登录就可以使用。"唐风汉语"云平台中提供的教学资源库、题库、微课视频等几万个教学资源皆为免费，用户只需注册账号后登录即可使用；HSK 考教服务平台提供的打字练习、打字游戏以及词汇小工具均免费开放。"庞帝智能"目前免费账号可制作三篇智能课文，部分课程内容也已免费开放，支架式学习工具、阅读工具与庞帝文库的游戏化练习部分也是免费提供；同时，"庞帝智能"也会免费为有需要的教学机构、个人开设高级别的测试账号，助力中文推广工作。

在市场化方面，"中文联盟"相关的各主体单位目前已形成互相协作、技术和资源互补的伙伴经济体。一方面，与海外孔子学院及中文教学机构达成合作关系，合作办学；另一方面，通过自媒体发展新的用户群，营造多层次、多角度的市场氛围。"智慧平台"针对重点人群建设重点内容，如针对 HSK 考试刚需人群建设 HSK 各等级的专项训练和模拟题资源，帮助学习者掌握重点难点，提高考试通过率。"唐风汉语"联合国内众多知名院校进行智能化课程建设及师资培训工作，并在海外布局了分支机构，为海内外院校提供线上教学服务。"庞帝智能"分为"教育版会员"（249元／年）与"标准版会员"（699元／年）两种收费模式，同时也提供私人定制、不同价位的中文课程，服务于海外用户的 HSK 考试、AP 考试等现实需求。各平台运营情况见表4-20。

表 4-20　四个中文教学平台的运营情况

平台名称	运营情况
中文联盟	大部分课程免费，部分课程需付费报名；付费课程可通过主页进入目标课程，进入页面后即可付费；通过唯一第三方（支付宝）进行费用收取，所有课程仅支持人民币支付
智慧平台	用户注册即可免费使用丰富资源
唐风汉语	新用户需注册、登录后方可使用平台资源，HSK 考试系统需单独注册
庞帝智能	平台会员分为三种：基础版会员为免费性质，教育版会员每年需支付 249 元的会员年费，标准版会员每年需支付 699 元的会员年费

五、推广情况

表 4-21 显示，四个平台目前均取得了较好的宣传推广效果，平台覆盖的国家、服务的学校和受众人数都达到了一定规模，这是纸质教学资源的发行无法比拟的。四个平台均采取了一些较为独特的宣传推广方式。"中文联盟"利用推特、脸书、微博公众号、微信公众号等多渠道进行推广，加强与潜在客户之间的沟通，不断增加潜在客户转化率。"智慧平台"通过自建官方网站和 APP、媒体报道、在应用市场投放广告、公众号宣传、与国内外院校和教育机构合作等方式进行推广。"唐风汉语"除自建网站、微信公众号之外，还联合国内知名院校举办"全国研究生汉语教学微课大赛"，不仅实现了优质教学资源的共建共享，也取得了很好的宣传效果。"庞帝智能"与美国官方机构合作，平台课程已被美国大学理事会承认，并可以换取 AP学分，同时还成为美国星谈项目（STARTALK Program）认可的远程教学平台；"庞帝智能"还与中国高校保持合作，积极参加教育展会与行业会议。

表 4-21　四个中文教学平台的推广情况

平台名称	推广情况
中文联盟	来自 194 个国家和地区的 210 万学习者参与学习，总访问量达 380 万人次，考试功能累计服务全球各类中文学习者 4000 多万人次
智慧平台	截至 2021 年 6 月，平台已覆盖 176 个国家，累计发展用户 345 万
唐风汉语	截至 2020 年 10 月，已为海内外 432 所院校提供了"停课不停学"的整体解决方案，1.1 万名教师利用平台为分布在 90 多个国家的 65.2 万名学生开展教学工作，线上评测超过 187 万次；"唐风课堂"APP 安卓系统下载量共约 31200 次
庞帝智能	使用者遍布全球 84 个国家和地区的 1000 多所学校

第八节　新技术应用

以人工智能、云计算、区块链、5G 网络等新技术的广泛应用为标志，人类正在迎来智能时代，"人工智能＋教育"正在引发教育的一场革命，"智能教育"已是大势所趋。智能教育是基于人工智能、大数据等智能技术，以学习者为中心，构建情境感知、泛在互联、数据融通、业务协同的智能学习环境，锻造智能型教师队伍，实现差异化教学、个性化学习、精细化管理和适切性服务，以推动人才培养模式及教学方法变革，并促进学习者革新素养提升和创新型人才培养。[①]

人工智能技术正在加快进入国际中文教育领域，并在新冠肺炎疫情期间展示出巨大的应用潜能。国际中文教育领域的新技术种类很多，本节选择其中七种加以考察。

一、新技术

（一）语音识别技术

语音识别技术是让机器通过识别和理解，将人的语音信号转换为相应的文本或命令的过程。[②]语音识别技术在中文学习软件中的应用较为广泛，技术也较为成熟，如嗨中文、多邻国、e 学中文、ChineseSkill、ChineseVoice、Mondly 学中文、Aha Chinese 等软件基本都可以实现"录音—播放—评测—反馈"功能。（图 4-19 至图 4-23 ）

[①]　刘邦奇，吴晓如. 中国智能教育发展报告 [M]. 北京：人民教育出版社，2020 年，第 19 页 .
[②]　术语在线：https://www.termonline.cn/index。

图 4-19　"多邻国"句子评测功能

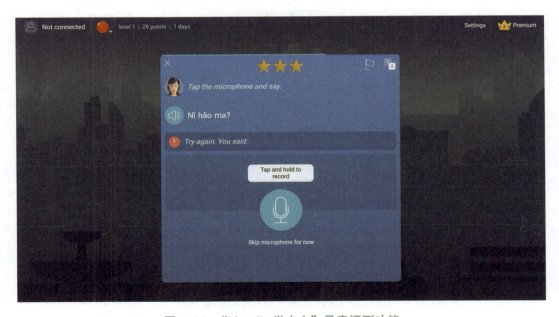

图 4-20　"Mondly 学中文"录音评测功能

图 4-21 "e 学中文"句子评测功能

图 4-22 ChineseVoice 跟读打分功能

图 4-23 Aha Chinese 录音评测功能

（二）文字识别技术

文字识别技术是使用电子和光学技术如扫描仪将文字图形数字化存入计算机，

再利用现代数学方法和计算抽取图像机软件特征判别文字的过程。目前对于印刷体文字识别的准确度已达 99% 以上，对限制性手写字符识别的准确度也已达 95% 以上。文字识别是人工智能中不可缺少的重要技术之一。[①] Pleco 汉语词典、百度汉语、Chinagram 和 Skritter 四款 APP 的汉字书写识别功能主要应用了文字识别技术。"Pleco 汉语词典" APP 支持全屏手写输入及实时文字识别功能；"百度汉语" APP 可以拍照识别文本及在线模仿人声朗读；Chinagram 可以通过在 iPad 屏幕上描绘每个字符来练习书写；Skritter 自称是排名第一的文字学习应用软件，其文字识别准确率比较高。（图 4-24 至图 4-28）

图 4-24　"Pleco 汉语词典"的手写输入功能　　图 4-25　"百度汉语"的拍照识字功能　　图 4-26　Chinagram 的汉字书写功能

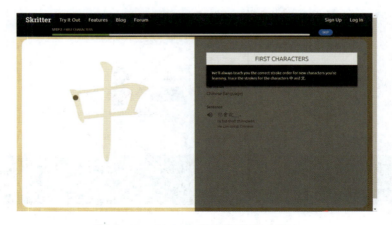

图 4-27　Skritter 的汉字书写功能 1

----

① 知网百科：https://shuyu.cnki.net/#/。

图 4-28　Skritter 的汉字书写功能 2

（三）语音合成技术

语音合成技术是一种利用机器产生语音的技术，即将计算机自己产生的或外部输入的文字信息，按语音处理规则转换成语音信号输出，使计算机流利地读出文字信息，使人们通过"听"就可以明白信息的内容。[①] 语音合成技术和手写识别技术是人机交互的关键性技术，ChineseSkill 的词汇、听力和口语练习板块，"百度汉语"的拍照朗读功能均采用了这项技术。（图 4-29、图 4-30）

图 4-29　ChineseSkill 的词汇发音功能

---

① 知网百科：https://shuyu.cnki.net/#/。

图 4-30　"百度汉语"的拍照朗读功能

（四）手写识别技术

手写识别技术是指对手写笔迹图像进行分析处理，对字符进行切分和识别获得电子文本的过程。[1]"漫中文"APP 中的书写功能在这一技术领域有所涉及。（图 4-31）

 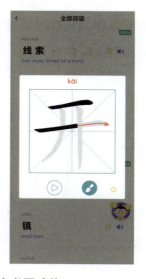

图 4-31　"漫中文"的汉字书写功能

---

① 术语在线：https://www.termonline.cn/index。

（五）自然语言处理技术

自然语言处理技术是指运用计算机对人类自然语言进行分析的过程。也就是在人工智能中，使计算机能接受和处理自然语言，还能对自然语言进行信息加工以及能理解自然语言的过程。[①] 庞帝智能中文教学平台中的"词关联""字关联""部首关联""词汇分级"等功能采用了自然语言处理技术。该平台基于十亿字海量语料库，实时分析出词关联、字关联、部首关联，直观展示字词使用频率，不仅为用户提供词汇灵感，更可大幅提升造句能力与写作效率。平台可以迅速判断词语对应的 ACTFL、HSK、TOCFL、AP 等各大国际中文标准，划分词汇难度级别。（图 4-32）

图 4-32　庞帝智能中文教学平台的"字 / 词关联"功能

（六）深度学习技术

深度学习是一种研究信息的最佳表示及其获取方法的技术，在神经网络或信念网络的情况下是对基于深层结构或网络表示的输入输出间映射进行机器学习的过程。[②] SuperChinese 和 SPKChinese 是采用深度学习技术的典型代表，两款软件能够结合大数据挖掘和分析，实现教学内容的智能推荐，定制个性化的学习方案。

---

① 术语在线：https://www.termonline.cn/index。
② 术语在线：https://www.termonline.cn/index。

SuperChinese 是一款利用 AI 技术学习中文的手机软件，该软件基于 AI 专业评测，向学习者推送个性化课程计划，帮助学习者提升中文听说能力。SPKChinese 可以根据用户兴趣推送适合阅读的文章，可以通过手机拍照扫描文本，可以语音自动识别翻译，可以帮助学习者纠正发音，学习者可每日查看学习进度报告。（图 4-33、图 4-34）

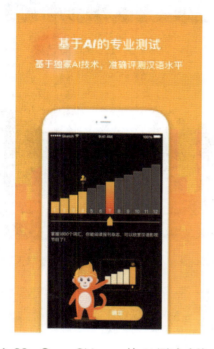

图 4-33　SuperChinese 的 AI 测试功能

图 4-34　SPKChinese 的文章推荐功能

（七）虚拟现实技术

虚拟现实技术是利用计算机模拟产生一个三维空间的虚拟世界的技术，提供使用者关于视觉、听觉、触觉等感官的模拟，让使用者如同身历其境，可以及时、没有限制地观察三维空间内的事物。[①] 目前，虚拟现实技术应用于国际中文教育主要有四种路径：虚拟现实直播课堂、虚拟现实中文慕课、虚拟现实中文教材、中文虚拟仿真实验。其中，虚拟现实直播课堂、虚拟现实中文慕课、虚拟现实中文教材三者有共通之处，即目前主要是借助全景相机开展建设；中文虚拟仿真实验则是基于 3D 建模技术加以构建。（图 4-35 至图 4-38）

---

① 术语在线：https://www.termonline.cn/index。

图 4-35　虚拟现实直播课堂　　　　　　图 4-36　虚拟现实直播课堂

（教学现场端设备）　　　　　　　　　（远程学生端设备）

图 4-37　酷熊猫（Cool Panda）VR 系统　　图 4-38　虚拟仿真实验中的剧情与人物

二、发展特点

（一）新技术为国际中文教育带来变革

智能教育是"互联网＋国际中文教育"的新形态，为国际中文教育带来了巨大变革。新技术改变了国际中文教育中的教学方式、评价方式和管理方式，展现出个性化、差异化、智能化的教育特征。

首先是教学方式的变革。开放课程、开放数据、开放资源等理念深入人心，新技术改变了传统课堂的教学方式，打破了课上课下的界限，树立了以自主学习为中心的资源观。技术辅助教师为学习者搭建认知支架，同时提供更为便捷的交互和协作平台，使其更有力地支持基于任务的学习、基于项目的学习。①

① 张会，陈晨．"互联网＋"背景下的汉语国际教育与文化传播 [J].语言文字应用，2019（2）：30-38.

其次是评价方式的变革。传统的中文课堂利用课堂表现、课后作业和考试的方式评价学习效果。随着新一代科技革命的到来，将利用新技术采集学生学习过程中的数据，借助学习分析技术对学习过程中的阶段性表现进行评价和归因分析。[①]这有助于全过程、多维度地考察中文学习者的学习行为，评价信息更加多元立体，评价结果更加全面可靠。

最后是管理方式的变革。以互联网、大数据为代表的信息技术发展，对国际中文教育管理提出了许多挑战，国际中文教育管理方式的变革成为必然趋势。现代化的国际中文教育管理具有人本化、互动性、精准化等特点。人本化是指在技术环境下重塑以人为本的教育理念，实现新技术与教育理念、教学方式的良性互动，避免新技术带来的负面影响。互动性强调师生在国际中文教育管理中的参与和体验，利用大数据构建国际中文教育教学质量的实时监控，注重教师和学生反馈。精准化是利用大数据精准投放中文教学资源，提供精准的中文教育服务。

（二）新技术与国际中文教育亟待全方位深度融合

"世界正在进入以信息产业为主导的经济发展时期。我们要把握数字化、网络化、智能化融合发展的契机，以信息化、智能化为杠杆培育新动能。"[②]信息技术对国际中文教育事业有助教、助学、助用等功能。[③]国际中文教育相关学校、机构应利用信息技术努力打造新平台，开拓国际中文教育的新模式。

当前，国际中文教育信息化还有广阔的空间。语音识别技术、文字识别技术、语音合成技术、手写识别技术和自然语言处理技术日益成熟，对国际中文教育教学的影响不断扩大，而深度学习技术和虚拟现实技术在国际中文教育教学中尚未得到广泛推广和应用，亟待从初步探索阶段进入实质应用阶段。为适应"后疫情时代"国际中文教育发展的新趋势，新技术与国际中文教育亟待全方位深度融合，以发挥新技术的价值和作用，提升国际中文教育品质。

---

① 车智佳，俞显.教育大数据背景下智能测评研究的现实审视与发展趋向 [J].中国远程教育，2018（05）：55-62.
② 习近平在2018年两院院士大会上发表的重要讲话。
③ 李宇明在"信息化与国际中文教育"讲座中提出的内容。

第五部分　国别篇

第一节　阿联酋中文教学资源

阿联酋中文教育发展起步较晚，但近几年发展较快。2019 年中国孔子学院总部与阿联酋教育部共同签署了《关于将汉语纳入阿拉伯联合酋长国中小学教育体系的谅解备忘录》。双方在遴选中文教师、选派中文专家、合作编制中文教学大纲及系列教材、研发中文能力测试试题、建立公立学校学生中文学习中心等方面深度合作。[1]2020—2021 学年度，阿联酋中文教学项目已在 118 所公立学校开设中文课程，在岗中文教师达到 210 名，中文学习人数达到 31629 人[2]，中文已正式进入阿联酋国民教育体系。阿联酋政府主动接纳中文教育，积极与中方合作制定课程框架与评估指南、编写中文教材、开展中文教学活动，自上而下地推动中文纳入国民教育体系，有利于阿联酋中文教育又快又稳地高质量发展。

一、影响教学资源建设的课程框架与评估指南

《阿拉伯联合酋长国全国中小学中文课程框架（2020）》（以下简称《框架》）适用于阿联酋公立学校幼儿园阶段（KG 1-KG 2）、小学阶段（Grade 1-4）、初中阶段（Grade 5-8）、高中阶段（Grade 9-12）中文零起点学习者，强调培养学生的语言技能和文化理解力，使学生能够在日常生活、学习和工作中有效使用中文进行交际活动。《框架》10 个级别对标 HSK 和《欧洲共同语言参考框架》（*Common European Framework of Reference for Languages*，简称 CEFR）。（表 5-1）《框架》提出了各个

---

[1] 孔子学院 . 孔子学院总部与阿联酋教育部签订《关于将汉语纳入阿联酋中小学教育体系谅解备忘录》[EB/OL].
https://www.sohu.com/a/328595814_100150488，2019-07-22.

[2] 兰晓明 . "阿联酋国情与阿联酋中文教育"主题讲座，上海：华东师范大学国际汉语教师研修基地，2021-04-30.

级别听说读写四项语言技能的"能做"描述，附有功能意念表（包含社会交往、态度、情感、时间、空间、存在、特征、计量、比较、逻辑关系 10 大功能及 62 项子功能）、语法分布表（包含名词、数词、量词、代词、形容词、动词、副词、介词、助词、补语、句型、特殊句型、句类、复合句 14 个语法项目）和话题建议表（包含人与自我、人与社会、人与自然三大主题和若干话题）。

表 5–1 《框架》级别与 HSK、CEFR 的对应关系

级别	HSK	CEFR	K–12 课程	G7–12 课程	G9–12 课程
级别 9	HSK 4.3	B 2.3	年级 12		
级别 8	HSK 4.2	B 2.2	年级 11		
级别 7	HSK 4.1	B 2.1	年级 10		
级别 6	HSK 3.3	B 1.3	年级 9	年级 12	
级别 5	HSK 3.2	B 1.2	年级 8	年级 11	
级别 4	HSK 3.1	B 1.1	年级 7	年级 10	年级 12
级别 3	HSK 2.2	A 2.2	年级 6 年级 5	年级 9	年级 11
级别 2	HSK 2.1	A 2.1	年级 4 年级 3	年级 8	年级 10
级别 1	HSK 1	A 1	年级 2 年级 1	年级 7	年级 9
级别 0	–	–	KG 2 KG 1		

注：（1）HSK 2.1—4.3 并非 HSK 的官方水平，分别等同于 HSK 2 级、3 级和 4 级。
（2）A 2.1—2.2 和 B 1.1—2.3 并非 CEFR 的官方水平，分别等同于 A2、B1 和 B2。

《框架》是在阿联酋国民教育体系中开展中文教学的基础，教材的编写与使用、中文课程的设置、教学活动的实施等诸多方面均以《框架》为规范。《中文教学评估指南（2019—2020）》（以下简称《指南》）在《框架》指导下侧重于对学生进行整个学期的持续评估，《指南》对评估办法、评分标准做了明确且详细的要求。（表 5-2）

表 5-2 《指南》中的评估办法

评估办法	内容	占比
建立档案袋	作业（20%）	50%
	项目报告（20%）	
	参与度（10%）	
口语测试	/	20%
随堂测试	听	30%
	读	
	写（后期阶段）	

二、阿联酋中文教学资源发展现状

（一）基础教育阶段中文教学资源本土研发与中国引进并存

1. 中文纳入国民教育体系促使本土中文教材诞生

在中文纳入阿联酋国民教育体系之前，阿联酋几乎没有本土中文教材，主要选用的是中国出版的通用型国际中文教材。例如，阿布扎比中文学校使用《轻松学中文》系列教材。山东友谊出版社出版的"尼山书系"之"天天读中文"丛书（30 册）于 2018 年被阿联酋库坦出版社引进，成为首套由阿联酋本土出版社引进出版并列入阿联酋教育部教材的国际中文教材。[①]

随着中文纳入阿联酋国民教育体系，首套阿联酋本土中文教材《跨越丝路》（عبر طريق الحرير）、首套中阿双语中国社会与文化教材《探索中国》应运而生。[②]《跨越丝路》为阿语注释，共 18 册，涵盖 6 个等级，对应初中和高中 7—12 年级共 6 个等级；每个等级 3 本书，对应每学年的 3 个学期。目前该系列教材 1—6 册已完成编写并以电子版形式投入使用。该教材使用系统的学习方法，强调听、说、读、写技

① 山东友谊出版社.沙迦速递：以书为媒，中阿人文交流开辟新领域|"天天读中文"列入阿联酋教育部汉语教材并新书发布 [EB/OL]. http://www.sdyouyi.com.cn/control/tab_news_detail?curTab=3&articleId=10513，2018-11-02.
② 中国日报网.中文之花在沙漠盛开——阿联酋中文教学项目取得丰硕成果 [EB/OL]. https://cn.chinadaily.com.cn/a/202012/22/WS5fe1977ba3101e7ce9736b45.html，2020-12-22.

能的全面发展。此外，语合中心提供了 3 套阿语版中文教材——《汉语乐园》《快乐汉语》《跟我学汉语》，一些幼儿园和小学使用《轻松学中文（少儿版）》开展教学，也有学校根据《框架》自行制定教学内容。

2. 国际学校依据国际文凭认定考试选用中文教学资源

IB 制国际中小学中开设中文课程的有 8 所，其中开设 IBDP 中文 A 课程的有：迪拜国际学院、阿联酋国际学校卓美亚分校、GEMS 惠灵顿学院硅绿洲分校、格林菲尔德国际学校、迪拜美国学院、迪拜阿卜顿国际学校；开设 IBDP 中文 B 课程的有：迪拜诺德安达国际学校；开设 IBMYP 中文 S 课程的有：迪拜北伦敦联合学校。IBDP 即国际文凭组织大学预科课程，是针对 16—19 岁学生的课程；IBMYP 即国际文凭组织中学课程，是针对 11—16 岁学生的课程。语言类课程分第一、第二课程组，中文 A 课程是语言和文学，是中文作为母语或第一语言课程；中文 B 课程是第二语言习得，是中文作为第二语言课程。根据国际文凭组织制定的教学大纲，IBDP 中文 A 课程教学具体内容由《指定翻译文学作品目录》和《中文 A 指定作家名单》确定范围，这在一定程度上也决定了教学资源的选择。IBDP 对于中文 B 课程没有指定的教材，缺乏如《汉语水平考试大纲》这样对词汇、语法等做出明确等级要求的教学或考试大纲。迪拜诺德安达国际学校为学生提供 YCT、BCT、HSK 等各种中文课程，使用相应的考试教材。

（二）高等教育机构主要引进中国出版社出版的中文教学资源

由于中文目前并未全阶段地纳入阿联酋国民教育体系，所以阿联酋基础教育和高等教育阶段的中文教育不连贯，中文教学资源的选用相关性不大。

迪拜大学、扎耶德大学、巴黎索邦大学、纽约大学阿布扎比分校等相继开设了中文选修课。其中，扎耶德大学中文选修课使用的教材以《HSK 标准教程》为主。

迪拜大学孔子学院本部全年接纳学生，一年两个学期，开设"长城汉语"分级课程 1—6 级；"商务汉语"分级课程 1—4 级，使用《新概念汉语》和《体验汉语》系列教材。迪拜大学孔子学院与迪拜警察学院、迪拜移民局等部门合作，对相关职员进行中文培训；与迪拜经济部合作开设"迪拜经济部专门汉语课程"，采用自编教材（试用版）。同时，迪拜大学孔子学院与其他学校签约，开设中文课程：与巴黎索邦大学阿布扎比分校合作开设中文选修课，两个初级班，每班 15 人，每班每周 2 课时，使用《体验汉语》系列教材；与迪拜法国国际学校合作，从 7 年级至 12 年级开设中文学分课，每个年级每周 2—3 课时，使用 CEFR《你说呀！》系列教材。

扎耶德大学孔子学院的教学工作主要集中在 5 个校区：扎耶德大学阿布扎比校区（非学分选修课）、扎耶德大学迪拜新校区（非学分选修课）、阿布扎比布莱顿学校（正规选修课）、阿莱茵布莱顿学校（正规选修课）、阿布扎比石油学院（学分选修课）。扎耶德大学孔子学院使用教材如下：大学生为《体验汉语·生活篇》《体验汉语·文化篇》《汉语阅读教程·初级》；中小学生为《快乐儿童华语》《轻松学中文》《轻松学汉语》以及一些辅助材料。[①]另外，扎耶德大学孔子学院将 Quizlet、Quizizz、Kohort、Storybird、Plickers、Dictogloss 等软件和教育技术运用于中文课堂，探索并创新中文教学模式，收到了良好的教学效果。

（三）其他中文教学机构采用的中文教学资源主要与中国语文教学和中文考试对接

阿联酋拥有中国人在中东的最大社群。据不完全统计，阿联酋的中文培训机构在 2010 年后逐渐发展起来，有近 100 家，多集中在迪拜。其中大部分中文培训机构面向社会招生，既招收华侨华人子女，也招收本土中文学习者。中文培训机构除了提供中文课程外，还会根据市场需要开设外语班、兴趣班、技能班、托管班等。中文课程主要包括"母语课程"与"对外汉语课程"。其中"母语课程"主要使用中国国内中小学语文教材，"对外汉语课程"主要涉及各类中文考试辅导，如 HSK、YCT、BCT、HSKK，采用相应的标准教程。阿联酋部分中文培训机构中文课程设置与教学资源使用情况见表 5-3。

表 5-3　阿联酋部分中文培训机构中文课程设置与教学资源使用情况

机构名称及创办时间	中文课程	教学资源
快乐学汉语学校（2001 年）	3—6 岁 / 7—9 岁 / 10—12 岁 / 13—18 岁普通话、母语计划、普通话 ASA 计划、成人普通话、企业培训	《轻松学中文》《新实用汉语课本》和 HSK 系列教材

---

① 北京外国语大学孔子学院工作处. 阿联酋扎耶德大学孔子学院 [EB/OL]. https://oci.bfsu.edu.cn/info/1199/6152.htm，2016-12-15.

机构名称及创办时间	中文课程	教学资源
迪拜华语学院 （2007年）	少儿中文课程	根据 YCT1—4、HSK1—4 分等级授课
	精通中文课程	依据 HSK 分等级授课
	商务中文课程	以 BCT 为教学大纲授课
	交际中文课程	依据 HSKK 分等级授课
你好语言学校 （2012年）	幼小衔接课程	《父师教育》《游艺三字经》《儿歌诵读》《巧妙识字》《趣味拼音》《习惯养成》
	小学语文课程	人教版小学语文教材
	对外汉语课程	《HSK 标准教程》《YCT 标准教程》
	在线中文课程	联合 Lingo Bus 为 5—12 岁儿童提供在线中文教育
迪拜阳光语言教育学院 （2012年）	成人中文培训	/
	小学生中文课程	人教版小学语文教材
	幼儿中文课程	语合中心通用教材
长城书院 （2016年）	"亲近母语"系列课程：幼儿中文启蒙课、小学各年级中文课、高年级 IB 中文素养课	以人教版小学语文教材为主，以北京师范大学《国学》知识为辅
	"对外汉语"系列课程：少儿对外汉语、成人对外汉语、商务汉语、企业培训、HSK 和 YCT 辅导	/
中慧迪拜 （2016年）	母语中文课程	人教版语文教材及配套练习册
	普通话课程	《HSK 标准教程》《YCT 标准教程》《BCT 标准教程》《小学华文》《汉语 A+》
迪拜汉学中心 （2016年）	母语中文课程	人教版语文教材
华夏启睿 （2018年）	母语中文课程	人教版、苏教版语文教材
侨星培训学校 （2018年）	少儿汉语教学（母语层次）、人教版语文同步课程、中国近现代史	人教版语文教材

　　为贯彻习近平总书记"教育走出去"的重要讲话精神，结合阿联酋教育体制国际化的特色，2020 年 9 月 1 日，迪拜中国学校正式开学。这是第一所海外基础教育中国国际学校。迪拜中国学校在课程设置上以中国中小学全日制课程为主，兼顾迪拜地方课程（包含英语、阿语、公民与道德等）和部分国际课程。与中国教育体制接轨的课程使用中国人民教育出版社出版的部编版教材，语文、数学和科学课使用中文教学，综合学科如艺术、体育等使用英语教学。[①]

---

① 　迪拜人传媒 . 2020 迪拜中国国际学校招生指南 [EB/OL]. http://www.dubairen.com/67960.html，2020-03-24.

第二节 埃及中文教学资源

埃及是最早与中国建交的阿拉伯国家和非洲国家，两国在教育领域的交流可以追溯到 20 世纪 50 年代。1954 年，中国向埃及派出第一位中文教师，拉开了埃及中文教学的序幕。① 1956 年开罗高等语言学院开设中文班，1958 年正式成立中文专业，该语言学院因院系调整于 1973 年并入艾因·夏姆斯大学。1977 年，艾因·夏姆斯大学正式开设中文系。为深入开展语言教学科研活动，艾因·夏姆斯大学中文系于 1999 年、2005 年先后成立汉学研究所和中国研究中心。1997 年，两国教育部签署相互承认学历、学位证书协议，为双方进一步发展国际教育交流与合作提供了有利条件。②

目前，埃及已有埃及科技大学、明尼亚大学、亚历山大大学、曼苏尔大学等 16 所大学开设了中文系或者中文课程，在校注册学生近 3000 人。埃及高等学历中文教育呈现出稳健发展之势，现有 2 所孔子学院、3 所孔子课堂及 1 个中国文化中心，孔院学习人数 5 万人，中文教育事业呈现出"五系二院一个中心"的格局。③ 埃及业已成为非洲和中东地区中文教学历史最悠久、规模最大、教学层次最完善、颁发学历最高的国家之一。④ 2020 年中文教学进入埃及国民教育体系，未来将覆盖埃及约 1200 万中小学生。⑤ 埃及中文教育已进入从官方到民间、从学历到非学历、从高等教育到基础教育的新发展阶段。

----

① 徐丽华，郑崧.非洲汉语推广的现状、问题及应对策略 [J].西亚非洲，2011（03）：42-46+80.
② 中国学位与研究生教育信息网.中国签订的国家（地区）间相互承认学位、学历和文凭的双边协议清单 [EB/OL]. http://www.cdgdc.edu.cn/xwyyjsjyxx/dwjl/xwhr/276318.shtml.
③ 栗君华.埃及和西亚国家汉语教学研究 [M].北京：中国社会科学出版社，2017.
④ 徐丽华，郑崧.非洲汉语推广的现状、问题及应对策略 [J].西亚非洲，2011（03）：42-46+80.
⑤ 周辋.埃及将汉语教学纳入中小学教育体系 [EB/OL]. https://wap.peopleapp.com/article/5930350/5848544. 2020-09-08.

一、中文教材发展情况

总体来说，埃及本土中文教材数量少，亟待开发建设。目前该国使用的教材主要源自三个渠道：一是直接引进中国国内教材，二是编写本土教材，三是教师自编教材。

首先，直接引进中国研发的教材均为中国国内几大主要出版社出版的经典教材。引进的中文教材种类众多、普适性较强，但真正面向阿拉伯语为母语的中文学习者的教材较少，且教材引进和使用受到较大限制，难以及时进行更新，使用率较低。调查显示，埃及大学要求中文系教师在教学中尽可能少用中国教材，因此教师会根据教学需要组合教学内容，整个教材体系呈现出碎片化特点，影响了中文教学的整体性和系统性。

其次，埃及本土自主研发的中文教材主要是"艾因·夏姆斯大学语言学院中文系"系列教材。该套教材由埃及艾因·夏姆斯大学中文教师发起并编写，该校负责排版打印并出售给学生，主要包括文选课、语法教程、语音教程和听力会话教程等。[①] 由于艾因·夏姆斯大学中文系是埃及中文教学的主要阵地之一，因而埃及国内大多数高等院校都使用此套中文教材，使用范围较广。但由于该套教材并非由正规出版社刊印发售，因此存在较多问题，如内容未动态更新、知识点的编排未严格按照 HSK 考试大纲的难度系数进行分级处理、不同课型的教材之间未能有效关联等。

最后，教师自编教材在实际教学中使用最多，但教材内容东拼西凑，缺乏科学性和系统性，不利于学习者的长期学习。

（一）基础教育阶段的中文教材

埃及基础教育阶段的中文教学刚刚起步，暂未有正式的本土中文教材和工具书，整体上处于待开发状态。关于未来基础教育阶段中文教材的开发建设，中国接力出版社埃及分社等计划与埃及本土合作伙伴策划出版幼儿园教材、手工游戏益智类玩具书，启动为阿拉伯语市场定制幼儿园教材的出版计划。

---

① 邓时忠．埃及艾因夏姆斯大学语言学院中文系汉语教学现状及发展策略 [J]．国外汉语教学动态，2004（03）：42-47.

（二）高等教育阶段的中文教材

得益于埃及文学作品互译和汉学研究传统，高等教育阶段的中文教材发展相对较好。目前埃及中文教学中常用的教材大多是中国国内编写的教材，现有资源大都从中方视角进行编写，少有从埃及基本国情、文化习俗和学习特点等方面编写的专门教材，教材资源缺乏针对性，本土化和国别化教材亟待开发。（表5-4）

表 5-4 埃及高等教育阶段常用纸质中文教学资源

类别	中国		埃及
教材	北京语言大学出版社	《HSK 标准教程》 《发展汉语》 《汉语纵横》 《汉语听力速成》 《汉语口语速成》 《新实用汉语课本》 《新目标汉语口语课本》 《长城汉语》	"艾因·夏姆斯大学语言学院中文系"系列教材
	北京大学出版社	《博雅汉语》 《中级汉语口语》	
	人民教育出版社	《快乐汉语》 《跟我学汉语》	
	华语教学出版社	《阶梯汉语》 《当代中文》	
	高等教育出版社	《体验汉语》	
读物	孔子学院院刊		/
	阿拉伯语译本的文学作品，如中国古典四大名著《水浒传》《三国演义》《西游记》《红楼梦》，以及曹禺《雷雨》、老舍《茶馆》、张洁《爱，是不能忘记的》		
工具书	《现代汉语词典》（第7版）、《对外汉语教学语法释疑201例》		/

二、中文教学数字资源发展情况

（一）基础教育阶段数字化中文教学资源有待开发

目前埃及国内使用较多的是国外的教育平台，以 LingoAce、Speaking Duck 和 Edmodo 为主（表 5-5），本土暂时未有数字化教学资源的直接研发成果。

表 5–5　埃及引入的在线中文教育平台

平台名称	LingoAce	Speaking Duck	Edmodo
成立时间	2016 年	2019 年	2008 年
总部位置	新加坡	新加坡	美国
教学对象	4—15 岁海外青少年	4—12 岁少儿学习者	4 岁以上学习者
教学模式	一对一教学 一对四小班教学 一对六小班教学	一对一教学	交流辅导
授课方式	在线直播	在线直播	资源共享
主要教学法	鼓励式教学法 游戏教学法	游戏教学法	无
平台用户	教师＋学习者	教师＋学习者	教师＋学习者＋父母
有无教师端	有	有	有
有无在线教师	有	有	有
有无教学管理	有	有	有
是否为营利性质平台	是	是	否

部分少年儿童通过 LingoAce 和 Speaking Duck 两个教育平台学习中文。疫情期间，LingoAce 还为全球儿童提供免费的公益课程，包括拼音、写作、历史文化、成语故事等，为全球中文作为第二语言的学习者提供了专业的教学服务。

2020 年 3 月，疫情席卷全球之际，网龙网络公司旗下的在线教育社区 Edmodo 被埃及教育部正式选定为埃及 K-12 教育系统的指定远程学习平台。埃及教育部决定把 Edmodo 推广至全国 2200 多万学生和 100 多万教师，为师生在疫情停课期间提供远程学习支持，并为疫情后的教学提供长期服务，以提高教育质量。Edmodo 为埃及提供了本地化的阿拉伯语版本，不同身份的用户都可在平台上找到属于自己的功能体验。Edmodo 还与教育出版社合作，为平台提供教学内容；同时与世界最大数字图书馆之一的埃及知识库合作，为师生引入大量包括学术期刊和其他独家教育资源在内的互动内容。

（二）高等教育阶段数字化中文教学资源建设滞缓

目前供埃及中文学习者选用的数字化中文教学资源种类较多，涵盖教学平台、学习网站、学习 APP 以及电子图书平台，也有大量的学习者通过微信等社交软件辅助中文学习，其中 Pleco 汉语词典、trainchinese 和百度翻译是埃及中文学习者使用率最高的移动学习软件。目前尚未开发针对埃及中文教学的慕课和微课。数字化教学资源和辅助学习资源中，仅有智慧宫翻译、智慧宫文库以及 that's books 阿语平台为中阿合作开发建设，几乎没有本土开发的数字化教学资源。（表 5-6）

表 5-6　埃及高等教育阶段常用数字化中文教学资源[①]

类型	名称	主要内容	备注
教学平台	ChineseRd（中文路）	在线职业中文教育，纯母语教师一对一在线授课，师生可实时互动	https://www.chineserd.com/开通移动客户端
	Edmodo	为 K-12 学校和教师提供一个交流、合作和辅导的平台，教师可以共享资源，分发测验和作业，并以安全的、富有意义的方式与学生、同事和家长连接	https://new.edmodo.com/开通移动客户端
	中文联盟	提供中文学习、中国文化等网络课程，共享语合中心精华资源，发布全球孔子学院的项目活动	https://www.chineseplus.net/开通移动客户端
	SuperTest（原 HSK Online）	提供智能化的 HSK 考级培训课程，同时提供中文培训、外语培训、跨文化交流培训和翻译服务	https://www.hskonline.com/开通移动客户端
	HelloChinese	针对初学者提供课程体系，将游戏化闯关机制融入"学、练、测"的整个学习过程	仅有移动客户端
	EasyChinese	基于国家汉办 YCT 考试标准，可供初学者高效便捷地学习中文	仅有移动客户端

---

① 本表数据以调研结果为主，"教学平台"部分是指在问卷调查中较多学习者提到的能够帮助中文学习的软件和平台。

续表

类型	名称	主要内容	备注
教学平台	ChineseSkill — Learn Chinese	包括 500 多节微课，训练听、说、读、写技能；汉语技能核心课程由专业对外汉语教师设计，包括 HSK3—4 级的语法和词汇；采用汉语语音自动评测、汉字笔迹和拼音动画等技术，帮助初学者系统地学习普通话，并迅速达到会话水平	仅有移动客户端
	汉字屋	提供汉字笔顺动画在线查询	https://www.hanzi5.com/
	Google Classroom	专门为 K-12 和高等教育领域的教师和学生开发，老师和学生可以在网上分享作业、课程、资源和其他信息	https://www.google-classroom.org/ 开通移动客户端
	iMandarinPod. com	每个播客介绍一个中国文化常识或当今中国发生的事情，同时解释词组、句子和语法点	http://www.imandarinpod.com/hoola/
数字图书馆	孔子学院数字图书馆	以青少年为核心用户，提供大量电子书、期刊、报纸、有声读物、图片、音乐、视频等数字资源，覆盖语言、文化等多个领域，全面介绍当代中国社会和文化	http://elibrary.chinesecio.com/
	智慧宫文库	以搭建文化交流平台为主，文化图书以政治、文化、经济、人物传记等类别为基础，整合国内外出版行业资源，涉及治国理政、社会主义思想理论体系、古代经典文学、当代文学、儿童图书、经济人物、教材、"美丽系列"介绍等近百余类	http://www.wisdompalace.net/m/view.php?aid=620 （中阿合作）
	that's books 阿语平台	面向全球阿语受众的跨境数字阅读与文化信息服务平台	https://onchina.thatsbooks.com/ 开通移动客户端 （中阿合作）
字典词典	Pleco 汉语词典 （汉英—英汉）	母语非中文的学习者使用的中文词典，可用于中英翻译，能查到准确深微的中文释义，还可添加粤语词典、德法西意语词典，以及多种专业词汇语库，如佛教中英词汇、中国茶文化中英词汇等	仅有移动客户端
	瀚评汉英词典	适合外国人学习中文使用，能由英文或中文查询中文意思，且介绍详细，能提供汉语拼音、英文释义等信息	仅有移动客户端

类型	名称	主要内容	备注
字典词典	LINE Dictionary	提供中文查询和翻译服务	https://dict.naver.com/linedict/zhendict/#/cnen/home 开通移动客户端
	trainchinese	在中文字典中创建单词列表，包括简体中文或繁体中文的例句和录音	https://www.trainchinese.com/v2/index.php 开通移动客户端
	百度翻译	支持全球 200 多种语言互译	https://fanyi.baidu.com/ 开通移动客户端
	智慧宫翻译	面向全球推出的中文与阿拉伯语词典、互译、学习软件，包含阿拉伯语学习、阿汉单词查询、语音识别及朗读等功能	http://zhgfanyi.com/dict/ar-zh 开通移动客户端（中阿合作）

　　目前埃及对现代教育技术应用于中文教学的开发建设尚处于起步阶段。常用的教学平台、学习网站和 APP 等均为国外引入，没有针对埃及本土的数字化教学资源。随着"一带一路"倡议的实施，中埃双方开始尝试合作创建数字化资源共享平台，如"智慧宫文库""that's books 多文版中国数字内容运营平台"，埃及的中文教育开始向大数据时代靠拢。整体而言，埃及数字化中文教学资源的开发建设较为滞缓，现有资源利用率较低，双方合作开发有国别特色的中文教学资源刻不容缓。

第三节　澳大利亚中文教学资源

澳大利亚是一个以多民族移民为主的多元文化国家，有 250 多种口头语言，英语是使用人数最多的语言（72.7% 的人只说英语）。2011 年以来，中文成为仅次于英语的第二大语言。[①] 1989 年 4 月，澳大利亚联邦政府发布《全国学校教育目标》（*Common and Agreed National Goals for Schooling in Australia*），明确要求澳大利亚中小学开设除英语以外的其他语言，中文开始进入澳大利亚国民教育体系。

21 世纪以来，从幼儿园到大学，从国民教育体系到社区语言学校，澳大利亚中文教育得到了快速发展。《培养澳大利亚人中文技能》（*Building Chinese Language Capacity in Australia*）显示，全澳开设中文课程的中小学达到 1030 所，学习中文的中小学生达 172878 人，占全国学生总数的 4.7%。[②] 开设中文课程的高校达到 34 所，覆盖澳大利亚各州（领地、地区），其中 22 所分布在新南威尔士州、维多利亚州和昆士兰州。

一、中文教材发展情况

澳大利亚使用的中文教材分为四类情况。

第一类：使用中国出版的中文教材作为学生用书，例如《轻松学汉语》《新实用汉语课本》《长城汉语》《中文》《标准中文》等。这类教材多出现在私立学校或有中国大陆移民背景的语言学校。中国台湾地区出版的《儿童华语》《初中华文》《高中

[①]　Greater Sydney: Language spoken at home [EB/OL]. https://profile.id.com.au/australia/language? WebID=250.

[②]　ORTON J. Building Chinese Language Capacity in Australia [M]. Ultimo NSW: Australia-China Relations Institute (ACRI)，2016.

华文》等教材主要在有台湾移民背景的学校使用。

第二类：使用澳大利亚本土出版的中文教材，例如《你好》（ *Ni Hao* ）、《我的母语》（ *My Mother Tongue* ）、《中国语言、文化与社会》（ *Senior Chinese Course*: *Chinese Language, Culture and Society* ）、《攀登》（ *Step Up to AP: Chinese Language, Culture, and Society* ）。这类教材多用于 11—12 年级学生的中文课程，本土教材更符合澳大利亚学校的实际情况，也更加适应所在州、领地的教学大纲和考试要求。

第三类：使用其他国家的教材，例如美国的《马立平中文教材》、中美合作开发的《成长》（ *Step Up with Chinese* ）等。这类教材是为非中文国家的中文学习者编写的，其教学内容也适合澳大利亚的中文学习者，因此有些学校也会采用此类教材。

第四类：不使用指定教材，教师根据已出版的教材和网络教学资源，自行编写教学材料，该方法多用于小学、初中以兴趣为主的中文教学。澳大利亚中小学的中文课程多没有指定的教材，教师往往根据教学大纲自己准备教学内容，长期积累形成了一套自编教材（多数并未出版发行）。因此，使用自编教材的情况在澳大利亚的中小学最为普遍。有学者指出："澳大利亚大中小学汉语教材的作者群体也由大学专家教授为主转变为一线资深中文教师参与教材编写。因此，教材的适用性和针对性更高了。教材的内容也从注重中文本体知识转为结合澳大利亚本土知识。"[①]

表 5-7 列出了澳大利亚常用的中文教材。《你好》是在澳大利亚影响力较大的本土教材，有繁体字和简体字两种版本，1991 年至今多次再版，是很多一线中文教师的首选教材。《马立平中文教材》是马立平博士面向华裔青少年研究开发的中文教材。这套教材抓住了中文和继承语的特点，以简洁明了的方法引导学习者学习大量文化内涵丰富的中文材料，注重中文学习与当地生活的衔接。《我的母语》是面向母语为中文的非中国高中生的中文教材，内容包括教育、家庭变迁、商业经济、女性、环境、北京奥运等 10 章，大部分课文配有适当广度和深度的课堂活动和话题讨论题目。《成长》是由美国北弗吉尼亚社区学院和北京语言大学的中文教育专家合作开发、适合中学生使用的中文教材。教材以美国外语教学的 5C 原则为纲，结合生活情境和真实语料，注重人际沟通三种模式的训练。《中国语言、文化与社会》是一套针对澳大利亚维多利亚州教育证书（VCE）课程所编写的中文教材，内容主要围绕中国文

---

① 李复新.澳大利亚汉语教学与教材的现状与展望 [C].世界汉语教学学会、孔子学院总部.第十二届国际汉语教学研讨会论文选.世界汉语教学学会、孔子学院总部：世界汉语教学学会，2015：7.

化和社会展开。《攀登》是一套针对美国 AP 中国语言和文化课程及考试编写的中级中文教材，课本以两名美国高中生的故事为主轴，由高中生的视角切入，增强了教材的亲切感与感染力。

表 5-7 澳大利亚常用中文教材

序号	教材名称	出版年	出版机构	编者	使用对象
1	《你好》	1991	ChinaSoft	Shumang Fredlein（林淑满）、Paul Fredlein	高中
2	《马立平中文教材》	1994	斯坦福中文学校	马立平	华裔儿童
3	《我的母语》	2005	汤姆森学习出版集团（Thomson Learning）	Wei Ha（哈伟）、Jixing Xu（徐继兴）	高中
4	《成长》（澳大利亚版）（第 1 版）	2015	圣智学习出版公司（CENGAGE Learning）	Lucy Chu Lee、Chen Lixia	高中
5	《中国语言、文化与社会》	2018	圣智学习出版公司（CENGAGE Learning）	Jixing Xu（徐继兴）、Wei Ha（哈伟）	高中
6	《攀登》	2019	圣智学习出版公司（CENGAGE Learning）	Carol Chen-Lin（陈少元）、Dali Tan（谭大立）	高中

二、数字化教学资源发展情况

澳大利亚自 21 世纪初就认识到了数字教学资源的优势与意义。"2001 年，在澳大利亚教育部学习联盟的倡议下，国家数字学习资源网站成立（The National Digital Resources Network），国家数字资源、基础设施和标准得到共同发展。"[①] 澳大利亚十分重视数字教学资源的建设，在联邦政府的倡导下，2010 年建设了国家基础教学资源数字库 SCOOTLE，2015 年专门针对学龄前儿童的第二语言学习建成了 ELLA 教学服务平台。

---

① 吴迪，余亮．澳大利亚数字教育资源库建设的特色与启示——以 SCOOTLE 为例 [J]．现代远距离教育，2016（01）：74-80．

1. SCOOTLE

SCOOTLE 是澳大利亚国家基础教学资源数字库，建于 2010 年，由澳大利亚教育服务机构（Education Services Australia，ESA）开发、管理和维护。该数据库由国家规划，根据全国统一的教学标准建设，充分保证教学资源的标准性，并面向学前到 12 年级的教师和学生免费开放，为用户提供超过 2 万种与澳大利亚课程相匹配的数字资源。SCOOTLE 为教师和学生提供标准化、规范化教学资源，比如同一幅图片或一段视频，教师可作为备课的素材加入到教师教学的演示文稿中用于教学，而学生则以课程学习包的形式进行自主学习，实现了教与学的无缝转换。

该数据库包含了图片、音频、视频形式的中文语言文化教学资源，根据澳大利亚语言课程的情况分为第二语言学习者、背景语言学习者、母语学习者三类。2013 年，SCOOTLE 应用程序投入使用。

2. ELLA

2015 年，澳大利亚联邦政府为提高年轻人的国际竞争力，承诺提供 980 万澳元资助早教或幼儿园项目中的儿童网络语言教学试点服务，并开发了 35 个外语学习 APP，其中与中文相关的有 7 个，旨在支持学龄前儿童的语言学习、培养多元文化的兴趣。投入使用以来，已有 4000 所学前班和超过 23.1 万名儿童参加了 ELLA 计划。[1] 斯威本科技大学评估 ELLA 应用程序的报告指出，通过眼动测试发现，经过两周的学习，孩子在使用 ELLA 应用之后对他们的答案变得更加自信。[2]

ELLA 是平板电脑设备上的一个交互式应用程序，由语言、幼儿及技术专家共同开发，主要通过游戏的方式发展儿童对一门语言的认知。该应用不要求教学人员具有该语言的先前知识经验，主要通过 APP 中色彩丰富的游戏（如角色扮演、烹饪、建筑等 7 个场景）吸引儿童的兴趣，向儿童介绍对应语言的词语、句子或者歌曲等，以达到语言教学的目的。ELLA 采用共同学习的方法，激发儿童对新语言和新文化的真正兴趣。由于澳大利亚政府建议，2—5 岁儿童的电子设备放映时间为每天不超过 1 小时，因此一般课程中每周最多使用 ELLA 应用程序 40 分钟。

[1] Early Learning Languages Australia，https://www.ella.edu.au/.

[2] Swinburne University of Technology. Evaluation of the Early Learning Languages Australia apps: Final report to the Australian Government Department of Education and Training [EB/OL]. https://www.dese.gov.au/early-learning-languages-australia/resources/evaluation-early-learning-languages-australia-apps-final-report-australian-government-department，2017-09-03.

3. 中文学习 APP

在"七麦数据"中，将国别设置为"澳大利亚"，系统设置为"iOS"时，七麦数据直接连接 iOS 操作系统澳大利亚市场 APP 的后台；再以"Chinese""Mandarin""Learning Chinese""中文""汉语""普通话"等相关词语为关键词进行搜索时（搜索时间为 2020 年 11 月 1 日），排名均在前 50 名的 20 个 APP 应用见表 5-8。

表 5–8　澳大利亚中文学习常用 APP 情况 ①

排名	应用名称	图标	总榜排名	分类榜排名
1	HelloChinese – Learn Chinese		应用（免费）	561 教育（免费）
2	ChineseSkill – Learn Chinese		应用（免费）	373 教育（免费）
3	Chineasy：Learn Chinese easily		应用（免费）	329 教育（免费）
4	Duolingo – Language Lessons		222 应用（免费）	2 教育（免费）
5	Pleco Chinese Dictionary		应用（免费）	94 参考资料（免费）
6	Du Chinese – Mandarin Study		应用（免费）	949 教育（免费）
7	Learn Chinese AI – Super Chinese		应用（免费）	904 教育（免费）
8	Learn Chinese – Mandarin		应用（免费）	教育（免费）
9	Learn Chinese – Mandarin Phrasebook for Travel in China		应用（免费）	1240 旅游（免费）
10	TCB – Read and Learn Chinese		应用（免费）	教育（免费）

① "总榜"指对所有 APP 进行排名的榜单，"分类榜"指仅对此类别（如教育、旅游等）APP 进行排名的榜单。

排名	应用名称	图标	总榜排名	分类榜排名
11	Kids YAY – Learn Chinese		应用（免费）	教育（免费）
12	Learn Chinese Offline – Topic		应用（免费）	教育（免费）
13	Learn Chinese Easily		应用（免费）	教育（免费）
14	FluentU – Learn languages		应用（免费）	289 教育（免费）
15	Busuu：Language Learning		应用（免费）	172 教育（免费）
16	Mandarin Chinese by Nemo		应用（免费）	592 旅游（免费）
17	Chinese Writer by trainchinese		游戏（免费）	休闲（免费）
18	Write Chinese：Learn Mandarin		应用（免费）	教育（免费）
19	Fun Chinese by Studycat		应用（免费）	教育（免费）
20	M Mandarin–漫中文–Learn Chinese		应用（免费）	教育（免费）

第四节　巴西中文教学资源

　　进入 21 世纪，随着中国综合国力的提升，中巴经济互利互惠需求增加，中文教学在巴西社会日益受到重视，但整体上基础薄弱。2014 年 9 月，河北师范大学与巴西里约热内卢州教育厅共同创办的里约州立葡中双语学校在里约州尼泰罗伊市正式揭牌。① 2019 年，里约中国国际学校正式招生，这是南美洲第一所在基础教育阶段采用沉浸式中文教育和中国教学课程大纲的国际学校。据不完全统计，目前巴西的中文教学机构已有 52 所（含 11 所孔子学院和 3 所孔子课堂）。

一、外语教育政策及其对中文教育的影响

（一）基础教育阶段中文教学十分薄弱

　　1996 年 12 月，巴西颁布《国家教育方针和基础法》（又称《9394 号法律》），规定从 5 年级（对应中国的小学 5 年级）开始，应当包含至少一门现代外语的学习。自 1998 年起，巴西教育部向全国推行中等教育全国考试（Exame Nacional do Ensino Médio，简称 ENEM），在外语考试科目中，考生可以在英语和西班牙语中任选其一。2017 年，巴西实施高中教育改革，课程设置以《国家共同课程基础》（*Base Nacional Comum Curricular*，简称 BNCC）为蓝本。文件规定，从小学 6 年级开始，学校必须提供英语课程；如果社区有余力，也可提供第二外语教学。但由于南美洲其他国家通用语言基本上是西班牙语，因此建议第二外语为西班牙语。近年来，随着中巴两国合作的需要以及中国国际地位的提升，中文课程也逐渐走进巴西的中小

---

① 　河北师范大学 . 我校在巴西的首所葡中双语高中挂牌 [EB/OL]. http://www.hebtu.edu.cn/a/2014/09/25/2014092514 3811.html，2014-09-25.

学课堂。在里约州立葡中双语学校，中文不再以选修课或语言培训课的形式出现，而是以常规课程的形式出现在课堂中。入校学生必须学习中文，考试合格方可毕业。但从全国来看，巴西基础教育阶段开设中文课程的学校非常少。在这一阶段选学中文的学生一般是华人后裔，少数出身社会中上层家庭的巴西子女较早意识到外语乃至中文学习可能带来的机遇，并有条件参加课内外的中文辅导，才会开始中文学习。此外，由于政府未把中文作为外语考试科目，中小学生及其家长在升学、就业等现实压力下多会放弃中文，转向西班牙语、英语的学习，中文水平学到中高级阶段的寥寥无几。

（二）高等教育阶段仅有本科层次的中文专业

在高等教育阶段，巴西没有专门的外语院校，但多数大专院校都开设外语课程。由于本土中文人才匮乏，华人子女中文水平有限，巴西的中文专业仅限于本科，缺乏研究生阶段高层次专业人才的培养。巴西的本科学生不需要参加外语课程考试也能顺利完成学业，获得学历和学位。因此，很多以就业为目的的学生大学期间并不修学外语课程，有外语学习意愿的学生可以根据自己的兴趣选择在各大专院校下属院系设立的"语言中心"学习相应的语言课程。例如，巴西南部巴拉那联邦大学的"语言与跨文化中心"是巴西高校"语言中心"中教授语种最多的机构，教授德语、阿拉伯语、中文、西班牙语、世界语、法语等 20 种语言。[①]

二、中文教学资源发展现状

（一）华文教材

巴西中文作为第二语言的教学规模有限，中文教育主要面向华裔学生，常用教材见表 5-9。

---

① 叶志良.巴西学校外语教学的特点及启示 [J].解放军外国语学院学报，2014，37（05）：17-22.

表 5-9　巴西常用华文教材 [①]

出版地区	教材名称	出版社	册数	语言	字形	编者
中国大陆	《语言》（幼儿园教育活动幼儿用书）	人民教育出版社	2	中文	简体	人民教育出版社幼儿教育室
	《语文》（幼儿园教育活动幼儿用书）	人民教育出版社	6	中文	简体	人民教育出版社幼儿教育室
	《阅读识字》	新蕾出版社	8	中文	简体	新蕾编写组
	《语文》	人民教育出版社	12	中文	简体	课程教材研究所
	《汉语拼音》	暨南大学出版社	1	中文	简体	北京华文学院
	《幼儿汉语》	暨南大学出版社	4	中文	简体	北京华文学院
	《汉语乐园》	北京语言大学出版社	6	中葡	简体	刘富华等
	《中文》	暨南大学出版社	12	中文	简体	暨南大学华文学院
	《当代中文》	华语教学出版社	4	中葡	简体	吴中伟
	《新实用汉语课本》	北京语言大学出版社	6	中英	简体	刘珣
中国台湾	《华语》	流传文化事业股份有限公司	12	中英	繁体	金荣华等
	《初中华文》	汉大印刷股份有限公司	6	中英	繁体	金荣华等
	《生活华语》	台湾语言文化社	12	中英	繁体	庄舒雯等
	GO! Chinese	Cengage Learning Asia Pte. Ltd.	8	中英	繁体	罗秋昭、薛意梅

　　近年来，中国大陆出版的中文教学资源逐渐丰富。人民教育出版社的《语文》和暨南大学出版社的《中文》主要用作华人子弟的小学教材；人民教育出版社的《语文》（幼儿园教育活动幼儿用书）和暨南大学出版社的《汉语拼音》则主要用作大陆华裔的幼儿阶段教材。中国台湾出版的中文教材中，《华语》多面向台湾华裔中文作为第一语言的学生，《生活华语》多面向台湾华裔中文作为第二语言的学生。需要指出的是，部分中国台湾出版的教材已经采用注音与拼音、繁体与简体并用的出

① 陈雯雯.巴西华文教育现状探析 [J].华文教学与研究，2015（02）：1-11.

版方式。此外，巴西华文教学也选用了诸如《汉语乐园》《新实用汉语课本》等中国大陆出版的中文作为第二语言的教材。

（二）孔子学院教材

孔子学院主要使用中国大陆出版的中文教材（表 5-10）。其中，《精英汉语》是2008 年出版的一套中国和巴西合编的中文作为第二语言学习系列教材，该套教材主要面向葡萄牙语国家，适用于巴西具有短期中文学习需求的成人学习者。此外，巴西孔子学院自主研发了部分本土中文教材，比如巴西利亚大学孔子学院研发的《娃娃学汉语教程（葡语版）》《旅游汉语（葡语版）》《精英汉语学习软件》《精英汉语100 字速成》、南大河州联邦大学孔子学院研发的《中国简史（葡文）》、圣保罗州立大学孔子学院出版的介绍日常简单汉语的小册子与《小世界、大家庭（光盘）》《中国皮影艺术展（光盘）》《论语（中葡语版）》《鱼玄机诗集》《唐诗精选》，以及里约热内卢天主教大学孔子学院的《中国文化入门》等。

表 5-10　巴西孔子学院常用中文教材

教材名称	出版社	语言	字形	编者	使用孔院	使用对象
《当代中文》	华语教学出版社	中葡	简体	吴中伟	圣保罗州立大学孔子学院、坎皮纳斯州立大学孔子学院、米纳斯吉拉斯联邦大学孔子学院等	初级成人学习者
《新实用汉语课本》	北京语言大学出版社	中英	简体	刘珣	圣保罗州立大学孔子学院、坎皮纳斯州立大学孔子学院等	成人学习者
《跟我学汉语》	人民教育出版社	中葡	简体	陈绂、朱志平等	圣保罗州立大学孔子学院、坎皮纳斯州立大学孔子学院等	中学学习者
《汉语口语速成·入门篇》	北京语言大学出版社	中英	简体	马箭飞	坎皮纳斯州立大学孔子学院	初级成人学习者
《HSK 标准教程》	北京语言大学出版社	中英	简体	姜丽萍	坎皮纳斯州立大学孔子学院	初学者、HSK 备考学习者
《精英汉语·基础篇》	河北教育出版社	中葡	简体	谭春健、梁彦民	圣保罗州立大学孔子学院、坎皮纳斯州立大学孔子学院	短期速成、成人学习者

　　中文教育尚未纳入巴西国民教育体系，直接导致当地缺乏统一的中文教学大纲和教材编写标准。中文教学资源较为薄弱，缺乏专门面向葡萄牙语为母语、适合巴西学习者的本土化教材，这也是制约巴西中文教育发展的主要因素之一。巴西中文教育主要面向华裔学习者，但越来越多的非华裔青少年开始对中文和中国文化产生兴趣。随着中国与巴西合作交流的不断深化，巴西中文教育及中文教学资源研发前景可期。

第五节　俄罗斯中文教学资源

俄罗斯中文教育历经 300 多年，在全球中文教育史中占有重要地位。截至 2019 年底，俄罗斯共有 180 多所高校开设中文课程，约占高校总数的 20%，6—8 万学生学习中文。[①] 全俄设有中文教研室的高校近 60 所，莫斯科国立大学亚非学院、莫斯科国立国际关系学院、圣彼得堡国立大学、远东联邦大学、俄罗斯人民友谊大学、赤塔国立大学、新西伯利亚国立大学、伊尔库茨克国立大学等都是中文教育与研究的重要阵地。此外，俄罗斯已在 34 个地区 40 余座城市的 168 所基础教育机构开设中文课程，在编中小学中文教师有 200 余人，学习中文的中小学生超过 1.7 万人，其中高年级学生 3000 余名，75 所普通教育机构的 1 万多名学生将中文作为必修课。首都莫斯科 1364 所普通教育机构中有 69 所开设中文课程，占学校总数的 5%。[②] 在中俄两国的共同努力下，目前俄罗斯已建立 19 所孔子学院、4 个孔子课堂，分布于该国多个地区。

一、外语教育政策对中文教学资源进入国民教育体系的影响

（一）外语教育政策为中文进入国民教育体系奠定了基础

外语教育政策是俄罗斯联邦国家教育政策的重要组成部分，俄罗斯的外语教育政策承认所有语言的重要性，并为国内双语和多语的发展创造了必要条件。[③]

---

① РИА Новости. Эксперт рассказал.сколько университетов преподают китайский язык в России[EB/OL]. https://ria.ru/20190926/1559154845.html，2019-09-26.

② Рособрнадзор рассказал о ЕГЭ по китайскому языку[EB/OL]. https://obrnadzor.gov.ru/news/rosobrnadzor-rasskazal-o-ege-po-kitajskomu-yazyku/，2018-09-19.

③ Осиянова О.М. Многоязычие как Определяющий Подход Языковой Политики в Современном Лингвистическом Образовании[J]. Вестник Оренбугского Государственного Университета，2005-1（39）：102-106.

俄罗斯先后颁布了《关于在普通教育机构中提供外语教学的函》（1994）、《关于在普通教育机构中学习外语的函》（2000）、《联邦普通教育国家标准》（2004）、《关于在普通教育体系中学习小语种的函》（2007）、《普通基础教育国家标准》（2010）、《关于普通基础教育阶段将第二外语作为必修课的函》（2018）、《关于学习第二外语的函》（2019）等文件。外语教育不断改革和完善，体现为：第一，明确外语教育的目的，即培养学生的外语交际能力；第二，将外语由选修课改为必修课；第三，第二外语由选择学习改为强制学习，规定普通教育阶段（5—9年级）强制学习第二外语；第四，外语语种日趋多样化，在英语、德语、法语和西班牙语之外增加了中文、波兰语、意大利语、芬兰语、土耳其语、阿拉伯语、韩语和日语等语言；第五，逐渐开展外语早期教育。

（二）国家统一考试和教学大纲推动中文教学资源进入国民教育体系

近年来，俄罗斯联邦教育与科学部致力于在除英语、德语、法语和西班牙语外其他外语平等的基础上建立相应的国家统一考试制度。2014年规定了国家统一考试中文科目考试的结构和内容；2015年在俄罗斯的一些地区进行了中文国家统一考试试点项目[①]；2019年4月，俄罗斯首次举办俄罗斯国家统一考试中文科目考试，中文成为可供考生选择的第五种语言，自此中文正式纳入俄罗斯国民教育体系。

根据《俄罗斯联邦普通基础教育国家标准》和《俄罗斯联邦普通中等教育国家标准》的要求，2017年，联邦普通教育教学法协会制定了《普通教育机构5—9年级中文作为第二外语教学示范大纲》《普通教育机构10—11年级中文作为第二外语基础阶段教学示范大纲》和《普通教育机构10—11年级中文作为第二外语深入学习阶段教学示范大纲》，大纲确定了中文课程的性质及地位，分别规定了中文课程的基本内容、价值取向、学习目标和任务、教学要求、专题规划、教学方法以及物质技术保障。此外，教学大纲还涉及与书法和成语相关的教学内容。

2017年，俄罗斯国立人文大学东方语言教研室主任 Рукодельникова М. Б. 等编写了《5—9年级中文作为第二外语教学大纲》并出版发行。该大纲规定《汉语》（*Китайский Язык*）作为普通教育机构5—9年级的中文教材，该套教材包括各

---

① С 2019 года в предметы егэ включат китайский язык[EB/OL]. https://ubppro.ru/ugolovnye-dela/__trashed-3821.html，2018-09-26.

年级的课本、教师用书、练习册、字帖、音频材料等 27 种。2018 年，俄罗斯高等经济学院东方学教研室教师 Сизова А. А. 根据中国人民教育出版社和俄罗斯教育出版社联合出版的《汉语》（*Китайский Язык*）系列教材编写了《5—9 年级中文作为第二外语教学大纲》。该大纲介绍了中文课程的目标、内容、预期成果以及主题规划等。两部中文教学大纲的制定与出版，规范了普通教育机构中文教材的使用，促进中文教学体系逐步走向学科化。

（三）中文教材纳入《俄罗斯联邦普通教育阶段推荐教材目录》

《俄罗斯联邦普通教育阶段推荐教材目录》是由俄罗斯联邦教育与科学部设立的教科书科学方法委员会推荐的教材目录，委员会从教材的科学性、教育性、社会性、民族文化与区域性、历史文化性五个方面做出客观公正的鉴定，每份鉴定至少由三名具有专业知识的专家出具。自 2018 年 12 月 28 日起，中文教材正式进入《俄罗斯联邦普通教育阶段推荐教材目录》（表 5-11），中文作为第二外语进入俄罗斯普通基础教育机构和普通中等教育机构必修课程体系，巩固了中文教育在俄罗斯的地位。

表 5-11 《俄罗斯联邦普通教育阶段推荐教材目录》中的中文教材

序号	教材名称	作者	使用年级	出版社
1	《汉语 5 年级》（*Китайский Язык 5 класс*）	Рукодельникова М. Б., Салазанова О. А., Ли Тао	五年级	Вентана-Граф 出版社
2	《汉语 6 年级》（*Китайский Язык 6 класс*）		六年级	
3	《汉语 7年级》（*Китайский Язык 7 класс*）	Рукодельникова М. Б., Салазанова О. А., Ли Тао	七年级	Вентана-Граф 出版社
4	《汉语 8 年级》（*Китайский Язык 8 класс*）		八年级	
5	《汉语 9 年级》（*Китайский Язык 9 класс*）		九年级	
6	《汉语 5》（*Китайский Язык 5*）	Сизова А. А., Чэнь Фу, Чжу Чжипин и др.	五年级	Просвещение 出版社
7	《汉语 6》（*Китайский Язык 6*）		六年级	
8	《汉语 7》（*Китайский Язык 7*）		七年级	
9	《汉语 8》（*Китайский Язык 8*）		八年级	
10	《汉语 9》（*Китайский Язык 9*）		九年级	

续表

序号	教材名称	作者	使用年级	出版社
11	《汉语　走遍中国 10》(*Китайский Язык Открывая Китай 10*)	Рахимбекова Л. Ш., Распертова С. Ю., Чечина Н. Ю., Дин Аньци	十年级	Русское слово-учебник 出版社
12	《汉语　走遍中国 11》(*Китайский Язык Открывая Китай 11*)		十一年级	

从 2015 年 9 月 1 日起，所有纳入《俄罗斯联邦普通教育阶段推荐教材目录》的教材均须配有相应的数字教材，数字教材不会取代纸质教科书，而是作为补充材料。[①] 数字教材包含基本的视听内容，具有人机交互功能，并且能够适配多种操作系统，能在移动设备上使用。同时，数字教材必须通过非商业机构、俄罗斯科学院和教育科学院的专业认证。[②]

二、中文教学资源发展情况

（一）本土中文教材建设情况

1. 著名汉学家为中文教材的快速发展奠定了基础

俄罗斯多位著名汉学家集汉学研究与中文教学于一身，为俄罗斯中文教育以及本土中文教材的快速发展奠定了基础。俄罗斯东正教驻北京传教团培养的第一位汉学家罗索欣编写的《用俄文字母标注的汉语发音》创造了俄国第一个汉俄译音方案[③]，成为用俄语记写汉字和满语词的最早规范[④]。

俄罗斯汉学奠基人比丘林编写的《汉文启蒙》于 1835 年出版，这部著作对俄罗斯汉学发展发挥了巨大的作用，它不仅是恰克图中文学校的教材，而且也是喀山大学和圣彼得堡大学东方系的教材[⑤]。比丘林还编写了《按俄文字母排列的汉语词典》

---

① Минобрнауки: электронные учебники поступят в школы с 1 сентября - РИА Новости [EB/OL]. https://ria.ru/20150326/1054571717.html，2015-03-26.
② 邵海昆. 俄罗斯中小学将自主选用电子版教材 [J]. 世界教育信息，2015，28（21）：77-78.
③ 阎国栋. 俄国汉学史（迄于 1917 年）[M]. 北京：人民出版社，2006：146.
④ 斯卡奇科夫. 俄罗斯汉学史 [M]. 柳若梅，译. 北京：社会科学文献出版社，2011：56.
⑤ 斯卡奇科夫. 俄罗斯汉学史 [M]. 柳若梅，译. 北京：社会科学文献出版社，2011：56.

《汉俄重音词典》《汉语语法基础》《汉俄字典俄文韵编》《简明汉俄字典俄文韵编》《满汉俄词典》《满汉俄分类词典》《蒙汉俄词典》《蒙汉俄钟表术语词典》《汉语拉丁语字典》《汉俄音韵合璧字典》和一部名为《三合语录》的会话词典等多部著作^①，为俄罗斯中文教育的发展奠定了坚实的基础。

19 世纪下半叶俄国成就最大的汉学家王西里（瓦西里耶夫）编写了《汉字解析》（1866），该书的出版标志着俄国中文研究和中文教学同时进入了一个新的时期。《汉字解析》以及与之配套的《汉字笔画系统——首部汉俄词典试编》（1867），从 19 世纪 60 年代一直到 20 世纪初，始终是圣彼得堡大学东方语言系无可替代的中文教材。王西里编写的《汉语文选》（1868）在圣彼得堡东方语言系长期使用，对培养学生中文阅读和理解能力发挥了重要作用。^②

苏联功勋科学家、著名汉学家、语言学家弗拉基米尔·伊万诺维奇·戈列洛夫（中文名为郭俊儒），不仅从事中文教学与研究，还编写出版了《实用汉语语法》（*Практическая Грамматика Китайского Языка*，1957）、《汉俄翻译教程》（*Пособие по Переводу с Китайского Языка на Русский*，1966）、《汉语词汇学》（*Лексикология Китайского Языка*，1984）、《汉语理论语法》（*Теоретическая Грамматика Китайского Языка*，1989）^③等多种教材，大部分教材至今仍在使用，为俄罗斯的中文教育发展做出了重大贡献。

2. 本土中文教材数量多、种类全、覆盖广

俄罗斯中文教育历史悠久，基础扎实，发展迅速。随着中文教育的快速发展，本土中文教材的编写也取得了丰硕成果，种类、数量、质量都达到了前所未有的高度。通过网络查询，共收集到俄罗斯出版的本土中文教材 453 种，其中当代本土中文教材 441 种。从类型看，包括课本、教辅、工具书、考试用书、读物等，课本和教辅居多，工具书次之；从学习者水平看，包括初级教材、中级教材和高级教材，初级教材居多，中级教材次之，高级教材最少；按照技能分类，可分为综合类、听力类、口语类、阅读类、写作类和翻译类，综合类教材最多；按照语言要素分类，可分为语音教

① 阎国栋.俄国汉学史（迄于 1917 年）[M].北京：人民出版社，2006：178-179.
② 阎国栋.俄国汉学史（迄于 1917 年）[M].北京：人民出版社，2006：507.
③ Алексахин А. Н. Выдающийся Педагог и Китаист В. И. Горелов В МГИМО [J]. Вестник МГИМО-Университета，2013，1（28）：271-274.

材、汉字教材、词汇教材、语法教材、句法教材和修辞学教材，汉字教材和词汇教材最多；按照教学层次分类，可分为幼儿园教材、小学教材、中学教材和大学教材，小学和中学教材居多；按照用途分类，可分为通用型教材和专门用途教材，通用型教材居多；按照使用场景分类，可分为课堂教材和自学教材，自学教材居多。《5—9 年级中文作为第二外语教学大纲》中对书法学习做出了相关要求，因此汉字字帖类教辅材料较多，例如：《学写汉字》（ *Учимся Писать Китайские Иероглифы*，Габур А. А.）、《汉字书写》（ *Прописи по Китайскому Иероглифическому Письму*，Рюнин Ю. В.）、《汉语·汉字字帖》（ *Китайский Язык. Прописи для Иероглифов*，Константинова Е. А.）、《汉语·学习书写》（ *Китайский Язык. Обучающие Прописи*，Наталья Н. К.）。俄罗斯常用本土中文教材见表 5-12。

表 5–12　俄罗斯常用本土中文教材

类别	教材及作者
综合类	《实用汉语教科书》（ *Практический Курс Китайского Языка*，Кондрашевский А. Ф. 等）
	《汉语》（ *Китайский Язык*，Сизова А. А.，Ван Жоцзян 等）
	《汉语》（ *Китайский Язык*，Рукодельникова М. Б.，Ли Тао 等）
	《汉语入门》（ *Начальный Курс Китайского Языка*，Задоенко Т. П.，Хуан Шуин）
	《汉语》（ *Китайский Язык*，Рахимбекова Л. Ш.，Дин Аньци 等）
	《汉语》（ *Китайский Язык*，Масловец О. А.）
	《古代汉语教程》（ *Курс Древнекитайского Языка*，Скворцов А. В.）
口语类	《交际口语》（ *Разговорный Китайский Язык*，Пономарева М.）
	《汉语·会话手册》（ *Китайский Язык. Разговорник*，Андрей М. Т.）
	《汉语言语交际实用教程》（ *Практический Курс Речевого Общения на Китайском Языке*，Гурулева Т. Л.，Цюй Кунь）
语法类	《汉语语法一览表》（ *Грамматика Китайского Языка в Таблицах*，Сорокина Е. М.，Острогская А. А. 等）
	《汉语·语法》（ *Китайский Язык. Справочник по Грамматике*，Фролова М. Г.）
	《汉语理论语法教程》（ *Курс Китайского Языка. Теоретическая Грамматика*，Курдюмов В. А.）

续表

类别	教材及作者
翻译类	《汉译俄全部教程》（*Китайский Язык. Полный Курс Перевода*，Щичко В. Ф.）
	《独特的翻译理论与实践》（*Частная Теория и Практика Перевода. Китайский и Русский Языки*，Попов О. П.）
	《汉语·翻译》（*Китайский Язык. Теория и Практика Перевода*，Щичко В. Ф.）
工具书	《俄汉大词典》（*Большой Русско-Китайский Словарь*，Баранова З. И.，Котов А. В.）
	《汉语·汉字学习字典》（*Китайский Язык. Учебный Словарь Иероглифов*，Барабошкин К. Е.）
	《汉语主题词词典》（*Китайский Язык. Тематический Словарь*，Барабошкин К. Е.）
	《古代汉语字典》（*Словарь Древнекитайских Иероглифов*，Никитина Т. Н.，Зайцев В. П.）
考试类	《国家统一考试中文科目备考手册》（*Пособие для Подготовки к ЕГЭ по Китайскому Языку*，Сучкова М. С.，Лу Фэнцинь）
	《2020 圣彼得堡国立大学中学中文奥林匹克竞赛》（*Школьные Олимпиады СПбГУ 2020. Китайский Язык*）
专门用途类	《商务汉语》（*Официально-деловой Стиль Китайского Языка*，Васильева М. А.）
	《商业汉语会话手册》（*Китайский для Бизнеса. Телефонный Разговорник*，Шелухин Е. А.）
	《汉俄军事翻译教程》（*Практический Курс Военного Перевода Китайского Языка*，Хабаров А. А.）

俄罗斯本土中文教材大多由 ВКН、Восточная книга、Муравей、Восток-Запад、АСТ、Вентана-Граф、Просвещение、Астрель 和 Шанс 等规模较大的出版社出版。从出版时间来看，俄罗斯联邦成立后 30 年间，俄罗斯本土中文教材的出版数量出现了两个高峰，即 2007 年和 2008 年分别出版了 29 种和 33 种中文教材。中俄两国于 2006 年和 2007 年互办"国家年"，增进了两国人民的相互了解和友谊，促进了双边的务实合作，推动了中俄战略协作伙伴关系的持续深入发展，促使俄罗斯的中文人才需求不断扩大，推进了本土中文教材的发展。2017—2020 年，本土中文教材的发展达到了前所未有的高度。在此阶段，中俄关系进一步密切，随着"一带一路"建设和俄罗斯"向东看"战略的推进，中俄多领域合作交流不断深化，俄罗斯的"汉语热"持续升温，大量新教材以及再版教材在此背景下应运而生，使俄罗斯本土中文教材的出版达到了高峰。（图 5-1）

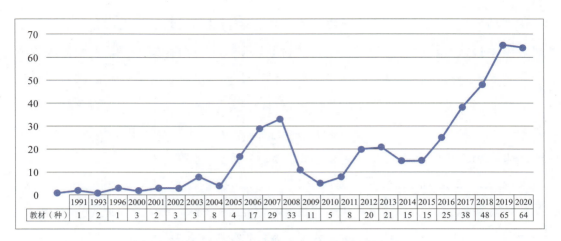

教材（种）	1991	1993	1996	2000	2001	2002	2003	2004	2005	2006	2007	2008	2009	2010	2011	2012	2013	2014	2015	2016	2017	2018	2019	2020
	1	2	1	3	2	3	3	8	4	17	29	33	11	5	8	20	21	15	15	25	38	48	65	64

图 5-1　俄罗斯本土中文教材出版情况

3. 中文教材选用较为灵活

俄罗斯普通教育机构主要选用《俄罗斯联邦普通教育阶段推荐教材目录》推荐的中文教材和联邦教育国家标准系列中文教材，如《汉语》（*Китайский Язык*，Рукодельникова М. Б.，Ли Тао 等）、《汉语》（*Китайский Язык*，Сизова А. А.，Ван Жоцзян 等）、《汉语》（*Китайский Язык*，Ван Луся，Селиверстова О. В. 等）、《汉语 走遍 中国》（*Китайский Язык Открывая Китай*，Рахимбекова Л. Ш. 等）、《汉语》（*Китайский Язык*，Ольга А. М.）等教材。此类教材多为系列教材，包括课本、练习册、教师用书、字帖、测试等教学材料。此类教材的最大特点是符合《联邦教育国家标准》和《5—9 年级中文作为第二外语教学大纲》规定的普通教育机构 5—9 年级中文课程每周 2 课时、每学年共 70 课时的课时要求，可满足学生的系统学习需求。值得一提的是，《汉语》（*Китайский Язык*，Сизова А. А.，Ван Жоцзян 等）这套教材是中国人民教育出版社与俄罗斯教育出版社于 2016 年 3 月签署版权输出协议，授权对《跟我学汉语》（英语版）第二版学生用书、教师用书、练习册进行翻译改编而成的。[1]

高等教育机构的教材选用并没有统一的标准，多由教师自主选择，主要选用俄罗斯本土中文教材，辅以中国出版的中文教材和自编教材，教材使用种类较多。《实用汉语教科书》（*Практический Курс Китайского Языка*，Кондрашевский А. Ф.等）

---

[1]　施歌 . 试议海外版权输出的策略与经验——以《跟我学汉语》为例 [J]. 中国编辑，2020（08）：60-63.

是俄罗斯使用范围最广、人数最多、最受欢迎的一套中文教材，大部分高校都选用该教材来进行基础中文的教学。该套教材共两册，由莫斯科国立国际关系学院的中文专家 Кондрашевский А. Ф. 在《实用汉语课本》的基础上改编而成。该套教材自1996年初次发行到现在已经由不同的出版社连续出版12次，改编后的教材更适合俄罗斯教育环境下的中文教学，适用于语言类或非语言类大学中文教学初级阶段，同时也适用于中学的中文学习者，还可以用于自学。俄罗斯本土中文教材《汉语入门》（*Начальный Курс Китайского Языка*，Задоенко Т. П. 等）、《汉语概论：语音与口语》（*Введение в Китайский Язык：Фонетика и Разговорный Язык*，Спешнев Н. А.）、《实用汉语语法》（*Практическая Грамматика Китайского Языка*，Горелов В. И.）、《汉俄军事翻译教程》（*Практический Курс Военного Перевода Китайского Языка*，Хабаров А. А.）、《俄汉摘要与简介》（*Реферирование и Аннотирование на Русском и Китайском Языках*，Семенов А. В.，Семенова Т. Г.）、《商务汉语》（*Китайский Язык для Делового Общения*，Дашевская Г. Я.，Кондрашевский А. Ф.）、《社会政治资料·翻译基础》（*Китайский Язык. Общественно-политический Перевод. Начальный Курс.*，Войцехович И. В.，Кондрашевский А. Ф.）等都是各教育机构普遍选用的教材。

中国出版的教材《汉语乐园》《快乐汉语》《轻松学中文》《新实用汉语课本》《HSK标准教程》《汉语新目标》《博雅汉语》《汉语教程》《汉语会话301句》《实用汉语语法》等在俄罗斯各阶段的教学机构中使用较为普遍，俄罗斯各大购书平台均可购买。此类教材多为中国教师、志愿者、曾经学习或者使用过此类教材的本土教师作为辅助教材使用。

（二）中文学习网络平台建设情况

近年来，俄罗斯共开发了60多个中文学习网络平台，主要分为以线上中文课程为主的中文教学网络平台、线上线下结合的中文教学网络平台、中文学习工具类网络平台，以及中文学习资源网络平台四大类。各平台针对不同的用户群体定位，资源均较丰富，如中文交友、初学者入门、拼写练习、汉字书写、听力练习、词汇查询或语法学习等，大部分学习资源是免费的，降低了学习的门槛。（表5-13）

表 5–13　俄罗斯中文学习网络平台

类型	平台名称	网址	主要内容	特色
以线上中文课程为主的中文教学网络平台	LAOSHI	https://my.laoshi.ru/users/sign_in	提供系统的中文课程，主要包括汉字、语音、课文、语法、会话、练习等	提供适合各级别中文课程的自编教材，可在线购买
线上线下结合的中文教学网络平台	DiveLang Language School	https://www.divelang.ru/	提供针对成人、青少年及儿童的各级中文课程、学习视频等，可上门到企业进行培训	兼具 PC 端和移动端平台，结业证书认可度高
中文学习工具类网络平台	zhonga	https://www.zhonga.ru/	中—俄、俄—中在线词典	包含中文学习者论坛板块，论坛访问量最高的是"翻译帮助"和"中文学习帮助"，可在论坛中交流心得、互助学习；开设网上商城，专营自主品牌电子词典
	大 БКРС	https://bkrs.info/	中—俄、俄—中在线词典	词汇量大、涵盖行业广、释义全、例句多，还包括大量中文网络热词及网络用语
中文学习资源网络平台	Шибуши	https://www.shibushi.ru/	提供丰富的中文学习音视频下载，以及初级中文系列课程等	简单易学，循序渐进，有 AI 对话练习、学习自评系统
	Lingust	https://lingust.ru/chinese/	提供中文语法、汉字课程等学习资料	中文汉字、语法学习资料丰富
	中国的世界	https://mirki-taya.ru/	提供 2500 个汉字的学习资源，以及中国文化、中国国情等视频资源	中国文化、国情等学习资源丰富

俄罗斯中文学习网络平台发展迅猛，但其质量良莠不齐。经过多年的发展与竞争，一些曾经大受中文学习者欢迎的网络平台，由于受众性、实用性、可信度、收费标准等因素影响，短短十年便无人问津。

第六节　法国中文教学资源

法国中文教育缘于法国汉学研究，发轫于1814年法兰西学院创设"汉文与鞑靼文、满文语言文学教授席位"（La Chaire de Langues et Littératures Chinoises et Tartares-Mandchoues，通称"汉文讲席"），此后在法国政府和民间团体的共同推动下，逐步进入法国国民教育体系。截至2020年，法国的中学中文教育已覆盖法国本土全部学区及部分法国海外省份及海外领土[①]，且90%选修中文的中学生母语为法语[②]。目前已有800所初中和高中常设中文课程，31所大学开设中文专业[③]，150多所大学学院和精英大学以及100多个协会和机构开设不同类型的中文课程[④]，中文学习者总数已达10万人[⑤]。

法国中文教育重视汉字教学，认同"字本位"教学路径。以白乐桑为代表的法国中文教学专家依据"相对字本位"的汉字教学观，确立了"语文分进"的汉字教学原则。法国国家教学研究院（Institut National de Recherche Pédagogique）的中文教学小组、法国中文教师协会（Association Française des Professeurs de Chinois）和开设中文专业的高等院校是法国中文教育研究的重要组织，法国中文教学专家推动并直接参与《法国中文教学大纲》（以下简称《法纲》）的制定，并编写了近400种法国本土中文教材。《法纲》是世界范围内较为系统和成熟的中文非母语教学大纲之一，为其他欧洲国家"兼容"与"本土化"《欧洲语言共同参考框架：学习、教学、评估》（以下简称《欧框》）提供了参考，2016年颁布的《瑞典中小学汉语教学大纲》和《意大利高中汉语教学大纲》中均有《法纲》精神的体现，意大利、德国等欧洲国家也采用法国编写的中文教材。

① 宇璐.法国汉语传播研究[D].长春：吉林大学，2019.
② 白乐桑.法国汉语教育研究[M].北京：北京语言大学出版社，2018：20.
③ 白乐桑."法国汉语教育史考据"专题[R].欧汉会"全球汉语二语教育"论坛，2021-03-24.
④ 王琳.法国华文教育的新发展及其困境——以法国新兴华文学校为例[J].世界华文教学，2020（01）：83-100.
⑤ 白乐桑.法国汉语教育研究[M].北京：北京语言大学出版社，2018：20-22.

一、中文教学资源开发与使用的影响因素

（一）《欧框》问世及法国高考改革促进了中文教学资源的数量增长与质量提升

2001 年《欧框》问世后，法国教育部为法国中小学教授的 10 门外语制定了教学大纲和具体评估指南，中文作为法国教育体系的第五大外语，也被囊括在以《欧框》为基准的各项语言政策和措施中。2002 年法国相继出台了适用于小学、初中四年级、高一、高二、高三、高考等的中文教学大纲、文化大纲和考试大纲，这些中文教学大纲成为法国中文教学资源开发和使用的指导纲领。[①]

2013 年法国教育部针对所有外语语种推出了高考改革新方案，该方案推出三项举措：引入四个文化概念、考查五项言语能力、实行统一的评估内容并使用全国统一的评估标准表。首先，为帮助教师更好地理解四个文化概念，每一个语言学科都成立了专门的工作小组，中文小组汇编了一套教学参考资源，并提供大量的语音和视频资料供教师参考。第二，文化概念成为高考的切入点，中文学习者对大纲所列文化话题相关读物的需求增加。第三，通过高考改革，开始真正考查学生的听说能力，2013 年后出版的中文教材十分强调培养中文学习者的口语交际能力，并将课堂内容制作成音视频等碎片化的数字资源提供给学生学习。第四，因教学评估包括标准测试和形成性测试，高考改革后的中文教材日益注重章节小测验、成长袋、学习记录表和评价量表等测试工具的使用。

（二）法国中文教学大纲成为本土中文教学资源开发和使用的指导纲领

法国中文教学大纲从五个方面对教材编写与使用进行引导：第一，为兼顾《法纲》突出培养学习者中文"口语交际能力"的教学目标，尊重中文口语能力与书写能力发展不平衡的事实，部分中文教材采用"分步走"的编写策略，即读和写的教学目标分步走，被动字和主动字教学分步走，汉字辨认和书写分步走，口头和笔头分步走。第二，《法纲》非常重视汉字教学并认可法式"相对字本位"教学理

---

① 白乐桑，张丽.《欧洲语言共同参考框架》新理念对汉语教学的启示与推动——处于抉择关头的汉语教学 [J]. 世界汉语教学，2008（03）：58-73+3.

念，法国先后出版了以《汉语语言文字启蒙》（ *Méthode d' Initiation à la Langue et à l' Écriture Chinoises* ）、《汉语双轨教程》（ *C'est du Chinois!* ）和《汉语入门》（ *Méthode de Chinois：Premier Niveau* ） 为代表的一系列教材[①]，对《法纲》的制定产生了推动作用。汉字练习册在法国中文教学资源中占比较高。第三，语法教学在《法纲》中占比最大且内容详尽，在语法要素构成、语法系统架构和语法术语接口三方面体现出鲜明的本土特色，这直接决定了法国本土中文教材与中国出版的中文教材在语法项目的选择及讲解方式上存在明显差异[②]。第四，《法纲》明确各年级的文化教学主题，且文化与语音、词汇和语法同等重要，但法国教材编写者与中国教材编写者在文化点及其呈现方式的选择上出发点不同。第五，《法纲》提倡通过语言材料的真实性突出语言的交际功能，因此法国本土教材和评估材料中大胆采用真实语料。

二、中文教学资源发展与现状

法国中文教学资源发展可分为四个阶段：法国本土教学资源时期、中国引进教学资源＋法国本土教学资源稳步增长时期、中国引进教学资源＋法国本土教学资源激增时期和法国教学资源高度本土化时期。截至 2020 年，法国中文教学资源包括中国出版的教学资源 161 种、法国本土教学资源 374 种及其他国家教学资源 13 种[③]，共 548 种；法国本土教学资源是中国出版的教学资源的 2 倍多。中文教学资源涵盖教材、读物（普通读物和分级读物）、教辅[④]、练习册、工具书、学术专著、口袋书、考试用书、教具、多媒体资源、教学大纲 11 类（图 5-2），其中读物[⑤]（31.39%）、教材（24.82%）、教辅（14.23%）和工具书（12.41%）4 类教学资源占比最大，占总教学资源的 82.85%。

---

① 孟洁.法国本土化汉语教材特点 [J].汉字文化，2021（02）：74-75.
② 潘泰，白乐桑，曲抒浩.法国基础教育汉语教学大纲及其对汉语国际教育本土化的启示 [J].华文教学与研究，2021（01）：48-54.
③ 本部分数据通过对法国 Decitre 购书网（https://www.decitre.fr/rechercher/result/index?category=46621&q=chinois）中文书籍的统计得出。
④ 教辅类书籍主要包括汉字文化讲解书籍、教师用书、词汇书、语法书等。因练习册数量较多，单列一类。
⑤ 这里的"读物"包括法国本土读物 100 种、中国引进读物 59 种，以及其他国家的读物 13 种。

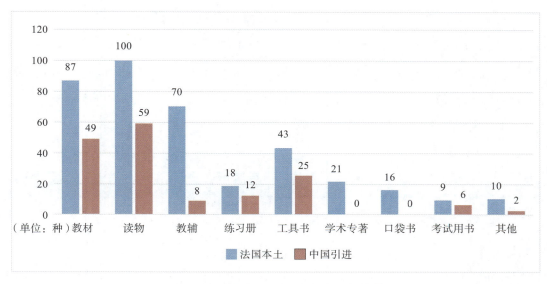

图 5-2 法国中文教学资源类别概览 ^①

（一）法国本土教学资源时期（1985 年以前）

该时期中文教学资源多为本土资源，开发量小，增长速度缓慢。Klincksieck 出版社、Maisonneuve Adrien 出版社和巴黎友丰（Paris Editions You Feng）出版社是该时期中文教学资源开发的三大主要出版社。这一时期的中文教学资源多为汉学研究服务，大致分为四类：中文研究著作、中文教材、中国传统文化启蒙读本以及工具书（表 5-14），且中文教学与中文研究著作大多合为一体。

雷慕沙（Jean-Pierre Abel-Rémusat）的《汉文启蒙》（*Élémens de la Grammaire Chinoise*）不仅是一部语法书，同时也是一部教材，在 19 世纪前期，它一直是法国中文学习最主要的书目，被称为"第一部在西方大学使用的中文教材"。巴赞（Antoine Bazin）的《汉语官话语法》（*Grammaire Mandarine, ou Principes Généraux de la Langue Chinoise Parlée*）既是现代汉语研究的开创性语法研究著作，也是第一部现代汉语教材。^② 这一时期，专门以教学为目的的综合性中文教材也开始出现。哥士耆（Michel Alexandre Comte Kleczkowski）认为学生应该"会说、会读、会写"，且能像中国人一样用中文进行交流^③，基于此理念，他编写了《中国语

---

① "其他"包括教具、多媒体资源和教学大纲 3 类，"读物"中其他国家出版的 13 种读物未在图中呈列。
② 宇璐 . 法国汉语传播研究 [D]. 长春：吉林大学，2019：80.
③ 胡书经 . 法国汉语教学与研究的历史（简述）[J]. 语言教学与研究，1983（02）：148-156.

言教科书》（又名《中文教科书》或《汉语口笔语渐进大全讲义》）（*Cours Graduel et Complet de Chinois Parlé et Écrit*），该教材是法国中文教材历史上的一次成功突破，得到了使用者的充分肯定。1972 年，Pénélope Bourgeois 编著了《基础汉语教材》（*Manuel Élémentaire de Chinois*），这是法国第一本正式为中学生编写的汉语教材，在法国汉语教学史上具有较大影响。①

表 5-14 "法国本土教学资源时期"代表性中文教学资源

类别	名称	作者／译者	出版年
研究著作	《汉文启蒙》（*Élémens de la Grammaire Chinoise*）	雷慕沙（Jean-Pierre Abel-Rémusat）	1822
	《汉语官话语法》（*Grammaire Mandarine, ou Principes Généraux de la Langue Chinoise Parlée*）	巴赞（Antoine Bazin）	1856
	《汉文指南》（*Syntaxe Nouvelle de la Langue Chinoise Fondée sur la Position des Mots*）	儒莲（Stanislas Julien）	1869
教材	《中国语言教科书》（又名《中文教科书》或《汉语口笔语渐进大全讲义》）（*Cours Graduel et Complet de Chinois Parlé et Écrit*）	哥士耆（Michel Alexandre Comte Kleczkowski）	1876
	《法国人用汉语口语教科书》（*Manuel de la Langue Chinoise Parlée à L'Usage des Français*）	于雅乐（Camille Imbault-Huart）	1885
	《汉语入门》（*Rudiments de Parler et de Style Chinois*）	戴遂良（Léon Wieger）	1892
读物	《三字经》（San-Tseu-King）（法文注释版）	儒莲（Stanislas Julien）	1864
	《千字文》（Thsien-Tseu-Wen）（法文注释版）	儒莲（Stanislas Julien）	1873
工具书	《汉、法、拉丁文大字典》（*Dictionnaire Chinois, Français et Latin*）	小德金（Joseph de Guignes）等	1813
	《汉法字典》（*Dictionnaire Chinois-Français*）	顾赛芬（Séraphin Couvreur）	1890

---

① 白乐桑.法国汉语教学历史沿革与现状 [J].法语学习，2005（03）：7.

（二）中国引进教学资源 + 法国本土教学资源稳步增长时期（1986—2003 年）

以 1986 年法国引进华语教学出版社出版的《基础汉语课本》（*Manuel de Chinois Fondamental*）为标志，法国中文教学资源进入"中国引进教学资源 + 法国本土教学资源稳步增长时期"。此后 17 年间，法国出版本土中文教学资源 47 种，引进中国教学资源 40 种，其他国家出版中文读物 1 种。该阶段中文教学资源数量增长速度平缓，奠定了法国中文教学资源发展的基础，在法国中文教学资源发展历程中占有重要地位。该时期可分为两个阶段：第一阶段为 1986 年至 1998 年，这是唯一一个中国引进教学资源数量超过法国本土教学资源的阶段；第二阶段为 1999 年至 2003 年，法国中文教学资源总量增加，且法国本土教学资源成为主要增量。

这一阶段的教学资源发展呈现出四个特点：第一，法式"相对字本位"和"语文分进"等中文教学理念日渐成熟，法国中文教学专家基于这些理念编写了一批以《汉语语言文字启蒙》为代表的使用范围广、影响力大的法国本土中文教材。第二，中文教学资源类型由"法国本土教学资源时期"的 5 种扩展为 8 种，出现了中文考试类用书、多媒体教学资源和教具。第三，近 20 个法国出版社开始出版中文教学资源，但半数中文教学资源来自巴黎友丰出版社。第四，法国从中国引进 16 种工具书，从中国引进的教材一半以上来自华语教学出版社。这一阶段的代表性中文教学资源见表 5-15。

表 5-15　"中国引进教学资源 + 法国本土教学资源稳步增长时期"代表性中文教学资源

类别	名称	作者 / 译者	出版年
读物	《从象形文字到字义帝国》（*Les Idéogrammes Chinois ou L'Empire du Sens*）	Joël Bellassen, Wong Wa	1995
	《乒和乓：学习用中文书写》（*Ping et Pang. Cahier pour Apprendre à Écrire en Chinois*）	Catherine Meuwese	2001
工具书	《实用汉法拼音注音辞典》（*Dictionnaire Pratique Chinois-Français avec Transcriptions Pinyin et Zhuyin*）	Zhongfu Weng	2000
	《利氏汉法辞典》（*Dictionnaire Ricci Chinois-Français*）	Association Ricci, Claude Larre, Yves Raguin	2002

续表

类别	名称	作者/译者	出版年
教材	《汉语语言文字启蒙》（*Méthode d'Initiation à la Langue et à l'Écriture Chinoises, Tome 1 & 2*）	Joël Bellassen, Pengpeng Zhang	1989、1991
	《汉语双轨教程》（*C'est du Chinois!*）	Monique Hoa	1999
	《学写说》（*Méthode de Chinois Niveau Débutant*）	Chen Jie Jazotte	2002
	《汉语入门》（*Méthode de Chinois: Premier Niveau*）	Isabelle Rabut, Yongyi Wu, Hong Liu	2003
学术专著	《中文语音（中日、中韩、中越）》（*Phonétiques en Chinois, Sino-Japonais, Sino-Coréen, Sino-Vietnamien*）	Maurice Coyaud	1995
	《汉语词法语词》（*Manuel D'analyse Lexicale pour Francophones*）	Honghua Poizat-Xie, Nicolas Zufferey	2003
考试用书	《考试中文》（*Le Chinois aux Examens*）	Joël Bellassen	1998
	《说学想（中文考试准备手册）》（*Manuel de Préparation aux Examens de Chinois*）	Chen Jie Jazotte	2000

（三）中国引进教学资源＋法国本土教学资源激增时期（2004—2010年）

这一时期法国共开发 128 种本土中文教学资源，同时从中国引进 76 种中文教学资源，从其他国家引进 11 种中文教学读物。新出现的中文教学资源超过 2004 年以前中文教学资源总和的 2 倍，6 年间中文教学资源总量从 103 种激增至 318 种。

这一时期中文教学资源的发展呈现五大特点：第一，直接服务于中文教学的教材、教辅、练习册、教学大纲 4 类教学资源数量激增，共占该时期教学资源总量的 51%，4 类直接服务于中文教学的资源比重总和首次过半，法国中文教学资源由"文化读物型教学资源"向"教学型教学资源"转变。第二，继巴黎友丰出版社之后，法国 Assimil 出版社、Editions Ellipses 出版社、Retz 出版社、Editions Jean-Pierre Vasseur 出版社、Berlitz Publishing 出版社、Editions Hatier 出版社、Editions Larousse 出版社成为主要的中文教学资源出版机构，逐渐形成中文教学资源出版阵营。第三，中国出版的《当代中文》《体验汉语》《新实用汉语课本》《汉语 2008》《汉语乐园》等系列教材进入法国，丰富了法国中文教学资源。第四，该时期中文读物中首次出现了以《汉语风》为代表的分级读物，并引进以《丁丁历险记（中文版）》为代表的儿童文学读物。第五，法国出版 11 种口袋书，该类书是法国游客到中国旅游的行前指南，成为法国中文教学资源的特色组成部分。这一时期的代表性中文教学资源见表 5-16。

表 5-16 "中国引进教学资源 + 法国本土教学资源激增时期"代表性中文教学资源

类别	名称	作者 / 译者	出版年
教材	《哈普中文》(*Harrap's Chinois. Méthode Intégrale*)	Elizabeth Scurfield	2006
教材	《学中文》(*Le Chinois...Comme en Chine Méthode de Langue et D'écriture Chinoises*)	Bernard Allanic, Joël Bellassen (Préfacier)	2008
教材	《中文书写方法》(*Méthode D'apprentissage des Caractères Chinois*)	Fabien Drouart	2013
教辅	《中文使用手册——语法实践练习》(*Chinois Mode D'emploi—Grammaire Pratique et Exercices*)	Joël Bellassen, Kanehisa Tching, Zujian Zhang	2000
教辅	《505 个汉字和 1001 个词》(*505 Caractères Chinois à Connaître et Leurs 1001 Dérivés*)	Catherine Meuwese, Gilles Macagno (Illustrateur), Joël Bellassen (Préfacier)	2009
读物	《孟子说》(*Mencius et Son Enseignement*) 等系列读物	Chih-Chung Tsai, Rébecca Peyrelon (Traducteur)	2010
考试用书	《汉语水平词汇训练系列——甲级词》(*Vocabulaire du Chinois Contemporain 1, Exercices pour la Préparation au HSK*)	Honghua Poizat-Xie, Basile Zimmermann, Jennifer Wong (Illustrateur)	2009
学术专著	《话说中文》(*Parlons Chinois*)	Zhitang Yang-Drocourt, Alain Peyraube(Préfacier)	2007
学术专著	《中法语法比较研究》(*Etude Comparative des Grammaires Chinoise et Française*)	Yuehe Zhang, Lihua Zhang (Préfacier)	2008

（四）法国教学资源高度本土化时期（2011 年至今）

2011 年至 2020 年，法国共开发 185 种本土教学资源，同时从中国引进 44 种中文教学资源，从其他国家引进 1 种中文教学资源。（表 5-17）

表 5-17 "法国教学资源高度本土化时期"法国本土代表性教学资源

类别	名称	作者/译者	出版年
教材	《滚雪球学汉语》（*Le Chinois par Boules de Neige*）	Joël Bellassen, Jialing Liu	2011
	《中级汉语》（*Méthode de Chinois — Deuxième Niveau*）	Zhitang Yang-Drocourt, Hong Liu, Jianmin Fan	2011
	《大家学中文》（*Bescherelle Le Chinois pour Tous*）	Joël Bellassen, Arnaud Arslangul, Nathalie Dieterlé（Illustrateur）	2014
	《学以致用》（*J'apprends... Je Pratique! — Méthode D'apprentissage du Chinois*）	Yu-Cheng Feng, Rui Luo	2018
教辅	《地道中文》（*Vers le Chinois Authentique*）	Joël Bellassen	2018
	《505 汉字》（*Hàn Zì 505 Caractères Chinois en Fiches*）	Miao Lin-Zucker	2019
读物	《谁是中国人？》（*Qui Sont les Chinois? Pensées et Paroles de Chine*）	Élisabeth Martens	2013
	《中国民间故事》（*Contes Populaires Chinois*）	Xiaoping Dong, Jiangang Yang（Traducteur）, Zhenzhen Wang（Illustrateur）	2017
考试用书	《中 文 LV1—LV2—LV3 系 列》（*Chinois Bac en Vue LV1 - LV2 - LV3 Toutes Séries. Préparation et Révision Intensives*）	Rong Zhang	2012
	《会考中文》（*Le Chinois，Entrées Culturelles*）	Florence Hu-Sterk, Weiyi Song, Joël Bellassen（Préfacier）	2015

1. 绝大多数中文教材和教辅实现本土研发

这一阶段的中文教学资源呈现以下六个特点：第一，教材编写理念更新，教学方法多样，注重学习者因素。Hélène Arthus 等主编的《汉语》（*Le Chinois*）采用直观的教学方法，为中文自学者提供大量真实对话，使学习者模仿儿童母语习得过程，自觉内化语法规则和词汇。第二，泛在学习趋势明显，提倡在线学习、碎片化学习、轻量化学习。Vigdis Herrera 和 Chloé Bonnadier 主编的《中文书写与活动》（*Cahier de Chinois Écriture & Activités*）采用线上线下结合的模式开展教学，Hatier 出版社网站为学习者提供与教材配套的学习活动和汉字书写练习。第三，中文教材标准化程度提升，参照《法纲》《欧框》和 HSK 等级大纲编写的教材数量增多，Bernard

Allanic 主编的《学中文》(*Le Chinois...Comme en Chine Méthode de Langue et D'écriture Chinoises*)对《欧框》和 HSK 等级大纲进行了对接。第四，以 Stéphanie Bioret、Hugues Bioret 和 Julie Godefroy 主编的《中文：儿童会话指南》(*Chinois：Le Guide de Conversation des Enfants*)为代表的少量少儿中文教材开始出现。第五，中文教材和教辅大部分针对初级水平学习者，中级和高级水平教材数量极少。第六，教材编写团队日益成熟，已探索出多样化的中法合作方式。《你说呢？》(*Ni shuo ne? — Méthode de Chinois*)由 Arnaud Arslangul、Claude Lamouroux、毕岚（Isabelle Pillet）三位非华裔法国汉语本土教师编写。编写团队成员均长期从事中文教学与研究工作，参与法国中文教学政策制定，与中国中文教学界保持良好的合作。《你说呢？》编写团队与济南外国语学校合作，赴中国拍摄大量真实照片和录像，书中任务均采用真实照片。

2. 法国大学自主开展慕课教学

截至 2020 年，法国大学慕课平台有 1 门中文语言课程，7 门与中国文化、经济和社会相关的法语课程。2013 年，法国国立东方语言文化学院利用法国大学慕课平台（France Université Numérique）启动了该校的慕课项目。该课程由白乐桑与王珏担纲，于 2016 年 11 月正式开课，注册人数达到 10636 人。[1] 该课程为付费课程（60 欧元），配套教材为白乐桑编写的《汉语语言文字启蒙》，学习者完成 7 周的学习后可达到《欧框》A1 的水平，并获得大学认可的 4 个学分。

3. 中文学习网站提供差异化服务

网站教学内容主要涉及文化知识及旅行信息，少量涉及语言教学课程。截至 2020 年，法国共有 10 余个中文学习网站，其中 LeChinois.com[2] 和 Chine-Nouvelle.com[3] 规模较大，学习资源较丰富。法国中文学习网站主要提供取中文名、在线法汉字典、汉字游戏、中国新闻、中国旅游信息、留学中国信息等服务及少量汉语课程。资源用户群体大多为成年人，少儿中文教学资源较少，提供少量儿童动画。大部分法国中文学习网站为免费资源平台，少量网站要求付费学习，免费网站学习资源比付费网站更为丰富。其中，ChineseCom[4] 独具特色，该网站由欧盟赞助，提供多国合作开发的多语种网络课程，面向法国大学生或公司职员提供商务中文课程。

---

[1] France Université Numérique, https://www.fun-mooc.fr/fr/etablissements/fun/.
[2] LeChinois.com, https://lechinois.com/.
[3] Chine-Nouvelle.com, https://www.chine-nouvelle.com/.
[4] ChineseCom, http://www.chinesecom.eu/.

第七节　韩国中文教学资源

韩国中文教育历史悠久，三国时期中文教学就进入了韩国的学校教育。1946 年首尔大学成立中文系，开启了韩国现代中文教育。[①] 1955 年，韩国将中文纳入基础教育体系。[②] 1992 年中韩建交，2004 年全球第一所孔子学院在韩国建立，中文教育在韩国快速发展。目前韩国共有 23 所孔子学院，数量位居亚洲第一。

韩国中文教育水平居世界前列，中文在韩国充当着重要外语的角色。[③] 韩国全国5200 万人口中，有 1060 多万人在学习中文及汉字，数量居全球首位；每年参加汉语水平考试（HSK）、中小学生汉语考试（YCT）等各类中文考试的人数达 17 万人次。[④] 韩国中文教育涵盖了中小学、专科、本科、硕士、博士等培养层次，2019 年中文专业在校大学生数量达到 33475 人次，开设中文课的中小学更是数不胜数。韩国连续十年位居来华留学生生源国首位。[⑤] 中韩合作项目 CPIK（Chinese Program in Korea）助力韩国中小学中文教学，为韩国中文教育"低龄化"发展提供了积极支持。

韩国统计厅发布的数据显示，韩国图书市场中文教材销量连年上涨，教材种类多达 180 余种，2018 年中文教育市场规模突破 7000 亿韩元（约合 40 亿元人民币）。[⑥]

---

① 解植永 . 汉语国际推广背景下的韩国高校汉语教学研究 [J]. 华文教学与研究，2018（02）：30-39.

② 孟柱亿 . 韩国汉语教育的现状与未来 [J]. 云南师范大学学报（对外汉语教学与研究版），2008（02）：30-36.

③ 李宇明，唐培兰 . 论汉语的外语角色 [J]. 语言教学与研究，2020（05）：17-30.

④ 柴如瑾，王忠耀 . 前所未有的"汉语热"[N]. 光明日报，2017-10-28（09）.

⑤ 中华人民共和国教育部 . 2018 年来华留学统计 [EB/OL]. http://www.moe.gov.cn/jyb_xwfb/gzdt_gzdt/s5987/201904/t2019 0412_377692.html，2019-04-12.

⑥ 侯嘉慧 . 会汉语成加分项！2019 年韩国学汉语人数较去年增加 16.2% [EB/OL]. http://news.cri.cn/20191217/f7504d30-110d-c635-41dc-1a16b860c511.html，2019-12-17.

一、中文纳入韩国国民教育体系的过程和现状

（一）教育课程改革确立了中文在基础教育阶段作为第二外语的地位

中文在基础教育阶段的地位主要是由韩国历次教育课程改革实现的，具体内容见表 5-18。

表 5-18　韩国教育课程改革中与中文相关的内容

序号	时期及时间	内容
1	第一次教育课程改革时期 （1954—1963 年）	中文第一次跟英语、德语、法语一起成为高中外语语种 [①]
2	第二次教育课程改革时期 （1963—1973 年）	韩国教育部门明确了英语为第一外语，中文、德语、法语、西班牙语和日语为第二外语；中文被列为高考选考科目
3	第四次教育课程改革时期 （1981—1987 年）	中文课程分为一般高中和专业高中的教育课程
4	第七次教育课程改革时期 （1997—2007 年）	中文作为"生活外语" [②] 被纳入初中教育课程
5	取消第几次改革的说法 （2007 年至今）	2009 年和 2015 年分别对初中和高中中文课程大纲进行最新修订

（二）高等教育阶段承担着中文人才培养和学术研究的任务

韩国立国之初，高等院校就陆续恢复并新建了一批中国语专业。1955 年，韩国外国语大学、成均馆大学和汉城大学（即现在的首尔大学）并称韩国中文教育和研究的三大基地。[③] 自此，开设中文专业和中文课程的高校数量不断增长，中文专业的硕士点和博士点也相继建立，形成了完整的中文人才培养体系。2019 年开设中文专业的专科和本科院校分别为 35 所和 137 所，设有中文专业硕士点和博士点的院校达到了 65 所和 44 所。[④] 大学也是韩国中文研究的重要阵地，韩国最大的中文学会"中国语文学会"成员几乎囊括了全国大专院校的中文系，学会定期举办学术研讨会并出版论文集。

----

① 金基石 . 韩国汉语教育史论纲 [J]. 东疆学刊，2004（01）：34-42.
② "生活外语"在初中作为选修科目开设，包括中文、德语、法语、西班牙语、日语、俄语、阿拉伯语和越南语。
③ 金基石 . 韩国汉语教育史论纲 [J]. 东疆学刊，2004（01）：34-42.
④ 数据来源：韩国教育开发院教育统计中心，https://kess.kedi.re.kr/index。

二、基础教育阶段：教学大纲和高考促进中文教学资源的发展

韩国教育部通过颁布大纲规范基础教育阶段的中文教学。大纲明确了中文教学的性质和地位，对教学对象、教学目标、教学原则、教学内容、教学法和评价进行了具体规定。中文高考则以教育部发布的《命题指南》为评价目标和评价形式的主要依据。

（一）官方认定教材的准入机制

基础教育阶段的中文教材由教育部进行审核和指定（图 5-3），只有通过教育部审定的教材才能出版并供学校使用。

图 5-3　韩国基础教育阶段中文教材的准入机制

（二）以教材为主，其他资源为辅①

1. 小学中文教材

小学阶段的中文教学没有统一的教学大纲和官方教材，教材选用"一校一策"，常用教材见表 5-19。

表 5-19　韩国小学常用中文教材

序号	书名	出版社
1	《欢快的儿童中国语童谣》（《신나는 어린이 중국어 동요》, 2019）	多乐园（다락원）
2	"新你好儿童中国语"系列（신 니하오 어린이 중국어）	JPLUS（제이플러스）
3	"新好吃儿童中国语"系列（신 맛있는 어린이 중국어）	好吃的 BOOKS（맛있는 북스，原为 JRC BOOKS）
4	"小学·生活中国语"系列（초등학교 생활 중국어）	艺术媒体（아트미디어）
5	"开口说中国语"系列（바로바로 중국어）	艺术媒体（아트미디어）

---

① 本节出现的韩国出版中文教材，系列教材均只标注韩文书名，其他则标注韩文书名和出版时间。

2. 初中中文教材

根据 2015 年最新修订的《初中中文课程大纲》进行编写并通过教育部审核的教材共 8 种，详细情况见表 5-20。

表 5-20　韩国初中中文教材

序号	书名	出版社	出版年	配套教辅
1	《生活中国语》	YBM	2018	有
2	《生活中国语》	多乐园（다락원）	2018	有
3	《生活中国语》	尼克索思（넥서스）	2018	有
4	《生活中国语》	Mirae N（미래엔）	2018	有
5	《生活中国语》	NE 能率（NE 능률）	2018	有
6	《生活中国语》	东洋文库（동양북스）	2018	有
7	《生活中国语》	Sisabooks	2018	有
8	《生活中国语》	天才教科书（천재교과서）	2020	有

3. 高中中文教材

韩国《高中中文课程大纲》包括两个等级，分别为中国语Ⅰ和中国语Ⅱ。根据 2015 年最新修订大纲进行编写并通过教育部审核的教材共 11 种，详细情况见表 5-21。

表 5-21　韩国高中中文教材

序号	书名	出版社	出版年	配套教辅
1	《中国语Ⅰ》	YBM	2018	有
2	《中国语Ⅰ》	多乐园（다락원）	2018	有
	《中国语Ⅱ》	多乐园（다락원）	2018	有
3	《中国语Ⅰ》	尼克索思（넥서스）	2018	有
4	《中国语Ⅰ》	东洋文库（동양북스）	2018	有
5	《中国语Ⅰ》	Mirae N（미래엔）	2018	有
	《中国语Ⅱ》	Mirae N（미래엔）	2018	有
6	《中国语Ⅰ》	Sisabooks	2018	有
	《中国语Ⅱ》	Sisabooks	2018	有

续表

序号	书名	出版社	出版年	配套教辅
7	《中国语Ⅰ》	NE 能率（NE 능률）	2018	有
	《中国语Ⅱ》	NE 能率（NE 능률）	2018	有
8	《中国语Ⅰ》	正进出版社（정진출판사）	2018	有
	《中国语Ⅱ》	正进出版社（정진출판사）	2018	有
9	《中国语Ⅰ》	志学社（지학사）	2018	有
10	《中国语Ⅰ》	宝塔书库（파고다북스）	2018	有
11	《中国语Ⅰ》	天才教科书（천재교과서）	2020	有
	《中国语Ⅱ》	天才教科书（천재교과서）	2020	有

另外，韩国教育放送公社（Korea Educational Broadcasting System，简称 EBS）每年出版两本中文高考专用教材《EBS 高考特讲》（《EBS 수능특강》）和《EBS 高考完成》（《EBS 수능완성》）。两书分别于每年 1 月和 6 月出版，是中文高考的主要参考教材。

三、高等教育阶段：多元化需求丰富中文教学资源的类型

高校承担了"普及型、应用型、专业型和精英型"[1] 四种类型的中文教育，对教学资源的需求更加丰富多样，内容上包括中文听说读写技能、专门用途中文、中国文化及中文相关领域的专门知识和技能等，类别上包括课堂教材、读物、工具书、自学教材、考试辅导和实用手册等，介质上包括纸质型和数字型。目前韩国高校使用广泛且具有代表性的中文教材见表 5-22。

---

① 吴应辉 . 汉语国际传播研究理论与方法 [M]. 北京：中央民族大学出版社，2013：86-87.

表 5-22　韩国高校代表性中文教材

序号	书名	出版社	主要特点
1	《新攻略中国语》（《신공략 중국어》）	多乐园（다락원）	根据北京语言大学出版社《汉语口语速成》改编出版，包括"基础篇、初级篇、实力提高篇（上）、实力提高篇（下）、自由会话篇、高级篇、完结篇"7 个阶段
2	《多乐园中国语 master》（《다락원 중국어 마스터》）	多乐园（다락원）	综合类系列教材
3	《中国语 BANK·SMART 中国语》（《중국어뱅크 스마트 중국어》）	东洋文库（동양북스）	包括综合、写作、听力和口语 4 种类型，其中综合类已陆续出版从 Step 1 到 Step 4、面向初级水平的 4 本教材
4	《开始学习校园中国语》（《스타트 캠퍼스 중국어》）	多乐园（다락원）	综合教材，面向零起点至初级水平的大学生，以大学日常校园生活为话题，分为上下册

四、新技术推动中文教学资源的数字化进程

（一）在线教学平台成为中文学习新趋势

近年来，随着互联网技术的飞速发展、移动终端设备的快速普及、资源生产主体的多元化，韩国中文在线教学平台快速发展，并逐渐成为中文学习的新趋势。

本节搜集了韩国影响力较大的 10 个中文在线教学平台（表 5-23），发现以下特点：（1）从平台的机构性质来看，有 4 个隶属于出版社（"HACKERS 中国语""YBM 中国语网课""PAGODA 网课"和"JRC 好吃的学校中国语网课"），3 个隶属于中文培训机构（"Siwon 学校中国语""Moon Jung Ah 中国语"和"中短期"）；（2）从平台提供的语种来看，"中国谈"和"Moon Jung Ah 中国语"是专门的中文学习平台，只提供中文教学，其他平台还提供以英语为主的其他语种的学习；（3）从网课针对的教学对象来看，零起点至初级阶段的学习者为平台主要目标，这些平台均把初级阶段中文课程作为重点课程，其中"YANADOO 中国语"和"轻松的中国语学习纸"专门提供零基础和初级阶段的中文课程；（4）从开设课程来看，考试辅导类最受

欢迎，基本上每个平台都提供 HSK、TSC（Test of Spoken Chinese）和 BCT（商务汉语考试）课程；（5）从课型来看，口语课开设最多，学习者更重视中文交际能力的培养；专门用途中文方兴未艾，特别是商务中文在韩国实用性强，需求旺盛，还出现了像"外事警察中文"这样的新课程；特色课程如幼儿中文和广东话，凸显了中文学习的多样化。

表 5-23　韩国中文在线教学平台情况

序号	平台名称	网址	课程简介
1	HACKERS 中国语（해커스 중국어）	https://www.hackers.com/	HSK、TSC、会话、初中高级中文、大学生中文
2	Siwon 学校中国语（시원스쿨 중국어）	https://china.siwon-school.com/	HSK、TSC、BCT、广东话、零起点中文、儿童中文、商务中文、会话、发音
3	Moon Jung Ah 中国语（문정아 중국어）	https://www.no1hsk.co.kr/new/	HSK、TSC、会话、语法、商务中文、幼儿及儿童中文、零起点至高级中文
4	YBM 中国语网课（YBM 중국어인강）	https://china.ybmclass.com/china/china_main.asp	HSK、TSC、会话
5	PAGODA 网课（파고다인강 파고다중국어）	https://www.pagoda-star.com/	HSK、TSC、会话
6	YANADOO 中国语（야나두 중국어）	https://www.yanadoo.co.kr/	零基础中文
7	中短期（중단기）	https://china.conects.com/	HSK、商务中文、外事警察中文、公务员考试中文、初中级会话
8	轻松的中国语学习纸（가벼운 중국어 학습지）	https://mylight.co.kr/	初级中文
9	JRC 好吃的学校中国语网课（JRC 맛있는스쿨 중국어인강）	https://www.cyberjrc.com/jrchina/	会话、商务中文、HSK、语法、儿童中文、汉字、翻译、中文教师培训、生活中文、旅行中文
10	中国谈（차이나탄）	https://tan.tantanselect.com/index	HSK、TSC、会话、中文入门、视频电话学习

（二）中文学习 APP 逐渐成为学习者的新工具

在韩国 One Store[①] 中输入"中国语"进行检索，筛选结果后获得的影响力较大的中文学习 APP 主要有：文正雅中国语（문정아 중국어）、JRC 中国语（JRC 맛있는 중국어）、点头中国语（끄덕끄덕 중국어）、李先生中国语（이선생 중국어）、学校中国语（중어동스쿨）、HACKERS 中国语（해커스 중국어）和中国语 pod（중국어 팟）等。这些 APP 主要分为三大类：学习类、词典类和考试类。其中学习类 APP 最受欢迎，主要包括词汇记忆、会话练习和汉字书写；考试类 APP 最受欢迎的是 HSK 讲解和练习。APP 因其使用的便捷性、学习内容的个人化、学习时间的灵活性而受到学习者的广泛欢迎。这些 APP 产品具有以下共性：（1）背后拥有强大的研发团队，提供的内容能满足学习者的多元需求；（2）凸显技术优势，以语音识别、在线检测等方式实现智能化学习；（3）聚焦韩国学习者特点，契合韩国学习者的思维方式和学习习惯；（4）版本更新速度快，每个月至少更新一次。

五、韩国中文教学资源的发展特点

（一）初级教学资源多，中高级教学资源少

本节搜集到的教学资源中，初级阶段数量最大，占总量的81%，中高级阶段只占19%。中文教学资源不仅主要集中在初级阶段，还对初级阶段进一步细分，出现了零基础（入门）、基础、准初级等层级描述。初级阶段教学资源的主要特点见表5-24。

表 5–24　韩国初级阶段中文教学资源的特点及教学资源示例

特点	教学资源示例
类型上，综合类和口语类最多，汉字类和阅读类次之	《你好中国语会话》(《니하오 중국어 회화》，2010) 《中国语之路》(《중국어의 길》，2014) 《六要素中国语新闻阅读》(《육하원칙 중국어 신문읽기》，2016)

---

① 韩国最大的安卓应用平台，由四大主要安卓应用市场合并而成。

续表

特点	教学资源示例
理念上，速成、实用、轻松、有趣是核心卖点	《40 天速成中国语》（《40 일 완성 날로 먹는 중국어》，2014） 《通过饮食学习中国语》（《음식으로 배우는 중국어》，2016） 《梦想中国语初级会话 600 句》（《드림중국어 초급 회화 600》，2017）
在使用对象上，按年龄分为儿童、青年、成人和老年人	《亲亲儿童中国语》（《친친 어린이 중국어》，2006） 《中国语日常口语（老年人）》（《중국어 일상회화（시니어）》），2016
在学习形式上，分为自学、课堂学习和在线学习	《加油！自学中国语第一步》（《힘내라！독학 중국어 첫걸음》，2017） 《视频中国语》（《영상중국어》，2006）
在用途上，分为考试型、兴趣型、升学型、增值发展型和专门目的型	《两个月通过新 HSK4 级》（《전공략 신 HSK 두달에 4 급따기》，2014） 《文化中国语》（《문화중국어》，1999） 《中文专业 现代文学》（《전공중국어 현대문학》，2012） 《销售达人中国语会话》（《판매달인 중국어 회화》，2011）
因汉字在韩国教育传统中具有重要地位，汉字类教学资源特色鲜明	《888 个中国语简体字书写》（《중국어 간체자쓰기 888》，2005） 《用三字经学中国语》（《삼자경으로 배우는 중국어》，2017）

（二）考试类教学资源种类丰富，热度不减

本节搜集到的考试类教学资源共 177 种，包括 10 个门类，分别为 HSK、YCT、BCT、TSC、CST（Chinese Speaking Test）、OPIc（Oral Proficiency Interview — computer）、韩国中文高考、韩国中文导游考试、韩国中文翻译考试和韩国中文教师考试。其中 HSK、YCT 和 BCT 为中国研发的中文考试，TSC、CST 是分别由韩国教育出版机构 JRC、YBM 研发的中文口语考试，OPIc 为美国外语教学委员会（ACTFL）主办的外语水平口语测试。其中，韩国对 HSK 认可度最高，口语类考试则更认可 TSC。

从数量上来看，HSK 考试类用书最多，占总量的 78%，涵盖了 HSK 1—6 级，内容上包括真题、模拟题、综合训练、单项技能训练和语言要素训练。从出版时间来看，最早的考试类资源出版时间为 1999 年。1999—2008 年，平均每年出版 4—8

种；2009—2020 年，平均每年出版 10—20 种。本节统计了韩国影响力较大的两家书店教保文库（有实体店和网店）和 YES 24（只有网店）人气最高的中文教学资源前 10 名（表 5-25），学习者购买意愿主要集中在 HSK 相关资源，以及少量初级口语类资源。

表 5-25　韩国代表性书店人气最高的中文教学资源前 10 名[①]

排名	教保文库[②]	YES 24[③]
1	HACKERS 中国语 HSK4 级	HACKERS 中国语 HSK4 级
2	HACKERS 中国语 HSK 单词本（1—4 级）	HACKERS 中国语 HSK5 级
3	HACKERS 中国语 HSK5 级	HACKERS 中国语 HSK 单词本（1—4 级）
4	HACKERS 中国语 HSK6 级	HACKERS 中国语 HSK4 级 + 单词本 1—4 级
5	HACKERS 中国语 HSK5 级单词本	HACKERS 初级中国语会话 10 分钟的奇迹
6	HACKERS 中国语 HSK3 级	啪！中国语的第一步
7	HACKERS 初级中国语会话 10 分钟的奇迹	HACKERS 中国语 HSK6 级
8	HACKERS 中国语 HSK1—2 级	HACKERS 中国语会话 10 分钟的奇迹：用 pattern 说话
9	HACKERS 中国语第一步	HACKERS 中国语第一步
10	HACKERS 中国语 HSK6 级实战模拟考试详解	HACKERS 中国语 HSK3 级

（三）少儿类教学资源发展迅速，特色鲜明

本节共搜集到 122 种少儿中文教学资源，语言水平主要集中在入门和初级，鲜有中高级。最早的资源见于 2004 年，2012 年后发展速度显著加快。（表 5-26）

---

① 数据截至 2020 年 12 月 14 日。
② 教保文库，http://www.kyobobook.co.kr/index.laf.
③ YES 24, http://www.yes24.com/.

表 5-26　韩国少儿中文教学资源的特点及教学示例

特点	教学资源示例
名称上多冠以"快乐""开心""棒棒的"等符合少儿心理特点的词语	《快乐学中国语》（《콰이러쉬에한위》，2008） 《棒棒的儿童中国语》（《빵빵한 어린이 중국어》，2019）
学习形式上多采用讲故事、看连环画、唱儿歌等符合少儿认知特点的方式	《童话中国语》（《동화 중국어》，2007） 《听听中国语儿歌》（《팅팅 중국어 동요》，2015）
语言技能要求上主要以会话为主，辅以适当的阅读和汉字书写	《小朋友说中国语》（《꼬맹이 말해봐 중국어》，2010） 《一天一页中国语》（《하루 한장 중국어》，2019）
编写理念上强调少儿的心理发展特点，如主打亲子学习、提倡眼耳手口心五感教学法等	"超级妈妈朴贤荣：能开口说的三句中国语"系列（수퍼맘 박현영의 말문이 빵 터지는 세 마디 중국어） "Howawa中国语教室"系列（호와와 중국어 교실）
系列化趋势显著，形成了一定的品牌效应	"你好儿童中国语"系列（니하오 어린이 중국어） "新你好儿童中国语"系列（신 니하오 어린이 중국어） "EBS 句型中国语"系列（EBS 생생말들 중국어）

（四）专门用途中文教学资源成为韩国中文人才需求和发展的晴雨表

本节搜集到 61 种专门用途中文教学资源，涵盖观光旅游中文、商贸中文、医疗中文、销售中文、税务中文、美容中文、物流中文、航空中文和警察中文共 9 个领域。其中数量最多的是观光旅游中文，占总量的 50%；税务中文、航空中文和警察中文数量最少，均只有 1 种。从时间上看，2000 年以前只有观光旅游中文和商贸中文，其他 7 个领域的中文教学资源均为后来兴起，特别是最近 5 年出现了物流中文、医疗中文、美容中文和航空中文。专门用途中文教学资源的发展反映了韩国不同领域对中文人才的需求，也是中文教育新发展趋势"中文＋职业"的具体表现。

第八节　马来西亚中文教学资源

马来西亚华人约占全国人口的 22.6%[①]，华文教育已走过两百年的历史，并构建了除中国两岸三地外唯一完备的华文教育体系。根据马来西亚华校董事联合会总会发布的《2019 年工作报告书》，目前马来西亚拥有 1298 所国民型华文小学（简称"华小"）、60 所独立中学（简称"独中"，包括宽柔中学的两所分校及关丹中华中学）、3 所大学学院；除此之外，还有 81 所国民型华文中学（简称"华中"）开设了华文课。

在马来西亚国民教育体系中，20 所公立大学全部开设了中文课程，包括中文专业完整的"本硕博"人才培养层次及面向非华裔的中文选修课程。此外，马来西亚逐渐发展出华语作为第二语言教学，并于 2011 年被纳入国民教育体系[②]，在公立小学和中学开设华语课程。

一、教育政策对中文教育的影响

马来西亚政府在独立前后陆续颁布过一系列影响华文教育走向的政府报告及法令，而这些报告及法令也促使马来西亚华人组织分别于 1951 年和 1954 年成立了"马来西亚华校董事联合会总会"（简称"董总"）和"马来西亚华校教师会总会"（简称"教总"），两者合称为"董教总"，领导马来西亚华文教育事业的发展。在进入新世纪之后，马来西亚教育部分别推出了三个关于教育发展的蓝图，即《2001—2010 年

[①] 欧联网. 统计称马来西亚人口约 3270 万人，华裔比率降至 22.6% [EB/OL]. http://www.oliannet.com/hr/ 2020/07-16/334488.shtml，2020-07-16.

[②] 王睿欣. 多语言背景下汉语在马来西亚传播的特点与动因 [J]. 汉语应用语言学研究，2019（00）：171-180.

教育发展大蓝图》《2006—2010 年首要教育发展大蓝图》及《2013—2025 年教育发展大蓝图初步报告》，前后三版大蓝图都在落实《1956 年拉萨报告书》单元化教育政策的"最终目标"，以实现单一源流学校的教育制度，建立单一民族国家。最新版大蓝图除了继续贯彻"民族国家"理念，还进一步提出"从 2014 年，在华小和淡小四年级开始采用与国小一样的国文课程和考试，把学习国文的时间从现在的 180 分钟增加到 570 分钟"①。

为了保障华文教育的发展，"董教总"于 2018 年 8 月颁布了《马来西亚华文独中教育蓝图》，并致力于规划华文教育的未来发展蓝图，以维护华人母语教育权及推动华文师资培养。

针对华文教育（华文作为母语教育）和华语教学（华语作为二语教学），马来西亚教育部课程发展司 2017 年分别更新了面向华小、华中、国民小学（简称"国小"）及国民中学（简称"国中"）的课程标准和评估标准。新版课程标准特别指出，在华小，采用华文作为第一语言的教学模式；在华中，华文是母语必修课程。二者均重视语文的工具性与人文性的统一。而在国小和国中，华语是第二语言教学，其目的主要是培养学生在实际生活中运用华语进行交际的能力。

二、华文教学资源发展情况

马来西亚华文教学资源伴随着华文教育的发展而不断完善，并形成了从基础教育到高等教育的教学资源体系。

（一）华文教材

1. 基础教育中的华文教材

华文教育体系中的基础教育分为初级教育和中级教育，但学校由三部分构成，分别是华小、华中和独中。其中，华小和华中接受政府的改制和津贴，因此其教材

---

① 董总.《2013—2025 年教育大蓝图》[EB/OL]. https://www.dongzong.my/resource/index.php/education-subject/blue-print，2012-10-05.

需要根据政府不同发展时期发布的教育大蓝图及教育部的课程标准进行编写及修订；而独中虽然完全独立于国民教育体系之外，隶属于"董教总"管辖之内，但其教材也需要按照《马来西亚华文独中教育蓝图》及《马来西亚华文独立中学课程总纲》进行编写和修订。

（1）华小华文教材

从 20 世纪 80 年代至今，马来西亚小学课程标准前后共有 5 个版本。（表 5-27）

表 5-27　马来西亚小学课程标准发展情况

出台年	课程标准名称及缩写
1983	小学新课程（Kurikulum Baru Sekolah Rendah，KBSR）
1995	小学综合课程（Kurikulum Bersepadu Sekolah Rendah，KBSR）
2003	小学综合课程修订（KBSR Semakan，KBSR S）
2011	小学标准课程（Kurikulum Standard Sekolah Rendah，KSSR）
2017	小学标准课程修订（KSSR Semakan，KSSR S）

"2017 年，教育部对小学标准课程进行检讨和修订，以从一年级开始，逐年落实小学标准课程修订版（KSSR Semakan），并将于 2022 年在小学全面采用小学标准课程修订版。"[1] 目前，华小一至五年级所使用的教材，分别是根据其对应年级的《华文课程与评价标准》编写的；而六年级由于还未推行最新修订的"KSSR S"课程标准，因此仍使用以 2014 年教育部颁布的《小学华文课程标准》为依据编写的教材。所有华文课本也同时配套《华文活动课本（上、下）》两册，覆盖 1—6 年级。（表 5-28）

表 5-28　马来西亚国民型华文小学（华小）华文教材

教材名称	编者	出版社	出版年
《一年级华文》	孙秀青、黄慧羚、周锦聪	The Malaya Press Sdn Bhd	2016
《二年级华文》	周锦聪、孙秀青、黄慧羚	The Malaya Press Sdn Bhd	2017
《三年级华文》	周锦聪、孙秀青、黄慧羚	The Malaya Press Sdn Bhd	2018
《四年级华文》	余秀蓉、曾秀梅	Beh-Er Publication Sdn Bhd	2019

[1]　马来西亚华校教师会总会 . 华小推行小学标准课程（KSSR）的概况调查报告 [EB/OL]. http://web.jiaozong.org.my/index.php?option=com_content&task=view&id=5179，2018-12-20.

续表

教材名称	编者	出版社	出版年
《五年级华文》	张子妍、余秀蓉、曾秀梅	Beh-Er Publication Sdn Bhd	2020
《六年级华文》	孙秀青、黄慧羚、周锦聪	The Malaya Press Sdn Bhd	2015

除此之外，马来西亚教育部在小学执行"小六评估考试"（Ujian Pencapaian Sekolah Rendah，UPSR）。由马来西亚教育部及马来西亚考试局联合举办的 UPSR，是面向公立小学六年级学生的学术资格考试。该考试将决定六年级学生是否有资格升入中学一年级，因此，马来西亚以评估考试为指向的教辅材料也相对较为丰富（表 5-29）。

表 5-29　马来西亚国民型华文小学（华小）华文教辅材料

教材名称	出版社	出版年
《UPSR 写作王 100 篇华文精选范文》	High Achiever Edu Publishing Sdn Bhd	2019
《小状元亲子学习宝（华文 1—6 年级）》	Gemilang Publishing Sdn Bhd	2019
《嘉阳小状元自习课堂评估（华文 1—6 年级）》	Gemilang Publishing Sdn Bhd	2019
《小状元科科优单元练习（华文 1—6 年级）》	Gemilang Publishing Sdn Bhd	2019
《小状元满分测验（华文 1—6 年级）》	Gemilang Publishing Sdn Bhd	2019
《嘉阳练写字（华文 1—6 年级）》	Gemilang Publishing Sdn Bhd	2019
《嘉阳华文生字新词（华文 1—6 年级）》	Gemilang Publishing Sdn Bhd	2019

（2）华中华文教材

华中教材经历了三个版本，分别是 1958 年版《新标准语文课本》、1986 年根据马来西亚教育部实施的"中学综合课程大纲"（Kurikulum Bersepadu Sekolah Menengah，KBSM）出版的《华文》，以及根据 2017 年开始实施的"新中学标准课程大纲"（Kurikulum Standard Sekolah Menengah，KSSM）编写的新版《华文》教材。预备班到中五的华文教材，依据《华文课程与评价标准》及《华文课本编写指南》编写而成。截至 2020 年，华中的华文教材已经全部更新完毕。（表 5-30）

表 5-30　马来西亚国民型华文中学（华中）华文教材

教材名称	编者	出版社	出版年
《预备班华文》	陈钦财、郑德容、纪妙芝、林素华、包咏之、黄泳嘉	Penerbitan Pelangi Sdn Bhd	2019

续表

教材名称	编者	出版社	出版年
《中一华文》	曾俊萍、郑奕标、张秀丽	The Malaya Press Sdn Bhd	2016
《中二华文》	曾俊萍、郑奕标、张秀丽	The Malaya Press Sdn Bhd	2017
《中三华文》	曾俊萍、郑奕标、张宝云	The Malaya Press Sdn Bhd	2018
《中四华文》	曾俊萍、郑奕标、张宝云	The Malaya Press Sdn Bhd	2019
《中五华文》	曾俊萍、郑奕标、张宝云	The Malaya Press Sdn Bhd	2020

此外，为了培养学生鉴赏文学作品的能力，以及适应马来西亚教育文凭考试（Sijil Pelajaran Malaysia，SPM），华中阶段华文课程以教育部课程发展司制定的《华文文学课程与评价标准》及考试局中国文学试卷考试范围为依据，编写了三本重要的教辅材料供华文教师上课使用。（表 5-31）

表 5-31　马来西亚国民型华文中学（华中）华文教辅材料

教材名称	编者	出版社	出版年
《华文文学文选（中四/中五）》	谢增英、张善美	The Malaya Press Sdn Bhd	2019
《华文文学名家小说选（中四/中五）》	谢增英、林淑琴	The Malaya Press Sdn Bhd	2019
《华文文学戏剧（中四/中五）》	谢增英、贺慧萍	The Malaya Press Sdn Bhd	2019

（3）独中华文教材

独中的华文教材编写，既要符合国家要求，同时也要具有一定的独立性。从其整个发展历程来看，初中华文教材经历了 4 个版本，高中华文教材经历了 3 个版本。根据现有政策，初中阶段的华文教材第 4 版依据马来西亚教育部 2017 年颁布的《新中学标准课纲》和"董教总"全国华文独中工委会统一课程委员会 2020 年 3 月颁布的《马来西亚华文独立中学课程总纲（试行版）》编写，而高中阶段的华文教材还在使用 2012 年的版本。（表 5-32）

表 5-32　马来西亚独立中学（独中）华文教材列表

教材名称	编者	出版发行	出版年/版本
《华文初一（上/下）》	董教总华文独中工委会统一课程委员会	马来西亚华校董事联合会总会（董总）	2019 第 4 版

续表

教材名称	编者	出版发行	出版年 / 版本
《华文初二（上 / 下）》	董教总华文独中工委会统一课程委员会	马来西亚华校董事联合会总会（董总）	2020 第 4 版
《华文初三（上 / 下）》	董教总华文独中工委会统一课程委员会	马来西亚华校董事联合会总会（董总）	2006 第 3 版
《华文高一（上 / 下）》	刘慧华、林志敏	马来西亚华校董事联合会总会（董总）	2012 第 3 版
《华文高二（上 / 下）》	刘慧华、林志敏	马来西亚华校董事联合会总会（董总）	2012 第 3 版
《华文高三（上 / 下）》	刘慧华、林志敏	马来西亚华校董事联合会总会（董总）	2012 年 第 3 版

为了配合教学及考试，"董教总"考试局出版了《高中华文试题总集》《高中华文历届题集》《初中华文试题总集》及《初中华文历届试题集》等教辅材料，同时也使用中国出版的一系列教辅材料。

2. 高等教育中的华文教材

马来西亚所有大学的课程合法性由马来西亚教育部规定，其课程还必须经过 MQA（Malaysian Qualifications Agency）审核批准，授课内容也是如此，因此一般没有强制规定的教材。每个科目都会根据 MQA 设计授课内容，一般也会向教师推荐可选用的教材，但实际的授课内容由教师自行调整。以博特拉大学现代语言与传播学院外语系的中文部（表 5-33）和新纪元大学学院的中文系（表 5-34）部分本科课程为例，除了本土教材以外，新加坡、中国出版的教材均有采用。

表 5-33　博特拉大学现代语言与传播学院外语系中文部使用的教材

课程名称	使用教材	作者	出版地及出版社	出版年
中国近代文学史	《中国近代文学之变迁·最近三十年中国文学史》	陈子展	上海：上海古籍出版社	2000
中国通史	《中国通史》（修订 4 版）	甘怀真	台北：三民书局	2006
先秦两汉散文史	《中国散文简史》	谭家健	吉隆坡：新纪元出版社	2010

表 5-34 新纪元大学学院中文系使用的教材

课程名称	使用教材	作者	出版地及出版社	出版年
中国历史	《国史大纲》(修订本)(全两册)	钱穆	台北：商务印书馆	1996
	《中国通史》(上下册)	傅乐成	北京：中信出版社	2014
文学概论	How to Read Literature	Terry Eagleton，黄煜文译	台北：商周出版社	2014
	《文学是什么》	傅道彬、于茀	北京：北京大学出版社	2002
	《文学概论通用教程》	葛红兵	上海：上海大学出版社	2003
古代汉语	《古代汉语》(校订重排本)	王力主编	北京：中华书局	1999
	《古代汉语》(修订本)	郭锡良等	北京：商务印书馆	1999
中国文献学	《中国文献学》	张舜徽	武汉：华中师范大学出版社	2004
	《文献检索教程》	何华连、方宝花	上海：上海辞书出版社	2005
	《汉语古籍电子文献知见录》	张三夕、毛建军	广州：世界图书出版广东有限公司	2015
现代汉语	《现代汉语》(增订6版)	黄伯荣、廖序东	北京：高等教育出版社	2017
	《现代汉语》(重订本)(第7版)	胡裕树	上海：上海教育出版社	2011
中国思想史	《中国思想史》	葛兆光	上海：复旦大学出版社	2009
	《中国哲学史经典精读》	郭齐勇	北京：高等教育出版社	2014
马来西亚华人研究	《新加坡马来西亚华侨史》	林远辉、张应龙	广州：广东高等教育出版社	1991
	《马来西亚华人史新编》(全三册)	林水檺等	吉隆坡：马来西亚中华大会堂总会	1998
	《马来西亚华人人物志》(全四册)	何启良	八打灵再也：拉曼大学中华研究中心	2014
马华文学史	《马华新诗史读本(1957—2007)》	陈大为、钟怡雯	台北：万卷楼图书有限公司	2010
	《战前新马文学本地意识的形成与发展》	杨松年	新加坡：新加坡国立大学中文系、八方文化企业公司	2001

（二）数字化教学资源

马来西亚华文教育数字化教学资源建设在新冠肺炎疫情期间取得了一定进展，除了纸质教材的电子化以外，也通过 YouTube 和 Google Classroom 搭建了在线教学平台；除此之外，也使用 Quizizz、Screencast-O-Matic 等软件录播教学活动。"董总"官网则推出了"E 行动"板块，包括在线教学案例分享、阅读快乐、Digital Learning Tools 和社群网络四部分，共同推进教学资源数字化建设。

三、华语教学资源发展情况

马来西亚华语教学真正发展起来是在国家独立之后，当时非华裔学习华语的主要目的是为了与当地华裔交流[①]，马来亚大学和玛拉工艺学院开设了面向非华裔的成人华语课程，至此，华语教学资源也进入了发展阶段。

（一）华语教材

1. 基础教育中的华语教材

（1）国小华语教材

马来西亚国小主要以马来语作为教学媒介语，华语则作为学生的第二语言选修课程。其中，《交际华语》由马来西亚教育部于 2003 年编写，是国民小学使用最早的一套教材；《国小华语》由教育部于 2007 年出版，是马来西亚目前使用范围最广、影响最大的国民小学系列教材；在马来西亚教育部推行 KSSR S 课纲之后，同样改版了国小华语教材，目前推行至五年级。（表 5-35）

表 5-35　马来西亚国民小学（国小）华语教材

教材名称	编者	出版社	出版年
《一年级国小华语》	陈矜孜、余秀蓉、朱荣昌	Dewan Bahasa dan Pustaka	2016
《二年级国小华语》	黎秀珍、李钛沫、温翠艺	Dewan Bahasa dan Pustaka	2017
《三年级国小华语》	李钛沫、林夆笏、温翠艺	Dewan Bahasa dan Pustaka	2018

① 何富腾. 马来西亚国立大学华语教学及教师能力标准研究 [D]. 马来西亚：拉曼大学中华研究院，2014.

续表

教材名称	编者	出版社	出版年
《四年级国小华语》	林夆笱、温翠艺	Dewan Bahasa dan Pustaka	2019
《五年级国小华语》	林夆笱、黄汉威、梁月绫	Dewan Bahasa dan Pustaka	2020
《六年级国小华语》	陈矜孜、余秀蓉	Dewan Bahasa dan Pustaka	2016

（2）国中华语教材

马来西亚的公立中学共有 1829 所，无论是在 1986 年版的"中学综合课程大纲"（Kurikulum Bersepadu Sekolah Menengah，KBSM）中，还是在 2017 年版的"新中学标准课程大纲"（Kurikulum Standard Sekolah Menengah，KSSM）中，华语均为选修课。由于该课程需要向选修华语的学生提供一套符合国家教育理念的教材，培养学生"听、说、读、写"的华语技能，因此其教材是依据新版的《交际华语课程与评估标准》和第二语言教学理念编写的。（表 5-36）

表 5-36　马来西亚国民中学（国中）华语教材

教材名称	编者	出版社	出版年
《中一交际华语》	陈润卿、张涵龙、江玉英、魏晓卉、刘瑜娥、黄礼劲、詹琇斌	Penerbitan Bangi Sdn Bhd	2019
《中二交际华语》	李佳骏、李慧婷	Tai Seng Trading	2020
《中三国中华语学习模组》	马来西亚教育部课程发展司华文科	Bahagian Pembangunan Kurikulum	2018
《中四、中五国中华语学习模组》	马来西亚教育部课程发展司华文科	Bahagian Pembangunan Kurikulum	2020

2. 高等教育中的华语教材

马来西亚现有 20 所国民公立高校，均开设了华语选修课。20 所国立大学所用教材情况见表 5-37。

表 5-37　马来西亚国立大学华语教材 [①]

大学名称	使用课本	类别
马来亚大学	中文系华语班:《快乐汉语》第一、二册	中国课本
	语言学院华文班:《快乐汉语》第一、二册	中国课本
	东亚系：一年级《体验汉语》；二年级《体验汉语》；三年级《汉语教程》	中国课本
玛拉工艺大学	学士班：自编一套 3 本的《会话华语》	自编
	文凭班：自编一套 2 本的《华语》	自编
	旅游及酒店管理系：自编一套 2 本的《旅游及酒店管理科专用华语课本》	自编
马来西亚理科大学	选修科 LAC：刘珣主编的《新实用汉语课本》及杨寄洲编著的《汉语教程　第一册（上）》	中国课本
	选修科 LTC：刘珣主编的《新实用汉语课本》及杨寄洲编著的《汉语教程　第一册（上）》	中国课本
	副修科：自编教材	自编
马来西亚国民大学	本科生选修：自编教材《华语 1》和《华语会话 2》	自编
	理解与写作：由老师筛选和编写	自编
	现代文选：由老师筛选和编写	自编
	商贸与文化：由老师筛选和编写	自编
马来西亚博特拉大学	华文班：杨寄洲编著的《汉语教程》（修订本）	中国课本
马来西亚砂拉越大学	参考 INTAN 课本 *Kursus Mandarin Tahap Satu*、中国汉语课本《问和答：速成口语汉语》和杨寄洲编著的《汉语教程》等改编而成	参考中国课本改编
马来西亚沙巴大学	汉语初级班：《问和答：速成口语汉语》	中国课本
	汉语副修班：《快乐汉语》	中国课本
	汉语进阶班：《现代汉语基础概论》及《中国文化导读》	中国课本
马来西亚工艺大学	总院本科选修：未使用课本。教材根据大纲编写，打印并复印给学生使用	自编
	总院本科商业华语：未使用课本。教材根据大纲编写，打印并复印给学生使用	自编

----

① 何富腾 . 马来西亚国立大学华语课程教材的研究 [J]. 海外华文教育，2014（01）：101-107.

续表

大学名称	使用课本	类别
马来西亚 工艺大学	分院文凭选修:《汉语快车》	中国课本
马来西亚 北方大学	使用玛拉工艺大学讲师编写的《基础华语（一、二、三）》和《基础华语习字簿（一、二、三）》	本地编写 华语课本
马来西亚 敦胡先翁大学	本科选修：参考中国的汉语课本和博特拉大学的《简易华文》（*Chinese Made Easy*）改编	参考中国 课本改编
	文凭选修：参考中国的汉语课本和博特拉大学的《简易华文》（*Chinese Made Easy*）改编	参考中国 课本改编
马来西亚 彭亨大学	章维新编写的华语课本《初级华语》《中级华语》	自编
马来西亚 登嘉楼大学	玛拉工艺大学《华语 1》及《长城汉语（一）》（自编教辅）	本地编写 华语课本
马来西亚 玻璃市大学	本科选修：参考本地和中国出版的华语二语课本后改编成的华语课本	参考中国 课本改编
	文凭选修：参考本地和中国出版的华语二语课本后改编成的华语课本	参考中国 课本改编
苏丹伊特利斯 师范大学	参考本地和中国出版的华语二语课本后改编成的华语课本	参考中国 课本改编
马来西亚 技术大学	本科选修：参考中国课本和博特拉大学郭莲花等人编的华语课本《初级华语》后改编成的华语课本	参考中国 课本改编
	文凭选修：参考中国课本和博特拉大学郭莲花等人编的华语课本《初级华语》后改编成的华语课本	参考中国 课本改编
马来西亚 吉兰丹大学	办校初期采用 UiTM 2006 年出版的华文课本	本地编写 华语课本
苏丹再纳 阿比丁大学	本科选修:《长城汉语》	中国课本
	文凭选修:《长城汉语》	中国课本
	文凭 TESL:《长城汉语》	中国课本
马来西亚 国防大学	《汉语会话 301 句》	中国课本
回教理科大学	参考中国课本和博特拉大学洪丽芬等人编的华语课本后改编成的华语课本	参考中国 课本改编

续表

大学名称	使用课本	类别
马来西亚国际伊斯兰教大学	参考中国课本《学说中国话》和其他本地及外国的华语二语课本后改编成的课本	参考中国课本改编

另外，私立大学中也有不少开设了华语课，如吉隆坡大学、多媒体大学、国油大学、雪州大学、泰莱大学等①。目前吉隆坡大学所用华语教材为本校自编的《生活华语》和《学华语说华语》。

3. 其他华语作为第二语言教学教材

除了国民中小学和公立私立高校外，马来西亚还有一些国际学校、私立学习中心编写和使用的华语教材，以及国家公共行政机构语言中心供一些政府官员和公务员学习所使用的华语教材，这些也都属于华语作为第二语言教学教材。（表 5-38）

表 5-38　其他华语作为第二语言教学教材②

教材名称	教学对象	教学机构	出版社
Basic Chinese for Everyone Chinese Conversation Made Easy	社会人士或专业人士	私立学习中心	Pelanduk Publications (M) Sdn Bhd
Speak Mandarin	成人学习者	私立学习中心	MJ Sdn Bhd
Gateway to Mandarin	政府官员或公务员	公共行政学院	公共行政学院
A Guide to Mandarin Phonetics	政府官员或公务员	公共行政学院	公共行政学院
Kursus Bahasa Mandarin Tahap 1	政府官员或公务员	公共行政学院	公共行政学院
Diy Mandarin Series 1	政府官员或公务员	公共行政学院	公共行政学院

（二）数字化教学资源

马来西亚华语数字化教学资源十分有限，14 所国立高校使用的华语辅助学习软件主要有 Chinese Tools③、一笔通书写软件和 Tell Me More④ 等。

---

① 刘玉屏，袁萍.马来西亚华语教学的两大源流及其互补性[J].云南师范大学学报（对外汉语教学与研究版），2020，18（01）：1-6.
② 叶婷婷，吴应辉.马来西亚的华语作为第二语言教学教材探析[J].云南师范大学学报（对外汉语教学与研究版），2010，8（04）：63-67.
③ Chinese Tools, https://www.chinese-tools.com/.
④ Tell Me More, http://tellmemore.psu.ac.th/tmm62/portalCOR/modportalCOR.axrq.

第九节　美国中文教学资源

美国中文教育大致经历了早期私塾教育、新式华侨教育和当代中文教育三个阶段。截至 2017 年，全美基础教育阶段（幼儿园到高中）开设中文课程的学校共 1144 所，中文学习者总数为 227086 人，占外语学习者总数的 2.13%，在西班牙语、德语和法语之后，排在第四位。[①] 2016 年，全美高等教育阶段可授予中文本科学位的高校为 84 所，中文学习注册人数为 53096 人，排在第七位。[②]

一、基础教育阶段中文教学资源

在美国基础教育阶段的中文教学中，是否设置 AP 考试对学校的中文教学、教材使用起到关键性作用。本节通过分析美国大学理事会 AP 中文相关网站数据[③] 及 Cheng & Tsui 网站[④] 中 K-12 基础教育阶段教材，梳理基础教育阶段本土中文教学资源以及 AP 中文教学资源的使用情况。

（一）K-12 基础教育阶段本土中文教学资源

从表 5-39 的统计数据可以看出，初中以下可选教材较少，但可选读本较多；高

[①] 根据美国国防语言与国家安全教育办公室（DLNSEO）语言旗舰项目、美国国际教育委员会（ACIE）与美国外语教学委员会（ACTFL）、应用语言学中心（CAL）、现代语言协会（MLA）和国家语言监察委员会（NCSSFL）于 2017 年 6 月共同发布的《全国 K-12 外语入学调查报告》（*The National K-12 Foreign Language Enrollment Survey Report*）整理。

[②] 根据美国现代语言协会（MLA）2019 年发布的《美国高等教育机构 2016 年夏季和 2016 年秋季非英语语言的入学人数：最终报告》（*Enrollments in Languages Other Than English in United States Institutions of Higher Education，Summer 2016 and Fall 2016：Final Report*）整理。

[③] AP Central, https://apcentral.collegeboard.org/courses/ap-chinese-language-and-culture/course-audit.

[④] Cheng & Tsui, https://www.cheng-tsui.com/.

中教材数量较多，该部分教材既可在高中使用，又可在大学使用，如《中文听说读写》（*Integrated Chinese*）。可供高中使用的教材较为丰富的原因有二：一是高中学生可以参加 AP 中文考试，这在一定程度上促进了中文项目的推广；二是公立高中的学生必须要选择一门外语课，开设中文课能够增加学生选择的多样性，从而间接影响学校的竞争力。

表 5–39　美国 K–12 基础教育阶段教材适用范围

K-12 适用范围	数量（种）
幼儿园及小学（学前—5 年级）	12 + 73（读本）
初中（6 年级—8 年级）	10
高中（9 年级—12 年级）	21

K-12 基础教育阶段教材比较丰富。如 Cheng & Tsui 公司出版的初级阶段读物较多，大部分教科书都配有辅助资源，如《你好》（*Ni Hao*）系列包括课本、练习册、教师手册、音频 CD 和游戏软件，方便教师和学生使用。（表 5-40）

表 5–40　美国 K–12 基础教育阶段教材性质分类

教材性质		数量（种）
教科书	学生用书	60
教辅材料	教师用书	22
	练习册	38
	汉字书写本	4
	教具	4
CD、网站、游戏等多媒体资源		44
电子书及网络课程		5
读物		73

目前基础阶段可供选择的教材大多为通用型教材。专用型教材仅有《在商言商》（*Close the Deal*）一个系列，共两本，适用于专门开设商业项目的学校。（表 5-41）

表 5-41　美国 K-12 基础教育阶段教材用途分类

教材用途	数量（种）
通用型教材	26
应试型教材	10
专用型教材	2

表 5-42 显示，综合类教材较多，其次是阅读类教材。在阅读类教材中，大部分教材是针对幼儿的读物或绘本，如《我能读》（*I Can Read*）系列；专为中学生设计的《汉语风》（*Chinese Breeze*）为分级阅读教材。没有侧重提高听力水平的专项教材，但是有教材配套 CD、练习册等其他资源。

表 5-42　美国 K-12 基础教育阶段教材功能分类

教材功能	数量（种）
综合类教材	51
口语类教材	4
听力类教材	0
阅读类教材	41
写作类教材	5

（二）AP 中文教学资源

AP 中文课程是美国公立高中中文大学学分先修课。它允许中学生选修，通过考试的考生可以获得大学学分，或能选修中文高级课程，或两者兼得。

表 5-43 显示，AP 中文考试以《中文听说读写》为主要教材，以《AP 中国语言文化》（*AP Chinese Language and Culture*）等为辅助教材。教师也会配合电影、视频以及网络多媒体资源等培养学生的语言能力，其中以大学理事会的 AP Classroom 为主。AP Classroom 是由大学理事会为学生准备的一套在线课程系统，其中包含讲解、练习、评分等[1]。（表 5-44）

---

[1] AP Classroom, https://apcentral.collegeboard.org/instructional-resources/ap-classroom.

表 5-43　美国 AP 中文教材资源类型分类

资源类型	数量	备注
课本教材	10	以《中文听说读写》为主要教材
多媒体资源	4＋n①	以网络资源为主，如 AP Classroom

表 5-44　美国 AP Classroom 在线课程板块

板块	功能说明	补充信息
AP Daily	AP 老师对考试知识点的讲解	视频
Course and Exam Description	课程总述及考试大纲	文档
Unit Guides	单元详解	/
Course Pacing Guides	教学进度指导	/
Topic Questions	按照话题分类的问题	在线问题
Progress Checks	单元小测	在线单元测试题
Progress Dashboard	学生学习进度查询	/
Question Bank	问题题库	在线题库

由表 5-45 可知，AP 考试建议使用的主要教材为综合类教材。但就比例来说，阅读类教材占 60%，写作类教材占 10%，应试类教材占 10%，没有口语类教材和听力类教材。此外，通过与 AP 授课老师进行个别访谈得知，在使用主要教材的基础上，授课老师也会利用 AP Classroom 中的视频和练习，帮助学生准备 AP 中文考试。有些老师会选择纽约 Barron's 出版社出版的《AP 中国语言文化》作为考前辅导用书，该书针对考试题型设计练习，在训练学生语言能力的同时也强调考试技巧。还有些老师会使用自编教材，或利用网络使用一些真实语料作为学习资料。单独使用阅读类或写作类教材的教师很少。

表 5-45　美国 AP 中文教材的功能分类

教材功能	数量（种）
综合类	2
口语类	0
听力类	0

---

① n 为其他网络资源。

续表

教材功能	数量（种）
阅读类	6
写作类	1
应试类	1

二、高等教育阶段中文教学资源

（一）按出版年分类

需要说明的是，一些经典的美国本土中文教材，由于在使用过程中不断打磨语言材料的精准度及教学材料的时效性等，已多次再版，如《中文听说读写》目前已为第 4 版。因此，本节对美国中文教材出版年限的划分采取教材再版年作为参考标准，即该教材最新版本的出版年。

整理收集到的 91 种美国本土高校中文教材后发现：（1）2000 年以前出版的中文教材仅有 1 种；（2）2001—2010 年美国中文教材出版品种较多，共计 45 种；（3）2011—2020 年美国高校选修中文课程的学生基数稳定，教材的出版和修订率保持良好上升势头，共计出版 45 种高校中文教材。（表 5-46）

表 5-46　按教材出版年的分类

教材出版年	数量（种）
2000 年以前	1
2001—2010 年	45
2011—2020 年	45

（二）按教材编写及出版体系分类

系列中文教材包含三类：一是成册型教材。如霍普金斯大学编辑出版的《大话西游》（*A Chinese Odyssey*），共有 6 本教材，课本内容可连续用于大学前三个学年。二是自带教辅材料型教材。如《走向未来》（*Chinese for Tomorrow*），旨在强调利用计算机交互方式学习中文，该系列教材包括课本、教师用书及语法书。三是以话题为分册标准的系列教材。较为典型的是宾夕法尼亚大学东亚语言与文学系 Grace Wu 编写的《人物传记》（*Chinese Biographies*）系列教材，该教材将在海外有影响力的华人及其事迹按人物传记形式归类成册，适用于已掌握 1000—1200 个中文词的中级水平大学生。

单册（或单行本）类型的教材均为适用于高级阶段中文学习者的教学资源。比如，靳洪刚和许德宝编写的《中国社会文化写实》（*China Scene Textbook*）通过一系列当代社会和文化主题学习现代中文；再如，由哈佛大学于峰等编写的《在商言商》是高级商务中文教材，适用于大学高级水平的中文学习者，旨在促进其中文技能扩展到商业领域。值得注意的是，本节收录的 8 种单册中文教材均已出版电子书。（表 5-47）

表 5–47　按教材编写及出版体系的分类

教材体系	数量
系列教材（统计单位：系列）	10
单册教材（统计单位：种）	8

（三）按教材性质分类

美国本土高校中文教学资源中，纸质教材有 63 种，占教学资源总量（91 种）的 69%；数字化教材（CD 光盘、MP3 及电子书）有 28 种，占总量的 31%。纸质教学资源包括教科书和教辅用书。其中纸质的课本（即学生用书）及纸质教师用书属于教科书，分别有 43 种和 1 种，共 44 种（另有 5 种教材中的教师用书仅有电子版）。与教科书配套的纸质教辅材料包括：综合练习册 11 种，汉字练习材料 6 种（4 种汉字书、2 种汉字卡），语法书 2 种。另外，音频材料也是教学辅助材料中不可或缺的部分，配有音频材料的教材有 12 种。此次统计范围内的电子书均为已出版纸质书的电子版本。（表 5-48）作为一种新兴的数字化教学资源，电子书的出版发行数量自 2016 年起基本呈现逐年递增趋势，其中 2016 年出版 2 种，2017 年和 2018 年各出版 4 种，2019 年 2 种，2020 年 4 种。

表 5-48 按教材性质的分类

教材性质	数量（种）
学生用书	43
教师用书	6（1 纸质＋5 电子）
综合练习册	11
汉字练习材料	6
语法书	2
教学音频材料	12
电子书	16

（四）按适用的学生中文水平分类

美国本土出版的高校中文教材里，各阶段的教材数量较为均衡，高级阶段的教学资源少于其他阶段，入门阶段的中文教材数量也略少于初级和中级阶段。访谈显示，之所以入门阶段的教材欠丰富，原因有二：一是一些美国高校在定夺基础性中文教材时，倾向于参考中文教学发展较为突出的几所美国高校，因此形成了一部分高校使用同系列或同本基础入门中文教材的情况；二是基础阶段的中文教学不需要过多依赖语料性的教学资源，多为音节或简单字词的发音和拓展练习，因此许多高校倾向于使用教师团队内部编写的教材。（表 5-49）

表 5-49 按适用的学生中文水平的分类

学生的中文水平	数量（种）
入门级	19
初级	26
中级	34
高级	12

（五）按教材用途分类

目前美国高校中普遍使用的教材为通用型教材，专用型教材仅有两个系列且均为商务中文教材，即《新世纪商用汉语》（*Open for Business*）和《在商言商》。适用于中文短期学习项目的教材仅有 5 种，目前绝大多数活跃的美国大学中文短期项目都已有固定且成熟的自编教材，因此适用于美国高校短期中文项目的教材数量及使用频率都不高。学历型教材数量并不多，但教材是否在学分制课程中使用，尚需实地调研才可得出准确结论。（表 5-50）

表 5-50　按教材用途的分类

教材用途	数量（种）
通用型教材	82
专用型教材	9
中文短期学习项目教材	5
学历型教材	23

注：通用型、专用型教材与中文短期学习项目、学历型教材有重合，因此本表统计数量总数大于数据总量 91 种。

（六）按教材功能分类

综合类中文教材在美国高校中使用频率更高，但也不乏专门用于提高学生单项中文水平的教材。《名作导读与写作》（*Masterworks Chinese Companion*）是加州大学圣地亚哥分校中文教师 Qin-Hong Anderson 所编，书中编排了 12 篇不同写作风格的短篇小说，为中文高级学习者提供了在写作中表达思想和情感所需的词汇和模式。《两岸对话》（*Across the Straits*）则是侧重提高中高级阶段中文学习者听力水平的专项技能型教材。（表 5-51）

表 5-51　按教材功能的分类

教材功能	数量（种）
综合类教材	61
口语类教材	8
听力类教材	5
阅读类教材	4
写作类教材	13

三、其他教育层次（类型）中文教学资源

（一）孔子学院（课堂）

美国孔子学院（课堂）大都使用中国开发的通用型教材进行教学，如《快乐汉语》《汉语乐园》和《中国全景——旅游汉语·九州行》等。然而随着教学活动的进一步开展，越来越多的孔子学院（课堂）发现通用型教材不能很好地与美国社会及美国中文学习者情况相匹配。因此，很多美国孔子学院（课堂）在教学实践中编写了本土的教学资源。本节搜集了美国50个孔子学院（课堂）的132套本土教学资源，主要分为书籍、多媒体资料和数字化平台三大类。需要说明的是，许多美国孔院编写的本土书籍并未出版发行，仅在院内教学使用。具体见表5-52。

表5-52　美国孔子学院（课堂）本土教学资源

类别	数量
书籍	121套
多媒体	7套
数字化平台	4个

书籍主要有教材、教辅资料、读物和工具书，共121套。其中，教材又可以分为综合教材、听力教材、语法教材、口语教材、文化教材和专业中文教材，如《新幼儿汉语》（加州中国语言教学研究中心孔子课堂）、《汉语听力教学》（爱荷华大学孔子学院）、《中文语法快易通：句型结构》（罗德岛大学孔子学院）、《中文会话》（中阿肯色大学孔子学院）、《语言文化课程教材》（布莱恩特大学孔子学院）、《BBC初级实用商务汉语》（*Basic Business Chinese*）（波特兰州立大学孔子学院）和《汉字与书法》（*Amazing Characters & Magic Brushwork*）（西密歇根大学孔子学院）等；教辅资料有《汉字部首教程》练习册（爱荷华大学孔子学院）、《AP中文综合测试——专项练习题》（加州中国语言教学研究中心孔子课堂）等；读物涉及历史、文学、社会、旅游和艺术等方面，如《中国行——从传统走向现代》（*China in View: From Tradition to Contemporary*）（西密歇根大学孔子学院）、《中国族群》（*Ethnic Groups of China*）（乔治梅森大学孔子学院）和《今日中国文学》（*Chinese Literature Today Book Series*）（俄克拉荷马大学孔子学院）等；工具书有《麦格劳-希尔汉语词

典》（*McGraw-Hill's Chinese Dictionary and Guide*）（迈阿密大学孔子学院）和《商务馆学汉语字典》（迈阿密大学孔子学院）。

多媒体资料主要为视频、音频、课件和 CD，共 7 套。如波特兰州立大学孔子学院的"在线多模态汉英—英汉互译学习课件"、布莱恩特大学孔子学院的《随我游中国》（*Follow Me — Learning Chinese Language and Culture*）中国语言文化教学短片和韦恩州立大学孔子学院的《两分钟学中文》CD 等。

数字化平台资源相对较少，多为中文网络教学和 AP 考试准备。如华美协进社孔子学院开发的 China 360 教育网络平台[①]、加州中国语言教学研究中心孔子课堂开发的 AP Chinese Language and Culture Simulated Tests 等。

（二）中文学校

美国的中文学校并未进入国民教育体系，属于主流体系之外的社区组织，大多以非营利性为主，运营者主要是学生家长和社区志愿者。按开课时间可分为周末中文学校、课后中文学校和暑假中文学校。周末中文学校上课时间一般为周五下午公立学校放学后到周末某天下午或晚上的 3 小时，课后中文学校上课时间一般为工作日下午放学后的 3 小时，暑假中文学校上课时间为暑假每周一至周五。一些规模较大的中文学校可以同时提供多种课程选择。

美国中文学校使用的教材大致分两种：一是通用教材，比较常见的有《学华语向前走》（*Let's Learn Chinese*）系列、《全新版华语》系列、《中文》系列和《美洲华语》系列。《美洲华语》系列教材适合每周上课 2—4 小时的中文学校使用，与美国高中 AP 中文课程和美国大学的中文教学相衔接，注重学生在中文听力理解、口语表达、阅读理解、书写和翻译等方面的学习，并配以教材 DVD、字卡、词语图片和海报等教学辅助工具。二是自编教材，内容更接近当地学生的生活，如《马立平中文教材》。也有一些中文学校教师会在通用教材的基础上编制"改版"教材。

1. 学前教育

学前教育主要由家庭教育和幼儿园教育组成。通过 Cheng & Tsui 网站和 China Sprout 网站数据检索，共搜得美国本土学前中文教育图书 50 种。（表 5-53）

---

① China 360, https://china360online.org/.

表 5-53　学前中文教育图书编写及出版体系

教材体系	数量
系列图书（单位：系列）	21
单册图书（单位：种）	29

从图书编写及出版体系来看，系列型图书共 21 个系列，可分为三类：（1）成册型。如由 Queenie Law 编写的 *Chinese for Kids* 系列，共 5 册。通过易于理解的概念图、追踪性练习、进度清单等方式帮助父母和孩子学习汉字和中国文化。（2）自带教辅资料型。如《Hello，华语！》分为教材和教辅练习册，主要通过日常生活中的情景对话串联起整本书，帮助学生掌握简单汉字、口语对话和句型，比较适合幼儿园课堂使用。（3）话题为分册标准型。如《我最喜爱的知识图典》（*My Favorite Pictionary of Knowledge*）是按生活、逻辑、节日、百科和场所 5 个话题编排的读物，书中词语中英对照，内容丰富，插图生动活泼，色彩鲜明，很容易激起幼儿的学习兴趣，让孩子在学习中文的同时加深对世界的认知。

单册图书共 29 种，图书类型有读物、教材、工具书和教具等。《宝宝巴士奇奇妙妙学拼音》（*BabyBus Pinyin Storybook*）通过奇妙有趣的小故事，吸引幼儿循序渐进地学习拼音知识，书中包括 63 首儿歌音频及丰富的练习游戏，可启发幼儿学习思考，让中文学习过程充满乐趣。《认写汉字》（*Reading and Writing Chinese Characters*）是由 4 盒拼字卡片和 1 盒拼词卡片组成的多功能益智类教具。拼字卡片利用汉字的形体特点将汉字结构加以拆分，让孩子在组合拼字的游戏中掌握更多的汉字；拼词卡片将词语进行组合，能拼成很多不同的词语，可增强孩子对不同词语的辨析能力。每套卡片设计多种游戏方法，兼具知识性和趣味性。

语言功能一般分为听、说、读、写等几种。学前幼儿正处于认知能力培养和世界探索欲塑造的重要时期，许多图书在编排语言知识的同时，会运用卡通图画、歌谣和游戏等方式介绍生活百科和各类事物，以培养幼儿对世界和语言的认知能力，因此我们在图书功能分类中加入了"语言认知"部分。（表 5-54）

表 5-54　学前中文教育图书（语言功能）[①]

图书功能		数量（种）
综合		17
写		6
说		3
读	汉字	12
	词汇	12
	句	2
	语篇	1
语言认知		9
非语言技能		1

　　表 5-54 显示，综合型图书数量占总数的 34%，大多书籍都停留在汉字和词汇层面，语篇阅读专项书籍相对较少。《快乐识字》（*Have Fun with Learning Words*）是一套较受美国华人家庭欢迎的幼儿识字书，该书通过联想、象形和意义构建等方式帮助孩子理解和掌握汉字字形。此外，专门针对"听"的学前教材较少。一方面，部分图书自带字词、课文、对话和歌谣等的视频或音频资源，基本能满足学前幼儿的学习需求；另一方面，学前幼儿中文学习的应试目的性较弱，因此专门针对中文听力课程开发的图书相对较少。

　　从图书类型来看，学前中文教育图书中，读物数量最多，为 19 种，占总量的 38%；教材有 14 种，约占总量的 28%；教辅和教具数量居中，各占 12%；工具书数量较少，占总量的 10%。（表 5-55）如《普通话图解词典》（*Mandarin Chinese Picture Dictionary*）是一本超过 1000 个词条的图画式中文词典，提供词条的中英文对译和例句解释，卡通插图形象有趣，适合学前幼儿用作中文学习的工具书来翻阅。

表 5-55　学前中文教育图书类型

图书类型	数量（种）
教材	14
教辅	6

[①] "读""说"和"语言认知"的图书有部分重合，所以表中总数大于 50。

续表

图书类型	数量（种）
教具	6
读物	19
工具书	5

2. 远程教育

（1）课程类网络资源

此类网站主要提供特定中文课程与资源，如商业中文课程、旅游中文课程、文化中文和中医中文等；也有一些网站提供学位课程或 HSK 考试培训；另有网络平台提供中文学习的个性化定制服务。（表 5-56）

表 5-56　部分美国本土中文在线学习网站

平台名称	创立时间	语种	对象	网站功能	资源情况
A2Z Homeschooling	1997	英文	个人	提供在家上学方法指导、临近学习社区搭建、各具特色的家庭教育项目和课程及大量免费书籍资源	中文学习板块有协会资讯、汉语学习、新闻、在线社交网络、中国学校的选择、中文家庭自学研究、支持小组等项目
Coursera	2012	多种	个人	中文课程板块：热门在线课程、热门在线专项课程、在线证书和在线学位课程；还提供 HSK 考试准备	提供由北京大学和上海交通大学等大学设计的汉语学习课程
The Chinese Language Academy	2013	英汉	公司政府个人	主要中文课程：团体课、政府机构和企业培训课、私人定制课；也能帮助学生准备 HSK、BCT、AP、SAT 和 IB 等考试 课程形式：在线课程、中国文化讲座和线下分校课程	在纽约、洛杉矶、华盛顿、旧金山设有线下分校；讲师皆毕业于美国哈佛大学、哥伦比亚大学和宾夕法尼亚大学等顶尖大学

（2）工具类网络资源

很多网站提供字典、词库、翻译和测试的中文学习工具等，为学习者和教师提供学习和教学辅助。此类网站大都由热爱中文的开发者编程运作，供学习者免费使用。（表 5-57）

表 5-57　部分美国本土中文学习工具网站[①]

平台名称	语种	对象	网站功能	是否收费
Digital Dialects	多种	学习者	20 种语言的音频动画与游戏；中文板块包括中文短语、食品、数字、月数天数、动物、蔬菜、颜色和词汇测验等 12 个学习板块与游戏	否
Chinese Tools	英汉	学习者教师	普通话音频课程、写汉字、中文词汇表、人物字典、同义词词库、俚语、成语词典、注解发音、中文编辑、拼音编辑、中国论坛和中国俱乐部（语言交流）	否
Zhongwen	英汉	学习者教师	网站含三个站点，专门用于教授中国语言和文化；提供中文字典、字谱和学习中文的相关资源链接	否
FluentU	多种	学习者	基于视频的 10 种语言学习平台；通过中文视频的翻译和字幕来培养学习者的语言理解能力，提供中文词汇含义、例句和图片的查询，将视频变成交互式的语言学习课程和游戏，可定制个性化的中文互动式抽认卡	是
MDBG	英汉	学习者	中文字典、翻译、测试和社区帮助	否
Tatoeba	多种	学习者	拥有 337 种语言超过 750 万个句子的在线语料库，用户可自助添加例句并查找翻译；中文板块包括普通话、粤语、潮汕话和文言文	否

[①] Digital Dialects: https://www.digitaldialects.com/;
Chinese Tools: https://www.chinese-tools.com/;
Zhongwen: http://www.zhongwen.com/;
FluentU: https://www.fluentu.com/;
MDBG: https://www.mdbg.net/chinese/dictionary;
Tatoeba: https://tatoeba.org/zh-cn/.

第十节　日本中文教学资源

日本的小学和初中一般都不开设中文课，规模化的中文教育从高中开始，大学阶段最盛。日本文部科学省数据显示，2019 年日本共有 540 多所公立高中开设中文课，约 3—4 万人选修，开设中文课的高中约占所有高中的 10%；600 多所四年制大学几乎全部开设中文选修课，选修人数达到 50 万人以上；34 所大学开设中文专业，培养了大量高级中文人才。[①] 近年来，日本与中国大学间签订的友好学术交流项目数量已超过日本与美国大学签订的友好学术交流项目数量。[②] 此外，日本还有 15 所孔子学院、8 所孔子课堂，学员累计近 20 万人。

一、中文教材发展情况

据不完全统计，日本本土中文教材约有 2000 种。本节通过自建数据库的方式，收集到 1045 种本土中文教材，据此进行分析。

（一）中文教材出版数量及类型

从整体上看，20 世纪日本中文教材数量缓慢上升，其中 20 年代和 70 年代略有回落。进入 21 世纪后，日本中文教材数量陡增，尤其是 2010—2019 年间，是 2000—2009 年数量的 2.8 倍，是 20 世纪出版的所有中文教材数量（354 种）的 1.4 倍。（图 5-4）

---

① 本部分数据通过对日本文部科学省网站（www.mext.go.jp）公开的相关数据分析统计后得出。
② 刘家磊. 日本外语教育政策的历史、现状及发展趋势 [J]. 广东培正学院论丛，2018（2）：38-43.

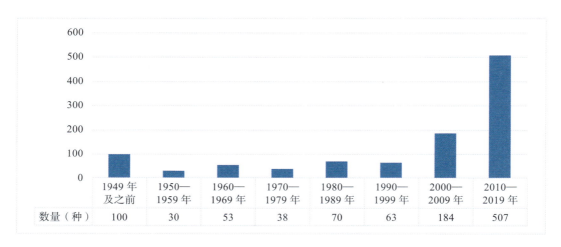

图 5-4　日本中文教材出版情况

本节从教材类别、语言技能、语言水平、领域、适用人群五个方面对日本中文教材进行分析，所得数据见表 5-58。

表 5-58　日本中文教材总体情况

教材类别				
类别	教材教辅	考试用书	工具书	读物	学术书籍
数量	744	152	55	49	45
百分比	71.20%	14.55%	5.26%	4.69%	4.31%

教材语言技能概况						
语言技能	综合	听说	语法	字词	写作	阅读	翻译
数量	641	172	106	84	19	17	6
百分比	61.34%	16.46%	10.14%	8.04%	1.82%	1.63%	0.57%

教材语言水平概况				
语言水平	通用	初级	初中级	中级	高级
数量	762	122	36	87	38
百分比	72.92%	11.67%	3.44%	8.33%	3.64%

教材领域概况				
领域	通用	商务	旅游	医学	法律	其他
数量	959	32	38	9	5	2
百分比	91.77%	3.06%	3.64%	0.86%	0.48%	0.19%

续表

教材适用人群概况				
适用人群	通用（主要针对成人）	大学	社会人士	中学	小学
数量	980	28	32	5	0
百分比	93.78%	2.68%	3.06%	0.48%	0.00%

表 5-59 列出了朝日出版社、白水社、NHK 出版社等出版的典型本土中文教材。

表 5-59　日本中文教材列举

序号	日文书名	中文书名	出版社
1	すぐ読める中国語	马上能读懂的中文	朝日出版社
2	（中高版）しゃべっていいとも中国語（初級完成編）	（中高级）流利说中文（初级完成篇）	朝日出版社
3	構造から学ぶ入門中国語	通过构造学习入门中文	朝日出版社
4	（ことばと文化）一挙両得中級中国語	（语言与文化）一举两得的中级中文	朝日出版社
5	アニメ中国語 恋する莎莎	漫画中文 莎莎的初恋	朝日出版社
6	中国語の ToBiRa	中文之门	朝日出版社
7	入門カレント中国	现代中国 入门	朝日出版社
8	中国語の入門	中文入门	白水社
9	新・高校版 中国語 はじめの一歩	新高中版 中文 开始的第一步	白水社
10	NHK ラジオ まいにち中国語	NHK 广播 每日汉语	NHK 出版社
11	NHK テレビ テレビで中国語	NHK 电视台 看电视学中文	NHK 出版社
12	実用漢語課本	实用汉语课本	东方书店
13	高校中国語・高等学校中国語教育研究会	高中中文（高中中文教育研究会）	白帝社
14	李姉妹のおしゃべりな中国語	李氏姐妹说中文	昭文社
15	中国語検定 HSK 公式過去問集	HSK 考试真题集	SPRIX（スプリックス）

（三）中文教材发展特点

1. 总体数量大，单册体量小

日本是开发中文教材最多的国家之一。首先，日本与中国地理位置相近，文化经济交往频繁，具有良好的汉学研究传统和中文教学基础，目前中文已成为日本除英语外学习人数最多的外语。其次，学习人数众多意味着市场需求巨大，加上日本经济发展水平高，使得日本中文教育市场化程度较高，吸引了很多出版社参与中文教材开发。第三，日本中文教材具有单册体量较小的特点，其中90%的教材在200页以内，67%的教材在100页以内，"轻量级"教材出版周期短，更新速度快，出版数量较多。

2. 出版模式清晰，出版机构专业

日本出版机构多，领域分类细致且体系完备，有不少专门从事语言学习类图书出版的专业机构，这些机构也是日本中文教材出版的主要力量，比如：朝日出版社、白水社、白帝社、三修社、ASK出版、东方书店、郁文堂等。这类出版机构规模较小，机制灵活。中文教材出版模式可大致分为两种：一种是出版社主动策划出版的教材，出版后通过向中文教学机构提供样书进行推广；另一种是教师根据实际教学需求自编教材，与出版社合作出版，一种教材如有数百人的市场需求，出版社就会出版，从完稿到出版仅需一个月左右的时间。[①]

3. 成人教材多，青少年教材少

尽管日本的外语教育政策鼓励学生接触多种语言，提出小学和初中可以开设多种外语课程，但几乎没有小学和初中开设正规中文课程，大多数学生从高中阶段开始才有机会在国民教育体系内选修中文课。初中及以下的中文学习者大多具有中国家庭背景，他们通过周末学校、华人家庭自发组织的中文培训班学习中文，使用的教材也常为中国语文教材。与基础教育阶段开设中文课程的学校较少相反，几乎所有日本的四年制大学都开设了中文选修课，约5%的学校设有中文系。[②] 在校大学生是日本中文学习者中最大的群体。因此，日本中文教材呈现出成人教材多、青少年教材少的特点。

---

① 本部分信息来源于外语教学与研究出版社国际汉语出版中心《日本汉语国际出版市场调研报告》。
② 本部分数据通过对日本文部科学省网站（www.mext.go.jp）公开的相关数据分析统计后得出。

4. 初级教材多，高级教材少

大学是日本中文教育的主阵地，但将中文作为专业来学习的人数较少，绝大多数学生将中文作为第二外语学习。在日本的大学，外语选修课一般为 4 个学分，每年修 2 个学分，共修两年，每学期 12—15 周，每周 4 个课时，即使两年都选修中文，总课时量最多 120 个。[①] 社会人士中文学习的课时量更不稳定，大部分人每周仅上一次中文课。因此，日本学习者对教材的需求集中在初级水平。为适应这种市场需求，各出版社扎堆开发初级中文教材，开发中高级中文教材的较少。

5. 考试类、听说类教材多，阅读类教材少

日本的资格考试种类繁多，几乎每个行业都有从业资格考试，通过资格考试是就业的第一步。在此背景下，为了提高就业竞争力，选修中文的大学生中大部分人都会参加中文考试。因此，考试类中文教材是日本最具市场价值的一个细分品类。本次搜集到的日本中文教材中，考试类教材占比约为 14.5%。日本最大的连锁书店纪伊国屋"中文学习类图书销量 TOP50 榜单"上，考试类中文学习图书占比达38%。

日本与中国同属汉字文化圈，日语中存在大量汉字。对于日本中文学习者来说，即使不能准确识别中文，也能大概明白意思，因此日本中文学习者在阅读方面分配的时间相对较少。对于日本学习者而言，听说能力是花费工夫最多但进展较慢的技能，能够"开口说中文"也被认为是中文学得好的标志。各出版社充分关注并把握了这一特点，除考试类教材外，发音、会话、听力教材开发相对较多。

二、数字化中文教学资源发展情况

（一）数字化中文教学资源发展状况

日本的数字出版起步较早，技术成熟。但是在中文教学资源开发领域，相较于国内突飞猛进的发展，日本的数字化节奏较慢。日本数字化中文教学资源的开发主要源于两类机构：一是传统出版社，二是在线教育、数字资源公司等。传统出版社

---

① 本部分数据通过对日本文部科学省网站（www.mext.go.jp）公开的相关数据分析统计后得出。

开发的产品中，纸质图书仍占绝对主流，通常配有录音或数字化练习，鲜少有以数字形式为主的产品。日本在线教育、数字资源公司开发的主要产品包括应用软件、网站、数字课程等，这类公司开发的数字资源形式比较丰富，是日本数字化中文教学资源开发的主要力量。

日本数字化中文教学资源大致可分为以下几类：

一是多媒体教学资源，主要为纸质图书配套的音视频。纸书配套的多媒体教学资源是日本中文学习者使用最多的数字资源，这与日本学习者重视培养中文听说能力有关。

二是学习工具，主要载体为网站或者手机应用，包括在线词典等翻译工具、听说练习工具、书写练习工具、应试工具。具体见表 5-60。

表 5-60　日本数字化中文学习工具

工具类别	资源名称	载体形式
翻译工具	goo 词典（goo 辞書）	网站：https://dictionary.goo.ne.jp/
翻译工具	中文翻译 Weblio（中国語翻訳）	网站：https://translate.weblio.jp/chinese/
练习工具	中文会话词汇语法（中国語会話・単語・文法）	手机应用
应试工具	HSK 官方词汇练习（HSK 公認単語トレーニング）	手机应用

三是电视栏目。日本放送协会（简称 NHK）是日本的公共媒体机构，是日本第一家覆盖全国的广播电视电台。1952 年，NHK 中文讲座开始试播；1953 年，电台节目《每日中文》（《まいにち中国語》）正式开播；1967 年，电视节目《电视学中文》（《テレビで中国語》）正式开播。两个节目一直延续至今，并且研发了相应的教材和手机应用。NHK 中文讲座是日本面世时间最早、延续时间最长、影响力最大、具有较强系统性的数字化中文教学资源。

除了上述三类数字化教学资源外，日本学习者也通过中国或其他国家开发的综合网站、课程平台、即时通信工具、语言学习应用等学习中文，比如：YouTube、Zoom、edX、中文联盟、Duolingo 等。

（二）数字化中文教学资源发展特点

1. 绝对数量多，相对数量少

"绝对数量多"是指，依托日本庞大的中文学习群体和良好的资源开发基础，日本数字化中文教学资源的质量和数量属于较高水平。"相对数量少"是指，日本社会的数字化、智能化技术发展水平较高，数字出版起步较早，相对于其他数字技术发展水平较高的国家，日本中文教学资源在数字化方面相对保守，在开发数量和智能化程度方面还有较大发展空间。

2. 纸质教材配套多媒体资源是最普遍的中文教学资源形式

对日本中文学习者而言，中文学习的重点和难点是听和说。日本人谦虚谨慎、含蓄内敛的性格特点使其通过日常交际提高听说水平的意愿较弱，大部分学习者习惯通过收听课文录音提高听说水平，因此大部分纸质教材都提供配套录音等多媒体资源。

3. 广播电视教学是日本数字化教学资源重要的组成部分

日本广播电视中文教学起步早，延续时间长，NHK中文教学节目在很长一段时间内是日本中文学习者唯一能获得的视听教学资源。依托NHK广播电视强大的社会影响力、良好的观众基础和寓教于乐的节目形式，NHK中文教学节目拥有数量可观、黏度较高的用户群体，是日本数字化中文教学资源中重要的组成部分。

4. 工具类资源较多，功能与日本学习者学习习惯相吻合

工具类教学资源主要集中在应试练习、听说练习、翻译等方面。应试类、听说类资源数量较多与日本学习者重视考试和听说的学习习惯有关。翻译工具是基础的语言学习工具，也属于开发数量较多的品类。

5. 综合服务平台和在线课程资源开发数量较少

日本数字化中文教学资源中少有综合教学服务平台或慕课、微课平台。一方面，日本大部分中文学习者就读于高中或大学，校内即可选修中文课，较少使用综合性教学服务平台和慕课、微课平台；另一方面，综合服务平台和在线课程开发周期长、投入大，市场上已有来自中国等国家的教学资源，日本本土机构开发动力不强。

第十一节　泰国中文教学资源

　　早在 13 世纪，中文就传播到了泰国。自 1992 年泰国政府调整中文教育政策，放宽对中文教学的限制后，中文从选修课成为大学外语考试选考科目，后又正式写入教育大纲，被定为高中课程，中文教育逐渐进入了泰国国民教育体系。泰国中文教育经过新世纪 20 余年的纵深发展，已成为全球中文教育的先进典型。2019 年，泰国中文学习人数超过 100 万，开设中文课的学校达 3000 多所。学习群体的范围也在逐渐扩大，上至皇室成员，下至普通民众，泰国的中文教育已从 20 世纪 90 年代之前的"华人学中文"快速向"全民学中文"转变。当前中文教育已全面进入泰国国民教育体系，且教育类别多元，涵盖普通教育（学前教育、基础教育、高等教育）、职业教育，以及以非正规教育为主的其他教育形式。教育机构性质囊括私立和公立两类。在泰国皇室和政府的支持与推动下，各类学校和机构中文教育空前活跃，中文教育规模不断扩大，整体发展形势向好。

一、外语教育政策对中文教学资源进入国民教育体系的影响

　　21 世纪以来，得益于中泰两国良好的全面合作与互动关系，泰国中文教育快速发展。泰国政府及教育相关部门对中文的重视程度日益提高，出台了一系列政策。2001 年颁布《国家基础教育课程大纲》，中文被正式确定为泰国第二外语。2003 年，泰国教育部将中文作为选修课纳入基础教育课程体系。2005 年《泰国促进汉语教学，提高国家竞争力战略规划（2006—2010 年）》提出："支持修订适合泰国汉语教学的

优质教材并改良教具，以达到颁布标准。"[①] 泰国高等教育委员会随即公布了《2010年泰国高等教育促进汉语教学战略方案》，提出"开发适合于泰国高等教育的汉语教材"。2006 年《促进汉语教学预算案》的推出把发展中文教学提高到提升泰国国家竞争力的战略高度，并拨款予以支持。2014 年泰国教育部继续推出《汉语教学改革政策》作为中文教学的指导方针，以保证学习者的中文水平，提高泰国学生的国际竞争力。一系列政策的颁布为泰国中文教育的持续发展铺平了道路，中文教学资源建设也由此驶入了快车道。

二、中文教学资源发展情况

（一）不同教育阶段（类型）的中文教材

1. 基础教育

泰国中小学中文学习人数逐年递增。2010 年底，开设中文课程的中小学共有1393 所，2016 年增至 1476 所，其中小学 769 所、中学 707 所。幼儿园专用中文教材很少，大部分学校并未使用固定教材，少数使用自编教材或小学教材。中小学使用率最高的教材是《体验汉语》，该系列分为小学、初中、高中三个子系列，小学 12本、初中 6 本、高中 6 本，每本均配有练习册。该系列于 2010 年正式进入泰国国民教育体系，由泰国 BOWT 出版社出版发行，供泰国公立中小学使用，2019 年销售423590 册。泰国中小学常用教材还有《快乐学中文》《汉语教程》《创智汉语》，以及主要在华校使用的《汉语》《中文》等。（表 5-61）

表 5-61　泰国基础教育常用中文教材

教学阶段	常用教材名称
学前阶段（幼儿园）	《YCT 标准教程》《汉语教程》《基础汉语》《儿童汉语》《汉语入门》《初级汉语》

[①] 吴应辉，龙伟华，冯忠芳，潘素英．泰国促进汉语教学，提高国家竞争力战略规划 [J]. 国际汉语教育，2009（01）：39-47.

续表

教学阶段	常用教材名称
小学	《体验汉语》《创智汉语》《快乐学中文》《YCT 标准教程》《基础汉语》《汉语入门》《初级汉语》《汉语教程》《交流汉语》《汉语乐园》
中学	《体验汉语》《创智汉语》《基础汉语》《跟我学汉语》《博雅汉语》《快乐汉语》《汉语教程》《初级汉语》《汉语入门》《汉语应用》《通讯汉语》《开开汉语》 *Chinese for Communication*

2. 高等教育

截至 2019 年，泰国已有 134 所高校开设中国语言文化类专业课程。表 5-62 列出了 8 所泰国高校中文专业教材使用情况。从中可以看出，泰国高校主要使用中国教材，本土教材明显不足。

表 5-62　泰国 8 所高校中文教材使用情况

序号	学校名称	教材名称	编者	出版社
1	东方大学	《汉语词汇教程》	万艺玲	北京语言大学出版社
		《汉语教程》	杨寄洲	北京语言大学出版社
		《汉语课堂教学技巧 325 例》	周健	商务印书馆
2	清迈皇家大学	《发展汉语·中级汉语阅读（上）》	徐承伟	北京语言大学出版社
		《发展汉语·中级汉语阅读（下）》	张庆旭	北京语言大学出版社
		《游学中国》	石慧敏	人民教育出版社
3	蓝康恒大学	《泰国人学汉语》	徐霄鹰、周小兵	北京大学出版社
		《汉语教程》	杨寄洲	北京语言大学出版社
		《经贸洽谈 ABC》	刘丽瑛	北京语言大学出版社
4	孔敬大学	《中国现当代文学》	丁帆、朱晓进	南京大学出版社
		《发展汉语·中级汉语阅读（上）》	徐承伟	北京语言大学出版社
5	甘烹碧皇家大学	《博雅汉语·初级起步篇 1》	李晓琪	北京大学出版社
		《博雅汉语·初级起步篇 2》		
		《博雅汉语·准中级加速篇 1》		
		《博雅汉语·准中级加速篇 2》		

续表

序号	学校名称	教材名称	主编	出版社
6	北柳皇家师范大学	《汉字文化》	韩鉴堂	北京语言大学出版社
		《汉语教程》	杨寄洲	
		《中国地理常识》	孔子学院总部/国侨办	高等教育出版社
		《中国文化常识》		
		《中国历史常识》		
7	清莱皇家大学	《汉语听力教程》（第3版）第一册	杨雪梅、胡波	北京语言大学出版社
		《中国文化常识》	孔子学院总部/国侨办	高等教育出版社
8	艺术大学	《汉字文化》	韩鉴堂	北京语言大学出版社
		《中国文化》	韩鉴堂	
		《汉语教程》	杨寄洲	

除此之外，泰国自编教材较多，如朱拉隆功大学巴屏编写的《基础汉语1—2》、蓝康恒大学林荣华编写的《中文课本1—4》[①]、那空沙旺皇家大学泰语老师与中国志愿者教师合编的《基础汉语1（泰语版）》和《中国文化介绍》[②]等。这类教材仅供大学内部使用。

3. 职业教育

据泰国教育部研究报告显示，2016年泰国共有173所职业学校开设中文课程。泰国职业教育层次常用的中文教材有《汉语应用》《通讯汉语》《商务汉语》《汉语教程》《基础汉语》《汉语会话》《快乐学中文》《体验汉语》《YCT标准教程》，以及 *Chinese for Communication*、*Chinese Language and Culture* 等。

随着"一带一路"教育行动的深入开展，部分泰国职业院校积极探索"中文＋职业技能"的发展模式。2016年3月，泰国大城技术学院与中国天津渤海职业技术学院合作，在天津渤海化工集团支持下，创设了全球第一个"鲁班工坊"。为应对泰国高铁行业的飞速发展，泰国多所职业院校还与中国职业学院共建了"中泰高铁汉语培训项目"，推出"中文＋高铁"课程及教学资源。泰国清迈大学孔子学院、北京

① 张琛．泰国的汉语教育政策与汉语教育发展研究 [D]．西安：西安石油大学，2019.
② 赵梦．泰国汉语教材本土化的现状与思考 [D]．武汉：华中科技大学，2015.

博导前程信息技术股份有限公司以及中泰双方的职业技术院校，积极推进电子商务职业教育和中文教育融合发展，组织开发核心培训课程"中国数字经济20年 & 新兴电商模式""商品短视频的设计制作实战"以及配套课程资源。泰国孔敬大学孔子学院携手武汉铁路职业技术学院等中泰职业院校，策划了"到中国，学技术"职业汉语在线课程，先期推出了"铁路运输汉语""电子信息技术汉语"等在线课程。

（二）SE-ED 网上书店的中文教材

通过对泰国 SE-ED 网上书店[①] 的查询，共检索到泰国中文教材 844 种。本节选取了信息比较完整的 429 种教材进行分析。从编写来源看，泰国中文教材可分为四类：本土教材、中国教材、中泰合编教材和其他国家（地区）教材。其中以本土教材为主，占比为 80%；中国教材占 11%，中泰合编教材占 8%，其他国家（地区）教材占 1%。中国教材多来自北京语言大学出版社和高等教育出版社；泰国本土教材出版社较多，如暹罗出版社、朱拉隆功出版社、MIS 出版社、EPPTA 出版社和 EPPO 等。

1. 教材出版数量先升后降

有 350 种教材注明了出版时间，据此绘制趋势图 5-5。图中显示，2013—2015年是泰国中文教材出版数量的分水岭，2013 年之前教材数量呈上升态势，2013—2015 年达到高峰，2015 年之后教材出版数量有所下降。

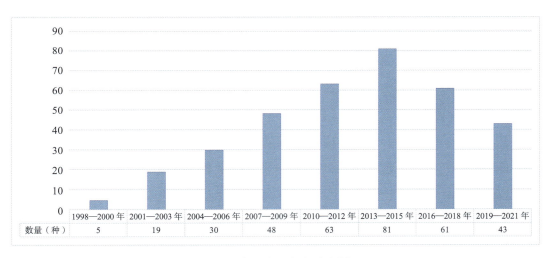

	1998—2000 年	2001—2003 年	2004—2006 年	2007—2009 年	2010—2012 年	2013—2015 年	2016—2018 年	2019—2021 年
数量（种）	5	19	30	48	63	81	61	43

图 5-5　泰国中文教材出版情况

---

① 泰国 SE-ED 是当地知名的网上书店，官方网站：https://www.se-ed.com/。

2. 泰国本土中文教材居多

泰国本土中文教材共计 343 种。从使用性质来看，可分为教辅类（63%）、教材类（29%）、读物类（6%）和工具书类（2%），其中教辅类数量最多。从教材内容来看，可分为语言技能与要素类（64%）、专门用途类（16%）、综合类（14%）、考试类（5%）和文化类（1%）。其中语言技能与要素类最多，具体又可分为拼音类、词汇类、汉字类、语法类等，其中词汇教材数量最多，汉字教材次之。除此之外，从教材级别看，入门级和初级教材多于高级教材；从使用对象看，成人教材多于儿童教材。泰国本土中文教材中含有大量漫画、导图、游戏，封面设计色彩丰富，符合泰国人喜好。

随着泰国经济的发展，职业教育学校的数量与日俱增，相应教材也得到发展。泰国专门用途教材可分为商务类、旅游类、服务类、酒店类、航空类、医学类、物流类等，其中商务类、旅游类教材数量最多，如《中文导游》《通讯汉语》等；服务类教材本土化程度较高，如《汉语职业·酒店按摩》《汉语职业·酒店饭店》《汉语口语课程速成·SPA 篇》等。泰国专门用途中文教材多以综合技能方式呈现，注重专业词汇，但缺少层次性和立体性，教材编写质量良莠不齐。

3. 中国编写的教材以初级综合类为主

由表 5-63 可以看出，泰国常用的中国大陆教材以成人综合类为主，专项技能类教材次之，其中口语、阅读类数量较多，写作和听力教材相对缺乏；专门用途中文教材以商务中文为主，涉及商务中文口语、阅读和写作，其他类型专门用途中文教材数量较少；入门和初级教材较多，中高级教材相对较少；词典类工具书出版时间较早；文化教材和影像类教学资源内容较为陈旧，以介绍中国传统文化为主。

表 5-63　泰国常用的中国大陆教材

分类	少儿	成人
综合	《快乐中国行汉语教程》《跟我学汉语》《汉语乐园》《新世纪汉语》《YCT 标准教程》《学汉语》	《汉语教程》《新实用汉语课本》《当代汉语》《中国全景》《实用汉语教程》《博雅汉语》《外国人学汉语》《商务汉语综合教程》

续表

分类	少儿	成人
专项技能	/	《初级汉语口语》《说汉语》《阶梯汉语》《报刊语言基础教程》《发展商务汉语：口语篇》《经贸汉语阅读教程》《初级商务汉语精读》《外贸写作》《新丝路商务汉语写作教程》
专门用途	/	《基础实用商务汉语》《旅游汉语》《新丝路——中级速成商务汉语》《经贸洽谈ABC》《赢在中国：基础篇》《经理人汉语：生活篇》
工具书	《现代汉语八百词》《近义词语用法对比1700对》《学汉语用例词典》《常用汉字图解》《中华成语千句文》《当代汉语学习词典（初级本）》	
文化和影像	《中国剪纸》《学做中国菜》《中国杂技精华》《中国民俗故事》《中国十个节日传说》《快乐中国——学汉语》《神奇的中国象形字》《北京2008奥运会开幕式》《千手观音》《中国名山大川》《中国——风情篇/舞蹈篇》	

中国台湾地区的教材仅5种。《五百字说华语》（1997年）、《一千字说华语》（1997年）、《华语课本》（2005年）为台湾侨务主管部门赠送教材，《远东生活华语》（2003年）、《现代华语（泰国版）》（2009年）由台湾师范大学"国语"教学中心编写。台湾教材出版时间均为2009年以前甚至更早，教材使用繁体字，使用对象多为成人，教材类型较为单一。

4. 中泰合编教材使用率较高

中泰合编教材多为泰国学校长期使用的固定教材，市场占有率较高。[1] 合编教材以初级综合类少儿教材为主，如《中文》由泰国圣卡比利安基金会专家和北京语言大学合编，《快乐学汉语》由董里华侨学校、柳州城市职业学院合编。泰国常用合编教材还有《体验汉语》、*Chinese for Communication*、《实用汉语教程》、《初级汉语》、《创智汉语》、《汉语短期教程》、《交流汉语》、《汉语入门》8套[2]，虽然使用率和内容规范性较高，但内容和话题更新不够。

① 梁宇. 东南亚汉语教材发展评估的国别比较研究 [J]. 民族教育研究，2017，28（05）：113-121.
② 罗智蓉. 泰国职校常见汉语教材分析——以《汉语应用一》《通讯汉语二》和《Chinese for Communication 1》为例 [D]. 曲阜：曲阜师范大学，2018.

（三）数字化中文教学资源

1. 在线中文教学平台

泰国在线教学平台以中美两国各自开发的平台为主，也有中美联合开发的在线教学平台（如 italki 等）。中国开发的教学平台除了提供在线中文课程外，还比较注重与泰国学校的合作，如"Tang 汉语课程"目前已为全泰 900 多所院校的 10 万名教师及学生提供现代化汉语在线教学课程及平台支持①。美国开发的中文教学平台多以英语为媒介语，在一定程度上增加了泰国学习者的学习难度，如 Preply。泰国本土中文在线教学平台（如 SkillLane）更注重本土学习者的学习特点，提供的课程大部分由本土教师教授或录制，授课媒介语为泰语，授课时长和习惯更符合泰国学生的特点。

2. 中文学习 APP

泰国中文学习 APP 以词汇记忆类、HSK 考试类、对话练习类、汉字书写类为主，其中词汇记忆类和 HSK 考试类 APP 数量较为丰富，HSK 考试类资源通常包括 HSK 考试各级词汇和模拟练习题。泰国中文学习 APP 多以游戏、AI、漫画方式呈现，如 SuperChinese 和捷夫岛等，受到泰国年轻人欢迎。除此之外，泰国还有很多中文学习小组和个人自媒体频道，这些频道多是有中国留学经历的泰国人开设的，分布在 Instagram、Facebook 和 YouTube 平台上。（表 5-64）

表 5-64 泰国数字化中文教学资源

名称	网址	主要内容	特色	使用端
SkillLane	https://www.skilllane.com/categories/language	泰国在线教育平台，提供各种类型的中文课	泰国本土平台，课程时长较短，符合泰国人学习特点	PC APP
美和汉语——普通话之家	https://wegoabroad.com/product/online-course-my-mandarin-house/	中文听说读训练	泰国本土平台，汉语一对一学习	PC

---

① 疫情之下，唐风助力泰国开启在线汉语教学新模式 [EB/OL].https://www.sohu.com/a/396220502_213091，2020-05-19.

名称	网址	主要内容	特色	使用端
V-Chinese 在线中文学习	https://www.vchineseonline.com/	练习中文口语表达，提供 HSK 3、4、5 级和 PAT 辅导	泰国本土平台，针对高中生和热爱中文的大众	PC
Preply	https://preply.com/	中文听说读写	通过 Skype 视频进行一对一学习，教师教学经验丰富（美国开发）	PC APP
italki	https://www.italki.cn/	中文听说读写，尤其注重口语	通过视频进行一对一学习，教师无须持证即可教学，价格相对便宜（美中开发）	PC APP
Coursera	https://www.coursera.org/	中文听说读写	平台上有北京语言大学提供的初级汉语课程，学完课程通过考试可获得证书（美国开发）	PC
ChineseClass101	https://www.chinese-class101.com/	中文听说读写	可下载视频资源，插图精美，使学习变得有趣，可一对一连线中文老师（美国开发）	PC
Rocket Languages	https://www.rocketlanguages.com/chinese	中文听说读写	覆盖数十种语言的教学平台，有 100 多小时的 AI 中文对话，有模拟角色扮演、AI 智能评估打分及纠正发音等（美国、新西兰开发）	PC APP
Pimsleur	https://www.pimsleur.com/	训练中文听说，着重词汇、对话练习	互动式学习，充满游戏的趣味性，培养中文思维方式，适合短期的中文学习	PC APP
唐风汉语——国际教育云平台	https://info.tangce.cn/common/index.action	中文教学平台	集信息平台、课程、移动学习、智能测评、大数据学情分析、双师教学模式于一体（中国开发）	PC APP

续表

名称	网址	主要内容	特色	使用端
LingoAce	https://www.lingoace.com/	多门语言的在线学习	针对 5—15 岁学生的在线学习平台，提供丰富的教材和成熟的技术（中国开发）	PC APP
Globish Chinese	https://www.globish.co.th/chinese-course	成人：商务汉语及汉语听说读写教学； 儿童：听说读写能力的培养	针对成人和儿童提供不同课程，儿童课程分为 5—11 岁和 12 岁及以上两个阶段	PC APP
eChineseLearning	https://www.echinese-learning.com/	成人：常规中文课程、HSK课程、商务汉语、面试中文等； 儿童：6 个级别的听说读写技能	针对成人和儿童提供定制化一对一课程，成人课程包括通过中文歌曲、电影学习词汇，约会中文等内容	PC APP
易汉语	https://tg.easychinese.com.cn/	中文不同级别的听说读写及 YCT 考试词汇	数字化教材，在线和线下一体化教材、教学平台	PC APP
大象词典	/	提供泰—中词语及句子互译	泰语翻译较为准确，中文可翻译简繁体以及粤语拼音	APP
Pleco 汉语词典	https://www.pleco.com/	提供泰—中互译，搜索简易	可提供繁体字和简体字转换	APP
你好中文	https://m.hellochinese.cc/	中—泰—英听说读写训练游戏	网页版和APP游戏，全方面训练听说读写	APP
大象中文（ElephantChinese）	https://apps.apple.com/cn/app/id125081 7245	（中—泰—英）听对话，练习汉语词汇、发音	简单易用，使用真实图片，有泰文翻译	APP
LingoDeer（轻松学语言）高级版	https://www.appinn.com/lingodeer/	中文词汇学习	游戏闯关类中文入门APP	APP
SuperTest（原 HSK Online）	https://www.hskon-line.com/th/app/index	HSK 考试词汇、模拟测试	使用大数据和 AI 技术，专注 HSK 教学	APP
学中文	https://www.facebook.com/learn.chinese.language/	中文词汇学习	提供每天学习的词汇，也有关于文化和知识的中文文章	PC

名称	网址	主要内容	特色	使用端
书面中文	https://www.facebook.com/writingchinese/	中文书面语词汇学习以及汉字书写	中文书面语词汇及汉字学习资源，可查询中国作家姓名及拼音	PC
入门汉语（ChineseSkill）	https://www.chinese-skill.com/	（中—泰）分类小游戏，词汇学习	以游戏形式呈现，操作简单	APP
HSK Chinese Level 1 2 3 4 5 6	https://apps.apple.com/cn/app/id1334579340	为学习者提供3000中文基础词汇练习和测试	以游戏闯关形式呈现，可以切换繁体字和简体字，包含中国文化知识的学习和测试	APP
HSK Academy	https://hsk.academy/	HSK词汇学习、商务汉语知识及词汇学习	通过海报和漫画学习	PC
Chinesimple	http://www.chinesimple.com/	HSK词汇学习、模拟题	通过棋盘游戏、卡片等进行学习	APP
HelloTalk	https://www.hellotalk.com/	练习（中—泰）日常生活中经常使用的谈话	真人发音示范	PC APP
SuperChinese	https://app.mi.com/details?id=com.superchinese	提供HSK4级以下的中文听说读写学习	AI在线学习，以交互式教学为主，让中文学习充满乐趣	APP
捷夫岛：与裴捷夫在线学习中文	http://www.jiewfudao.com/	中文词汇、拼音、句子学习	泰国较受欢迎的中文学习游戏平台，同时提供中国留学指导	PC
漫中文（M Mandarin）	https://www.funny-bean.com/	中文词汇、阅读、口语学习，包括HSK1—6级词汇	以漫画的形式呈现中文词汇，较有趣味性	PC APP

第十二节　新加坡华文教学资源

新加坡华族约占全国人口的 74.2%，是除中国以外华人占比最多的国家。根据新加坡相关的法律，华语、英语、马来语和泰米尔语同为国家官方语言，其中英语为行政语言，其他三种语言为各民族的族裔语。

新加坡华文教材的发展大致经历了三个时期：（1）国外引进期（1919—1945年）：该时期是侨民教育理念下的华文教学，新加坡主要从中国引进华文教材；（2）本土初创期（1945—1979年）：该时期的华文教材开始出现本土化现象，教材开发由从国外引进向本土开发转型；（3）自主研发时期（1979年至今）：该时期的华文教材逐渐从本土化转型变为自主研发、独立发展，教育部、出版社等根据学生华文能力自主编写华文教材。2004年，新加坡国会批准教育部提交的《华文教学改革白皮书》[①]，目的是培养更多精通华语的人才，以期在未来迎接更多发展机遇。至此，新加坡华文教学资源迎来了蓬勃发展的新阶段。

从 1979 年起，新加坡的华文教育经历了五次较大规模的变革，历次华文教学检讨报告对新加坡的教材编写均具有重要影响。（表 5-65）

表 5-65　新加坡华文教育检讨报告

出台年	领导者	报告书
1979	吴庆瑞	新加坡教育部报告书
1992	王鼎昌	华文教学检讨委员会报告书
1999	李显龙	李显龙政策声明
2004	黄庆新	华文课程与教学法检讨委员会报告书
2010	何　品	母语检讨委员会报告书

---

① 刘培栋.战后新加坡华文教育研究 [D].广州：暨南大学，2006.

前两次的华文教育报告发布之时，华语依然是新加坡华族家庭的主要语言，因而更为侧重文化传承及价值观念的保持和发展；后两次报告书对华文分流教育、听说读写技能分化做了更多表述；最新的报告书则更加重视阅读和书写能力。总体来看，报告书的关注重点由语言背后的深层价值认同转向了语言本身的工具功能。

一、华文教材发展情况

（一）学前华文教学与教材

学前华文教育从 21 世纪开始逐渐发展起来。目前，在新加坡幼儿园开设的各类课程中，华文课程占 27.8%。尤其是在华人开办的私立幼儿园中，华文课程占比更高。[①] 在幼儿教育方面，新加坡教育部开发建设了《培育幼儿框架》（*Nurturing Early Learners Framework*）和《培育幼儿课程》（*Nurturing Early Learners Curriculum*），以支持教师为 4—6 岁儿童提供高质量的教育。[②] 以此为基础，新加坡教育部相继推出了幼儿华文教学指导文件。（表 5-66）

表 5-66　新加坡学前幼儿华文教学指导文件

出台年	指导文件名称
2013	培育幼儿：学前母语课程框架
2015	培育幼儿：学前华文教学指南

新加坡学前华文教育发展较晚，在 2013 年新加坡教育部推出《培育幼儿：学前母语课程框架》以前，当地幼儿教师教授华文时，常常使用英文框架作为教学依据，仅在正式教学时进行适当的修改以适用于幼儿华文学习。2015 年，新加坡教育部又颁布了《培育幼儿：学前华文教学指南》，以促进幼儿华文教学的发展。这两个文件与 2010 年《母语检讨委员会报告书》的培养建议一致，均重视幼儿的口语发展。同时，新加坡政府重视培养幼儿对华文的阅读感知能力，因此幼儿华文教材多为课外阅读绘本。（表 5-67）

---

① 于红敏.新加坡幼儿园华语课程教具使用调查分析 [D].厦门：华侨大学，2019.
② Ministry of Education, Singapore. Nurturing Early Learners (NEL) Framework [EB/OL]. https://www.moe.gov.sg/preschool/curriculum, 2021-02-19.

表 5-67　不同用途的幼儿华文教材（单位：种）[①]

课堂教材	课外阅读	总数
74	81	155

幼儿阶段需要培养其对华文的兴趣，因此幼儿课外读物大多以生动有趣的图片与轻松活泼的故事为主，以吸引幼儿的注意力，达到学习、感知的目的。新加坡政府在《培育幼儿：学前母语课程框架》的基础上编写了大图书作为教育部幼儿园课外使用的教材。（表 5-68）

表 5-68　大图书共享阅读部分活动设计

教材名称	特点
《我的家——金字塔书》	介绍家里的不同地方，如客厅、厨房、卧室等
《美味的古拉姆》	古拉姆一般都是对称的图案，家长可以根据古拉姆图案的特点，和孩子在家绘制属于自己的古拉姆
《水会变变变》	让孩子观察冰块融化的过程，并画出水在不同阶段的状态

可以看出，大图书兼具活动内容丰富、可操作性强的特点，符合幼儿认知发展阶段的语言习得特点。此外，大图书富含主题式的教学活动设计，给予了教师和家长更多的选择和发挥空间。

（二）小学华文教学与教材

最早的新加坡小学华文教学指导文件是 1979 年颁布的《小学华文课程纲要》，发展到现在一共迭代更新了 5 个版本。（表 5-69）

表 5-69　新加坡小学华文教学指导文件[②]

出台年	课程标准	政策指导文件
1979	小学华文课程纲要	1979 年吴庆瑞报告书
1993	小学华文课程标准	1992 年王鼎昌报告书
2002	小学华文课程标准	1999 年李显龙政策声明

[①]　数据来源：新加坡国家图书馆（38 条数据）、新加坡国立大学图书馆（53 条数据）、新加坡华文教研中心（56 条数据）、新加坡友谊书局（53 条数据）、新加坡教育部推荐书目（64 条数据）、名创教育出版社（344 条数据），共计 608 条数据。此数据只选取了新加坡本土出版社出版的图书，下同。

[②]　彭俊. 新加坡小学华文教材编写理念的变迁研究 [D]. 广州：暨南大学，2019.

续表

出台年	课程标准	政策指导文件
2007	小学华文课程标准	2004 年华文课程与教学法检讨委员会报告书
2015	小学华文课程标准	2010 年母语检讨委员会报告书

华文在新加坡学校是必修科目，但是主要作为第二语言进行学习，其重要性体现在三个方面：一是有效使用母语进行交流；二是欣赏族群文化遗产；三是与亚洲乃至世界范围内的华人社群进行联结。华文课程重点关注听、说、读、写和互动技能。

根据课程总目标，《小学华文课程标准（2015）》以 2010 年母语检讨委员会提出的母语教学目标为参照，分为 3 个课程架构：高级华文（小一至小六）；华文（小一至小六）和基础华文（小五至小六）。各课程有不同的学习单元组合，包括核心单元、导入单元、强化单元、校本单元及深广单元 5 种类型。具体课程架构见表 5-70。

表 5-70　新加坡小学华文课程架构

奠基阶段		定向阶段
小一、小二	小三、小四	小五、小六
华文课程	华文课程	基础华文课程
核心单元 导入单元 / 校本单元 / 深广单元	核心单元 导入单元 / 校本单元 / 深广单元	核心单元 校本单元
		华文课程
		核心单元 校本单元 / 深广单元
高级华文课程	高级华文课程	高级华文课程
核心单元 校本单元 / 深广单元	核心单元 校本单元 / 深广单元	核心单元 校本单元 / 深广单元

此外，为了协助有需要的学生跟上进度，新加坡小学在小三和小四以小班教学方式（5—12 人）开展"华文母语辅助计划"（Mother Tongue Support Programme），以强化学生的口语和书面语能力。

新加坡教育部根据 2010 年《母语检讨委员会报告书》修订了小学华文课程标准，并根据《小学华文课程标准（2015）》出版了《欢乐伙伴》系列小学华文教材，

2015 年起沿用至今。此前每一版课程标准都对应出版了相应的小学华文教材。（表 5-71）

表 5-71　新加坡小学华文教材

教材名称	作者	出版社	版本及出版年
《小学华文实验教材》		新加坡教育部课程规划与发展署、教育出版社	第 1 版：1979—1984 第 2 版：1985—1988 第 3 版：1991—1993
《好儿童华文》		新加坡教育部课程规划与发展署、教育出版社	1994 版：1994—2000
《小学华文》	新加坡教育部	新加坡教育部课程规划与发展署、泛太平洋出版社	2002 版：2001—2006
《小学华文》		新加坡教育部课程规划与发展署、中国人民教育出版社、新加坡泛太平洋出版社	2007 版：2007—2014
《欢乐伙伴》		新加坡教育部课程规划与发展署、新加坡泛太平洋出版社、名创教育出版社	2015 版：2015 年至今

新加坡小学从 1979 年至今，普遍使用《小学华文实验教材》《好儿童华文》《小学华文》和《欢乐伙伴》这四套华文教材。其中，《小学华文实验教材》（又称《小学华文教材》）是第一套由新加坡教育部编写的面向国内全体小学生的教材，它是根据 1979 年发布的《小学华文课程纲要》编写而成的。《好儿童华文》则以 1993 年新加坡教育部颁布的《小学华文课程标准》为编写依据。《小学华文》教材是根据新加坡教育部 2004 年《华文课程与教学法检讨委员会报告书》和 2007 年《小学华文课程标准》，并参考各方面的意见编写而成的。随着华文教育的不断发展，目前大部分学校采用的是《小学华文》和《欢乐伙伴》这两套教材。无论是导入还是练习环节，两套教材都重视情境的作用和华文课程的实用价值，强调语言的实用性[1]，更能适应当下的教学需求。

除了课堂内的华文教材，新加坡各大出版社也围绕课堂内主要使用的华文教材出版了许多教辅资料及课外阅读书籍。（表 5-72）

---

[1] 刘梦. 新加坡华文教材《小学华文》与《欢乐伙伴》教学用书对比研究——以 1—3 年级为例 [D]. 广州：暨南大学，2018.

表 5-72　不同用途的小学华文教材（单位：种）

课堂教材	课外阅读	教辅资料	考试用书	总数
70	176	22	10	278

新加坡教育部推荐的课外阅读书目，如《我会读》、《动物与武林》、《十二生肖的故事》系列、《四大名著》系列等都是新加坡本土出版社出版的，且均为故事性读本。相比之下，教辅资料与考试用书相对较少，而此类教学资源的缺乏可能会导致学习者不能深入巩固教材知识和所学内容，无法对课堂教学形成科学反馈。不过，考虑到新加坡具有重视教育的传统，很多补习班也会开发自编教辅资料，新加坡本土出版社可考虑开展相关调查与分析，以开发更多满足学生需求的图书与资源。

（三）中学华文教学与教材

1959 年颁布的《华文中学华文课程标准》是新加坡中学华文教学指导文件，新加坡中学华文教学也在历次颁布的课程标准的指导下不断发展。（表 5-73）

表 5-73　新加坡中学华文教学指导文件

出台年	指导文件名称
1959	华文中学华文课程标准
1969	中学华文第二语文课程标准
1974	华文（第二语文）课程标准
1983	中学课程纲要——华文
1993	中学华文科课程标准 1993
2002	中学华文课程标准 2002
2011	中学华文课程标准 2011
2021	中学母语课程标准 2021

新加坡中学华文课程标准经历了三个阶段：（1）初始阶段（1959—1986 年）。此阶段提出了"教育分流制"，该制度规定小学毕业的学习者根据自身能力可以进入不同难度等级的中学学习，并且将中学教育分为学术班和工艺班，鼓励更多的小学学习者进行更高层次的中学教育，极大地增加了新加坡儿童的受教育年限。[①]

① 夏惠贤.教育公平视野下的新加坡教育分流制度研究 [J].上海师范大学学报（哲学社会科学版），2018，47（05）：98-107.

（2）发展阶段（1987—2003 年）。该时期统一了中学华文教材的使用。（3）稳定阶段（2004—2011 年）。这个时期的课程与教材设置更加灵活，追求素质学习。[①] 自 2003 年以来，六年的小学教育在新加坡是强制性的，每一个国民都必须参加。在完成小学六年级的学业后统一参加小学离校考试（PSLE），之后根据分数的高低可以选择进入三种不同的中学课程班（四年制快捷课程、四年制普通学术课程、四年制普通工艺课程）。[②] 2021 年《中学母语课程标准》颁布，根据新标准，中学华文课程依然保持由低到高五个等级，形成了完善的能力等级体系。具体课程见表 5-74。

表 5-74　新加坡中学华文课程

语言技能	华文（基础）	华文（B）	华文（普通学术）	华文（快捷）	华文（高级）
听说	65%	50%	40%	35%	25%
阅读	25%	30%	30%	35%	30%
写作	10%	20%	30%	30%	45%
总计	100%	100%	100%	100%	100%

华文（基础）及华文（B）课程的学习重点均在于培养学生的口语交际能力，华文（普通学术）及华文（快捷）课程强调对学生读写能力的培养，华文（高级）课程则侧重于对学生写作能力的培养。基于分流理念的课程设置，《中学华文》配备了对应的普通学术、快捷课程、特别课程等配套教材，以满足学生的发展需要。（表 5-75）

表 5-75　新加坡中学华文教材列表

教材名称	作者	出版社	版本及出版年
《华文（第二语文）》	新加坡教育部	教育出版社	1972—1978
《中学华文教材（特别课程/第一语文）》		教育出版社	1984
《华文》（华文中学适用）		教育出版社	1981—1984
《中学高级华文》		泛太平洋出版社	1992—1995
《中学华文教材（快捷）》		教育出版社	第 1 版：1983
《中学华文（快捷）》		教育出版社	1994 版：1994—1997

[①]　吴宝发 . 新加坡中学华文课程（1987—2011）的发展与演变研究 [D]. 南京：南京大学，2013.
[②]　洪玲玲 . 新加坡教育分流理念下基础教育课程设置及其启示 [D]. 沈阳：沈阳师范大学，2018.

教材名称	作者	出版社	版本及出版年
《中学华文（快捷）》		教育出版社	2002 版
《中学华文（快捷）》教师手册		新加坡教育部课程规划与发展署	2002—2005
《中学高级华文》		教育出版社	第 1 版：1994
《中学高级华文》		教育出版社	2002 版
《中学华文（快捷）》		教育出版社	2011
《中学华文》	新加坡教育部	教育出版社	2011
《中学华文 B》		教育出版社	2011
《中学华文（普通学术）》		教育出版社	2011
《中学华文（高级）》		教育出版社	2011
《中学华文（快捷）》		教育出版社	2011
《中学华文（基础）》		教育出版社	2011
《中学华文（特别课程）》		教育出版社	2015
《中学华文（特别课程）》教师手册		教育出版社	2015
《华文伴我行》		名创教育出版社	2021

从 2021 年起，新加坡中学广泛采用教育部编写的华文教材《华文伴我行》。与旧版教材相比，新版教材更注重文化与文学元素，以及新闻时事内容，包括邀请新加坡作家为学生创作分级读物，让学生可以更有效地"乐学善用"华文。新版教材也更加贴近学生的能力与需求，并且尽可能选用新加坡本土作品，配套的电子资源也较方便学习者阅读。除课堂教材外，出版社也编写了相应的不同用途的中学华文教学资源。具体见表 5-76。

表 5-76　不同用途的中学华文教材（单位：种）

课堂教材	课外阅读	教辅资料	考试用书	总数
14	13	15	7	49

中学华文教学资源远远少于幼儿与小学的华文教学资源，但中学华文教学资源各用途分类相对均衡。中学华文课外阅读不再以故事性图书为主，而是以较高难度

的文本阅读为主。大量的阅读在帮助学生培养语感、提升语用能力方面具有重要作用，相关出版机构可以考虑出版更多面向中学阶段学生的课外读物。

（四）成人华文教学与教材

新加坡成人华文教育主要有三种类型：一是针对华文教育者或有志于从事华文教育的学习者开设的华文教育教学进修课程或文凭课程等，此类项目主要由新加坡国立教育学院及新加坡华文教研中心开展；二是针对商务人士或有志于华文教育的学习者开展的双语翻译、汉语国际教育文凭课程；三是为社会上对华文感兴趣的民众提供的汉语拼音、书法等课程。如南洋理工大学孔子学院官方网站显示，该机构可针对学习对象的不同，开发多类教学资源：学龄覆盖学前、小学、成人等多个阶段；内容涵盖语言、文学、文化等多个方面；形式涉及教材、漫画、杂志、丛书等多种类型。

二、华文数字化教学资源发展情况

为了配合纸质教学资源的教学，新加坡教育部还研发了许多数字化教学资源。在新加坡教育部官网可以查询到关于幼儿儿歌教学的数字化资源。比如，适用于幼一的儿歌有《小猴子》《新年到》《我的家庭》《我的邻居》《蓝色海洋》《国庆日》等，适用于幼二的儿歌有《团圆饭》《我的爱好》《我爱我的新加坡》《一起去动物园吧》《美好的植物》《我们的节日》《我们的地球》《迎新会》等。

幼儿园没有固定的课堂教材，但小学和中学都有固定的课堂教材。新加坡中小学的课堂教材普遍配备了配套的数字教材等辅助资源。例如，《小学华文》数字教材以云计算基础设施和平台为支撑，依据华文知识与技能特点，以及学习认知理论，将学习工具分为语音工具、词汇工具、笔记工具与学习档案工具四类[1]，以方便学生检索并查阅知识点。小学华文教材《欢乐伙伴》和初一教材《华文伴我行》的配套电子资源分别为《欢乐伙伴数字资源（一年级至六年级）》《欢乐伴我行数字资源

---

[1]　洪骞. 云端华文数字教材的学习工具分析——以新加坡《小学华文》数字教材为例 [D]. 广州：暨南大学，2016.

（中一上、下）》。数字资源可供学习者自学，方便学习者阅读。此外，还有大量的华文学习网站可供使用，见表5-77。

表5-77 华文学习网络平台

平台名称	网址	创办者	语种
联合早报网	https://www.zaobao.com.sg/global	新加坡报业控股公司	中文
随笔南洋网	http://www.sgwritings.com/bbs/index.php	李叶明	中文
华新中文网	http://www.huasing.org/main.htm	华新社团	中文
庞帝（北京）	https://chinese.ponddy.com/	庞帝教育咨询有限公司	中/英
YOYO CHINESE（美国）	https://yoyochinese.com/landing	Yangyang Cheng	中/英
揭秘中文（瑞典）	https://www.hackingchinese.com/	Olle Linge（凌云龙）	中/英

新加坡华文学习网络平台主要分为两类。一类网站包含了大量的华文学习课程及相关资料，其中，"庞帝"主要运用翻转课堂概念及游戏化的学习方式解决以往中文学习中的困难；"YOYO CHINESE"则是在线视频（真人教学）课程学习网站，有口语交际课和汉字课两大类型，课程内容比较完整，体系较为成熟，辅助材料也较丰富；"揭秘中文"面向所有群体提供教学资源、教学课程、相关文章等。此外，一些网站包含了大量的华文语言材料，可供华文学习者阅览。其中，"联合早报网"是新加坡主要的华文综合性日报《联合早报》的电子版；"随笔南洋网"是由华人创立的华文文学网站；"华新中文网"是一个致力于为新加坡留学生、职场人士及华人同胞提供交流空间和服务的平台。总之，华文学习平台的出现为新加坡华文学习者提供了丰富的网络学习资源，对学习者开展华文自学活动具有促进作用，也为华文教育者提供了更多教学资料。

第六部分　专题篇

第一节　海外国民教育体系内中文教学资源建设

国民教育体系主要是指由主权国家通过制度或法律的形式，对本国所有享有公民权利的人所提供的一种不同层次、不同形态、不同类型的教育服务系统。[①]本节所述内容聚焦海外国民教育体系的基础教育层次。海外国民教育体系内的中文教学资源建设，是指海外各国通过统编、审核、认定、推荐等方式，在基础教育公立学校广泛使用中文教学资源，中文教学资源成为国民教育体系内中文课程实施、教学设计、测试评估的主要依据。海外国民教育体系内的中文教学资源建设，是支持国民教育体系内中文课程顺利实施、提升教学质量的重要保障，有助于夯实中文在国民教育体系中的课程地位，是中文教学资源本土化的"高级形式"。

一、发展概况

截至目前，有 70 多套中文教学资源直接服务于海外 23 个国家国民教育体系内的中文课程。（表 6-1）

表 6-1　海外国民教育体系内中文教学资源建设情况

洲别	国家	国民教育体系内的中文教学资源名称
亚洲	泰国	《体验汉语》《创智汉语》《初级汉语》《汉语入门》《快乐学中文》
	新加坡	《小学华文》《欢乐伙伴》《中学华文》《华文伴我行》

---

① 中华人民共和国教育部发展规划司.国家教育事业发展"十一五"规划纲要重点课题研究报告选编[C].北京：人民教育出版社，2007：488.

洲别	国家	国民教育体系内的中文教学资源名称
亚洲	马来西亚	华文体系：《华文（小学 1—6 年级）》《华文（中学预备班至五年级）》《独中华文（初一至高三）》 华语体系①：《国小华语（1—6 年级）》《交际华语（中一至中四）》
	菲律宾	《快乐汉语》《菲律宾华语课本》
	印度尼西亚	《轻松学中文》《轻松学汉语》《好儿童华文》《小学华文》《我的汉语》《育苗汉语》《千岛华语》《华语》《印尼小学华文》
	越南	《汉语》
	韩国	《中国语》（多版本）、《生活中国语》（多版本）
	阿联酋	《跨越丝路》《探索中国》《汉语乐园》《快乐汉语》《跟我学汉语》
	亚美尼亚	《快乐汉语》
	土库曼斯坦	《汉语（5—8 年级）》
欧洲	俄罗斯	《该学中文了》《汉语（5—9 年级）》《汉语 走遍中国（10—11 年级）》
	白俄罗斯	《快乐汉语》《跟我学汉语》《当代中文》《汉语新起点》
	英国	《进步》《步步高中文》 Edexcel GCSE Chinese、AQA GCSE Chinese
	爱尔兰	《中学汉语》
	法国	《汉语语言文字启蒙》《滚雪球学汉语》《大家学中文》《你说呢？》《你说吧！》《你说呀！》
	意大利	《意大利人学汉语》《我们说汉语》《说汉语，写汉字》《发现中国》
	德国	《懂不懂》《聊聊》《同道》《你说呢？》《龙》
	匈牙利	《匈牙利汉语课本》
北美洲	美国	《快乐儿童华语》《中文听说读写》《你好》《AP 中国语言文化》《轻松学中文》《轻松学汉语》《加油》《收获》《超越》 Mandarin Matrix
南美洲	智利	《HSK 标准教程》《快乐汉语》《今日汉语》
大洋洲	澳大利亚	《你好》《成长》《轻松学中文》《轻松学汉语》
非洲	喀麦隆	《你好喀麦隆》
	乌干达	《快乐汉语》

① 关于马来西亚的华文体系和华语体系，详见第五部分"国别篇"第八节"马来西亚中文教学资源"。

二、发展特点

（一）主要集中在亚欧部分国家

海外 23 个国家中，亚洲国家 10 个，欧洲国家 8 个，非洲国家 2 个，北美洲、南美洲、大洋洲各 1 个。其中 11 国为发达国家，分别为新加坡、韩国、英国、爱尔兰、法国、意大利、德国、匈牙利、美国、智利、澳大利亚；13 国为"一带一路"沿线重要合作国家，分别为泰国、新加坡、马来西亚、菲律宾、印度尼西亚、越南、韩国、阿联酋、亚美尼亚、土库曼斯坦、俄罗斯、白俄罗斯、匈牙利，主要集中在东南亚和中亚地区。总体来看，亚欧国家较多，非洲和南美洲国家很少；发达国家比例较高，发展中国家比例较低。

（二）近 15 年发展迅猛

1. 20 世纪 50 年代（萌芽期）

海外国民教育体系内中文教学资源建设发端于 20 世纪 50 年代。韩国教育部 1955 年赋予中文在高中的合法地位，1956 年随即发行了高中中文教材《中国语》；马来西亚 1958 年出版了国民型中学华文教材《新标准语文课本》。

2. 20 世纪 60 年代至 20 世纪末（起步期）

在这一时期，中国不断改革开放，海外学习者越发意识到学习中文的重要性，本土中文教学资源研发开始起步，法国《汉语语言文字启蒙》（1989）、澳大利亚《你好》（1991）、美国《中文听说读写》（1997）相继出版。这几部教材经过数十年的广泛使用和多版修订，已成为本土中文教学资源中的经典之作。

3. 2005 年至今（发展期）

从 2005 年开始，国际中文教育迅猛发展，中文教学资源本土化建设步伐不断加快。2006 年，菲律宾华文教育中心出版了《菲律宾华语课本》；2008 年，由孔子学院总部 / 国家汉办、厦门大学和印尼华文教育协调机构共同编写的《华语》，经印尼教育部审定出版；2008—2009 年，德国先后出版本土中文教材《懂不懂》《龙》《聊聊》等；2010 年，《体验汉语》列入泰国中小学教材推荐目录，进入泰国国民教育体系；国际知名教育出版机构培生教育集团（Pearson Education）相继出版了《进步》、*Edexcel GCSE Chinese*、*Edexcel A Level Chinese*，填补了英国中学本土中文教材的空白；2011 年，匈牙利面向中文学习者出版了首套本土中文教材——《匈牙利汉语课本》；2016 年，根据人民教育出版社《跟我学汉语》改编而成的《该学中文了》通过俄罗斯科教部审核，列入俄罗斯联邦教育采购清单；2016 年，土库曼斯坦出版了第一本本土中文教材《汉语（5 年级）》，作为开设中文课程的基础教育机构5 年级学习者的指定教材，之后每年出版一册，现已出版《汉语（8 年级）》；2017年，《你好喀麦隆》成为喀麦隆中教部的指定教材，分别对应公立中学从初三到高三5 个年级的中文必修课程；2016—2017 年，主要面向意大利高中生的本土中文教材《说汉语，写汉字》《我们说汉语》相继出版；2019 年，为阿联酋中学编写的《跨越丝路》陆续推出。可见，近 15 年是海外国民教育体系内中文教学资源高速发展的时期。

（三）覆盖广度和扎根深度差异较大

覆盖广度主要指教学资源在对象国的使用范围，可分为整体覆盖、局部覆盖、散状覆盖三种。新加坡《欢乐伙伴》《华文伴我行》供全国 366 所开设中文课的小学、中学（相当于我国初中）和初级学院（相当于我国高中）使用，基本实现了全国覆盖；泰国、喀麦隆、土库曼斯坦相关教学资源也基本实现了全国整体覆盖。《育苗华语》由印度尼西亚东爪哇华文教育统筹机构教材编写小组组织编写，主要在该国东爪哇地区使用，是地区局部覆盖的典型；马来西亚《国小华语》《交际华语》在华语教学体系使用，《华文》在华文教学体系使用，是体系局部覆盖的典型。另外，由于学区或学校选择教学资源的自主性，很多本土中文教学资源在对象国教育体系中的使用较为分散，如美国、韩国、意大利、澳大利亚等。

各国中文教学资源的扎根深度也不尽相同，主要体现在版本更替和配套服务方面。部分东南亚国家开展国民教育体系内中文教学资源建设较早，教学资源不断更新迭代，配套服务逐步升级。例如，马来西亚华文教育体系国民型中学的华文教材更新了 3 个版本：1958 年版《新标准语文课本》、1986 年版《华文》和 2017 年新版《华文》；新加坡小学华文教材自 1979 年至今共推出了 5 套 9 个版本；《体验汉语》在泰国已经完成了第 2 版迭代，每年供 1288 所中小学的近 60 万泰国学习者使用。另外，《中文听说读写》在美国高中使用普遍，已经更新到第 4 版，并不断加强配套服务；《中国语》在韩国也已修订数个版本。然而，一些教学资源进入程度尚浅，例如，阿联酋推出的《跨越丝路》尚处于试用阶段，未普及全国，也尚未提供配套服务；亚美尼亚公布的中文教学大纲中推荐使用《快乐汉语》，但该教材在其国内中小学的实际使用率并不高。

（四）中外合作至关重要

纵观海外国民教育体系内中文教学资源建设的成功案例，"中外合作、共同推进、多方共赢"是决定成败的关键因素。中外合作模式可细分为三种类型：一是我主外辅型，即以我国研制的中文教材为主要蓝本，外方加以改编后投入使用，菲律宾、亚美尼亚采用的《快乐汉语》、俄罗斯引进的《跟我学汉语》就是我主外辅型合作的范例。以菲律宾为例，2019—2020 年共有 93 所公立中学开设中文课程，在读学生达 1.1 万人，菲语修订版《快乐汉语》作为公立中学通用中文教学资源在全菲使用。二是中外合力型，即在中外多方合作基础上成功推出的中文教材。以《你好喀麦隆》为例，这套教材是在浙江师范大学、雅温得第二大学孔子学院及马鲁阿大学的支持下，本土中文教师杜迪博士（现任教于马鲁阿大学，并担任喀麦隆中等教育部汉语总督学）与两国中文教学界的专家共同组成教材编委会合作编撰完成的。三是外主我辅型，即以外方为主完成本土中文教学资源的编写、出版、发行，我国给予适当协助。在美国、英国、法国、韩国等中文教学较为成熟的国家，中文教育体系相对稳定，本土中文教学专家和骨干教师队伍逐步壮大，教材出版发行系统较为发达，本土教学资源的自主研发能力和出版运营能力较强，大多采取外主我辅的合作方式。

三、建设途径

（一）统编型

该类型是指教学资源由国家教育行政部门统一组织编写、审定、出版、发行，通用于全国各地公立中小学，新加坡、马来西亚、土库曼斯坦是其典型代表。

新加坡自 20 世纪 70 年代以来，每隔一段时间便对母语课程的实施情况进行检讨并发布一份报告书。报告书公布之后，教育部便会重新规划课程标准，启动教材修订，进行试教，再根据试教中师生的反馈意见修改教材，并在隔年推出新版教材。① 表 6-2 列出了历次与华文课程相关的报告书、课程标准和教材。截至目前，新加坡教育部共颁布了 5 份与华文课程相关的报告书，作为华文教育改革的指导性文件，并相应公布了 5 版华文课程标准，推出了 5 套 9 个版本全国统编小学华文教材。这几套教材都是在双语教育改革的政策文件指导下、在配合课程标准颁布的基础上编写并推行的。从政策指导文件到课程标准及核心理念，再到教材编写与使用，一以贯之，层层落实。

表 6-2　1979—2015 年新加坡小学华文课程标准及教材版本②

序号	政策指导文件	课程标准及理念	教材名称及版本
1	1979 年吴庆瑞报告书	小学华文课程纲要（1979/1981） 理念：双语源流	《小学华文实验教材》（1979 年第 1 版、1985 年第 2 版、1991 年第 3 版）
2	1992 年王鼎昌报告书	小学华文课程标准（1993） 理念：民族与国家认同感	《好儿童华文》（1994 年第 1 版）
3	1999 年李显龙政策声明	小学华文课程标准（2002） 理念：多元文化与价值观	《小学华文》（2002 年第 1 版）
4	2004 年华文课程与教学法检讨委员会报告书	小学华文课程标准（2007） 理念：实用的语言	《小学华文》（2007 年版）
5	2010 年母语检讨委员会报告书	小学华文课程标准（2015） 理念：乐学善用	《欢乐伙伴》（2015 年版）

2010 年新加坡教育部发布了《母语检讨委员会报告书》，明确了母语教育政策和教学目标，并启动新一轮课程改革。该报告书规定：华文教育专项资金已纳入教育部的年度财政预算，并责成教育部课程规划发展司母语处具体负责汉语课程规划、大纲制定、教学资源的开发和修订工作。2015 年新版华文教材《欢乐伙伴》编写完成，由教育部直属出版机构 Marshall Cavendish Education 陆续出版发行。在中文课程改革过程中，新加坡华文教研中心、南洋理工大学国立教育学院、我国中文教育专家等机构及个人在教材编写、教师培训及中新汉语教育交流中发挥了较大作用。

---

① 陈之权 . 新加坡华文教学新方向——"乐学善用"的实施思考 [J]. 华文教学与研究，2013（04）：11-20+58.
② 彭俊 . 新加坡小学华文教材编写理念的变迁研究 [D]. 广州：暨南大学，2019.

（二）推荐型

该类型是指教学资源由国家教育行政部门组织遴选，审核通过后列入推荐目录，建议学校选用。该类型还可细分为三种子类型。

1."委托编写＋推荐"型

泰国属于这一类型。2005 年，泰国教育部从提高国家竞争力的战略高度认识中文教学，发布了《泰国促进汉语教学，提高国家竞争力战略规划》，对中文教学政策、教学大纲、教材教具、教师能力等方面提出了战略建议，对泰国中文教学进行了顶层设计。同年，中泰两国教育部签署教育合作框架协议，中文教学合作是协议主要内容之一。随后，泰国教育部基础教育委员会采用公函、协议方式先后委托云南师范大学、高等教育出版社编写中小学汉语教材，两所中国教育机构分别编写了《创智汉语》和《体验汉语》。2006 年 9 月，高等教育出版社《体验汉语》编写项目组赴泰国参加试用教材专家评介会；2007 年 9 月，高等教育出版社与泰国教育部直属出版社 BOWT（原名为 KURUSAPA）就《体验汉语》举行合作出版签约仪式，《体验汉语》就此进入了泰国主流教育体系；2010 年 2 月，经泰国教育部审查核定，《体验汉语》《创智汉语》正式列入泰国中小学教材推荐目录。

2."招标遴选＋推荐"型

美国和俄罗斯是这一类型的代表。美国各州每 5—7 年开展一次教学资源招标遴选，更新教学资源推荐目录。2016 年前后，北京语言大学出版社、华语教学出版社、高等教育出版社抓住时机，积极应标，共有 7 套中文教学资源进入美国 10 个州教育部门的采购目录（表 6-3），正式走进了美国中小学课堂。

表 6-3　中文教学资源进入美国州教育部门采购目录情况

出版社	教学资源	美国州名
北京语言大学出版社	《轻松学中文》《HSK 标准教程》	犹他州、佐治亚州、俄克拉荷马州、俄勒冈州、德克萨斯州、阿拉斯加州
华语教学出版社	《华语阅读金字塔》	犹他州、爱达荷州、阿拉巴马州
	《小学汉语》	佐治亚州、德克萨斯州
	《中学汉语》《飞跃》	佐治亚州、德克萨斯州、田纳西州、爱达荷州、阿拉巴马州、南卡来罗纳州
高等教育出版社	《酷熊猫（Cool Panda）》	佐治亚州

3."标准文件 + 推荐"型

该类型是指在某国（或地区）的中文教育标准中附有教学资源推荐书目。德国部分州采取这种做法，比如德国不来梅州教育与科学委员会 2000 年 6 月发布了《文理中学高年级中文作为晚开外语基本纲要》，其中重点推荐了 Hans-Christoph Raab 编写的《汉语——说、读、写》（*Chinesisch — Sprechen, Lesen, Schreiben*）第一册和第二册；黑森州文化部 2009 年制定了《中文教学大纲教学指南》，其附录列出了中文教材推荐书目。另外，坦桑尼亚教育科技部 2016 年公布的《高中中文教学标准》主要依据《快乐汉语》和《HSK 标准教程》，使得标准与教学资源之间形成了天然的、不可割裂的联系。

（三）审核型

该类型是指国家教育行政部门对出版社提交的教学资源进行审核，通过审查的资源方能出版发行。韩国是审核型的代表。韩国教育部负责制定和颁发中文课程标准，出版社组织专家和教师依据标准编写教材，并将教材样本提交教育部相关部门审核。教育部组织专家对出版社提交的教材样本进行盲审，并给出修改意见，出版社对教材进行修改直至审查通过，最后出版发行。2018 年，8 家出版社依据 2015 年版《初中中文课程标准》编写的《生活中国语》通过教育部审核，11 家出版社根据 2015 年版《高中中文课程标准》编写的《中国语 I》和《中国语 II》通过审核，顺利出版并供各校使用。

（四）市场型

该类型是指各地学校或任课教师根据国家教育行政部门颁布的中文课程标准自行编写或选用商业型教学资源，这种方式与国家教育体制、教育制度、教育理念相关，澳大利亚、英国、意大利属于此类型。

市场型的关键在于进入对象国的教学资源主流发行渠道，成功案例有：《进步》等中文教材通过与培生教育集团（Pearson Education）合作进入英国教材发行渠道，《懂不懂》等中文教材通过与德国克莱特出版集团（Klett Group）合作进入德国主流教材发行渠道。上述外方出版公司都是世界知名的教育出版发行机构，产品覆盖几乎所有学科的不同学段，多语种教学资源发行全球数十个国家，在世界主要国家建立了畅通的销售发行渠道。与国际知名出版机构合作出版发行中文教学资源，其最大优点是可以依靠优质的出版品牌，借助它们强大的海外发行渠道；但其劣势也是显而易见的，由于其产品种类繁多，而中文教学资源盈利能力偏弱，所以出版机构对中文出版业务的投入度往往低于预期。与之互补的是，在许多国家，专营中文图书和教学资源的出版发行机构纷纷建立，比如法国的友丰书店、凤凰书店，美国的中国萌芽，印度尼西亚的联通书局，英国的常青书店等，它们在各自国家主营中文图书业务，建立用户群和销售渠道，是中文教学资源实现本土化经营不可或缺的中坚力量。

第二节　中文联盟——
多方参与共建国际中文教育生态圈

随着互联网、大数据、云计算、人工智能等信息技术的应用和发展，教育形态和学习方式发生了深刻变革。技术革新为开展国际中文在线教育提供了物质基础，使远程学习、双师教学、自动评测、精准练习等新型教学与测试方式变为可能。在技术赋能下，国际中文在线教育可以突破时空界限，为学习者提供更优质、更精准的中文学习服务，提高学习效率，降低学习成本。新冠肺炎疫情暴发以来，国际间人员往来受阻，全球范围内线下教学中断，开展国际中文在线教育成为刚性需求。大规模国际中文在线教育实践可以有效缓解疫情影响下国际中文教育的供需矛盾。在上述背景下，国际中文教育生态圈理念应运而生。

国际中文教育生态圈是指多元主体共建、开放共享、智慧引领、语言文化交融、线上线下共生、良性互动、高效协同的国际中文教育生态系统。该系统可以为中文学习者构建"时时可学、处处能学、自主选择"的个性化智慧学习空间；为教学者提供一个体系完备、资源丰富、便捷高效，能与学习者实现无缝对接的智能型支撑平台；为研究者创设一个协同研究、创新试验、成果可转换、可长期持续发展的跨学科研究环境；为管理者构建一个大数据驱动、全流程管理、全方位服务，实时高效、自适应、智能化的辅助决策体系；为合作伙伴搭建一个能精准有效对接、平等广泛参与、各取所需、各展所长的交互协作平台。

一、发展概况

为实现国际中文教育生态圈的建设愿景，五洲汉风网络科技（北京）有限公司、汉考国际教育科技（北京）有限公司、阿里巴巴钉钉、日本青少年育成协会、英国汉语教师协会等多家机构联合打造"中文联盟"数字化云服务平台（以下简称"中文联盟"），旨在聚集优质课程、技术、产品、渠道、服务等资源，为从事国际中文教育的学校、机构、教师和学习者提供在线教学及辅助服务。

（一）合作单位情况

"中文联盟"秉持合作共赢的原则，与国内外高校、出版社、在线学习平台等机构开展多种模式的合作，以实现平台及课程的共建共享。目前课程合作单位包括中文教学机构（如泰国海上丝路孔子学院、泰国孔敬大学孔子学院、加纳孔子学院、兴华美育等）、高等院校（如吉林大学、山东大学、郑州大学、陕西国防工业职业技术学院等）、出版机构（如人民教育出版社、高等教育出版社、语文出版社、北京语言大学出版社、外语教学与研究出版社等）、在线教学平台（如长城汉语、爱课程、学堂在线、漫中文、锦灵中文等）和文化传播机构（如安徽时代漫游文化传媒股份有限公司、浙江特立宙动画影视有限公司、蓁熙文化传播有限公司、北京蓝月谷文化传媒有限公司、北京华夏视记国际文化传播有限公司等）。

（二）功能与服务

"中文联盟"采用平台、资源、技术、渠道相结合的服务模式，可向全球中文教学机构和学习者提供课程服务、考试服务、资源库服务、技术和管理服务及资讯服务。

1. 课程服务

开展中文在线教学是"中文联盟"的核心功能。目前，"中文联盟"已建立起以中文学习、中文考试、中国文化与当代国情、教师发展、"中文＋职业教育"五大板块的优质数字化课程资源体系，课程形式包括慕课、微课、直播课三种。"中文联盟"现有慕课7300多节，有来自194个国家和地区的学习者参与学习。（表6-4）

表6-4 "中文联盟"慕课课程

板块	课程数量	课程名称列举
中文学习	88门	当代中文、长城汉语、快乐汉语等
中文考试	12门	HSK 标准课程、HSK 标准会话课程、YCT 标准课程、汉语——直通 HSK 等

续表

板块	课程数量	课程名称列举
中国文化与当代国情	66 门	中国文化常识、中国历史常识、汉字五千年、数字中国等
教师发展	75 门	国际中文教师基础课程、国际中文教学设计、国际中文教学技能、国际汉语教育入门等
中文＋职业教育	6 门	餐饮汉语、电子信息技术汉语、铁路运输汉语、工业机器人技术基础与应用等
总计	**247 门**	

"中文联盟"的微课课程按照不同教学对象分为四个模块：儿童学习者（0—10岁）模块、青少年学习者（11—18岁）模块、成人学习者（18岁以上）模块和中文教师模块。各模块微课内容精练，画质及音色清晰。目前已上线 21 门、1200 多节微课（表 6-5）。

表 6-5 "中文联盟"微课课程（单位：门）

适用对象	难度		
	零基础—初级	中级	高级
儿童学习者	1	0	0
青少年学习者	8	1	0
成人学习者	0	4	4
中文教师	0	2	1

截至 2021 年 9 月，"中文联盟"已开展 144 次直播公开课，累计 329 课时，课程内容包括中文学习、文化讲座、教学技能培训等。共有来自 171 个国家和地区的 49 万名学习者参与学习，每场直播课程平均服务 3000 多人，平均访问时长为 49 分钟／人。学习者可预订实时观看直播课程并参与课堂互动，同时也可以在课程结束后观看课程回放。（部分直播课程见表 6-6）

表 6-6 "中文联盟"部分直播课课程

课型	课程数量（次）	总课时数（小时）	单次课程时长（小时）
汉语口语速成·入门篇	5	7.5	1.5
HSK 标准会话教程	13	26	2
国际中文在线教学组织技巧及课堂管理方法	7	7.2	1
HSK 标准课程 4	20	20	1

2. 考试服务

"中文联盟"通过与汉考国际教育科技（北京）有限公司合作，为用户提供包括考试咨询、考试报名、成绩查询在内的中文考试服务，覆盖的考试包括：汉语水平考试（HSK）、汉语水平口语考试（HSKK）、中小学生汉语考试（YCT）、商务汉语考试（BCT）、医学汉语考试（MCT）、国际中文教师证书考试（CTCSOL）。

用户通过访问"中文联盟"HSK 考试板块，可一键链接汉语考试服务网。该网站提供考试介绍、考试时间、考点位置等信息，还提供模拟考试功能。通过查询和测试，用户可以选择报考适合自己的考试；如无法参加线下考试，还可申请居家网考。通过考试后，用户可在网站中查询考试成绩，下载并打印考试报告。目前，已累计服务全球各类中文学习者 4000 多万人次。

3. 资源库服务

"中文联盟"对多个平台的资源库进行了有效汇集与整合，包括数字图书馆、国际中文教学指南、国际中文教学案例库等。

"数字图书馆"按照读者的不同类型分为四个分馆：大众馆、儿童馆、汉语学习者馆、汉学家馆，包括 3 万多册电子书、30 多种报纸、200 多种期刊，方便各国教师备课以及中文研究者查找资料。"国际中文教学指南"是国际中文教材研究的实用综合平台，利用自然语言处理技术，对全球近 5000 册使用广泛的国际中文教材进行研究和分析，析出教材语料 50 万条，其中近三年出版的教材约占 24%。用户可以利用平台查找教材，也可以自主编写讲义、编制教辅、编写教材等。"国际中文教学案例库"集合来自国内外一线课堂教学的真实案例，包括教学法、课堂管理、中国文化传播、跨文化等类别，是世界各地中文教学工作者分享成果、交流经验的开放性平台。

4. 技术和管理服务

为应对中文在线教学常态化发展态势，"中文联盟"及时推出了直播平台，提供中文在线教学一体化解决方案。直播平台可支持国内外高校、机构、教师开设直播课程。教师可通过网页导航到达授课直播间，通过直播互动、课程录制回放、屏幕分享、课件库、文档传输与管理、班级直播数据统计、备课教研、设备智能检测等在线授课功能呈现教学授课场景。（图6-1）同时实时记录学习者的学习情况、听课情况，可对学习者的学习行为进行形成性评估。

图6-1 "中文联盟"直播课场景

"中文联盟"采用班级制和远程"直播＋辅导"的教学模式，为国内外中文教学机构、社会组织、企业搭建"网络中文课堂"云平台。该平台由教务系统、直播课系统、慕课系统、习题系统、教学数据中心、云平台APP六部分组成，可全流程地服务于中文课堂从招生到结业、认证的各个环节，为师生提供"教、学、考、研"一站式服务。（图6-2）2020年10月15日，全球首家"网络中文课堂"落户希腊爱琴大学。

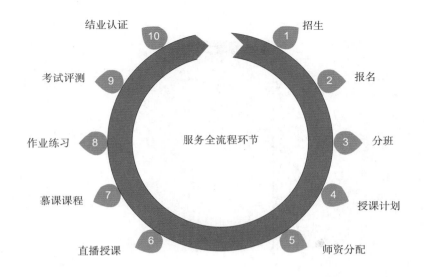

图 6-2　网络中文课堂流程

5. 资讯服务

"中文联盟"可为世界各地国际中文教育从业者和教学者提供资讯服务，包括国际中文教育考试、奖学金、留学、会议、比赛等资讯。其中"汉语桥"板块是海内外中文学习者展示中文水平、交流中文学习经验的平台；"中文教育奖学金"板块为优秀的中文学习者提供奖学金申请的便捷通道；"国际中文教育大会"板块采用图文结合的方式对会议内容进行复现，展示中文教育领域的各项合作成果；"汉语教师志愿者摄影大赛"和"泰国志愿者汉语教学微课比赛"板块展现了当代志愿者的文化素养和专业技能；"美丽中国留学计划"板块为各国学习者提供来华留学服务。

（三）用户构成

"中文联盟"现有用户 210 万人，其中亚洲约 165 万人、欧洲 29 万人、北美洲约 8 万人、非洲约 5 万人、南美洲和大洋洲各 2 万人。（图 6-3）截至 2021 年 9 月，总访问量达 380 万人次，平均时长 12 分钟，访问量较高的前三个板块依次为：官网、慕课、直播课。

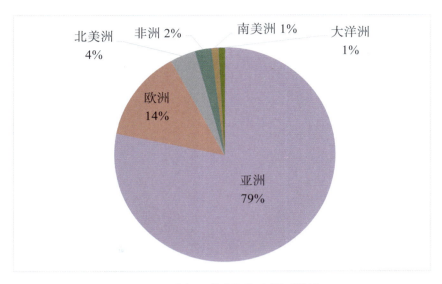

图 6-3 "中文联盟" 用户洲别统计

二、建设成效

（一）明确合作机制，探索国际中文在线教育方向

"中文联盟"以提供一体化中文教学解决方案为切入口，拉动各方合作需求，通过宣传推广、教学培训、考试组织、技术支持、教学管理、资讯共享等方式，延长国际中文在线教育产业链条，发挥组织教学、软件开发、教学资源、硬件设备等不同行业的专业化优势，加强各主体内部和不同主体间的互动合作，为多方参与国际中文在线教育提供了比较清晰的合作路径和广阔的市场前景。

（二）汇聚优质资源，建设数字化教学平台

目前"中文联盟"汇聚了多家机构的资源、技术、渠道、服务，形成了品类齐备的资源体系，建成慕课、微课 8000 多节，吸引了来自全球 194 个国家和地区的 210 万用户，总访问量达 380 万人次，已初步形成规模效应。同时，"中文联盟"利用自媒体平台，加强与潜在用户之间的沟通，不断增加潜在用户转化率。"中文联盟"聚合型数字资源平台产生的规模效应，有效实现了用户引流，增加了用户黏性，降低了获客成本，进一步激发了各主体参与国际中文教育事业的活力。

（三）形成标准体系，打通主体间技术壁垒

为了实现资源、技术、渠道、服务的有效对接，"中文联盟"形成了包括框架标准、技术标准、内容标准、服务标准在内的标准体系。框架标准明确了各机构资源和服务在中文教学资源框架中的位置；技术标准要求参与"中文联盟"平台建设的各主体使用统一的数据接口、信息传输、对接系统等；内容标准规定了各类资源需要符合的法律法规、教学规律、语言规范等；服务标准规范了平台提供的课程服务、考试服务、资源库服务、技术和管理服务、资讯服务等。标准体系的建立是"中文联盟"各主体间高效对接、共建共享的基础保障。

（四）打造特色品牌，创新在线教学工具

科技赋能、市场运作激发了各主体参与国际中文教育事业的动力，涌现出了"长城汉语""HSK 标准课程""七色龙""酷熊猫""智慧宫"及 Pop On 等特色中文教学资源品牌。语音识别、虚拟现实、人工智能、大数据等新技术与国际中文教育相结合，形成了双师课堂、智能口语评测、沉浸式游览学习等优质学习工具，有效提高了中文学习者的学习效率和兴趣，促进了国际中文教育的高质量发展。

第三节 "中文 +"教学资源建设

2018 年 12 月，孙春兰副总理在第十三届全球孔子学院大会致辞中提出，要实施"中文 +"项目，因地制宜开设技能、商务、中医等特色课程，建立务实合作支撑平台。[①] 2019 年 12 月，孙春兰副总理在国际中文教育大会上强调，要在语言教学中融入适应合作需求的特色课程，积极推进"中文 + 职业技能"项目，帮助更多的人掌握技能、学习中文。[②] 可以看出，"中文 +"是从顶层设计出发，在对政策导向、市场导向、需求导向全面分析的基础上，重塑中文教育的工具性特征，探索兼顾学习者中文学习与职业发展的新路径。"中文 + 职业技能"教育有助于培养适合当地发展需要的高素质技术技能人才，促进当地经济社会建设，实现中国与世界各国经济互利共赢，是国际中文教育融入本土、服务本土、加强交流与互鉴、促进民心相通的重要方式。

一、"中文 +"项目发展概况

"中文 + 职业技能"是国际中文教育服务"一带一路"建设、推动构建人类命运共同体的务实教育行动。目前，该项目已通过在海外建立"鲁班工坊"、创办"中泰语言与职业教育学院"、设立"中文 + 职业技能"国际推广基地等措施，面向全球数十万名中文学习者开设了各类"中文 +"特色课程，推动了国际中文教育与职业教育的深度融合。同时，语合中心不断创新"中文 +"国际合作模式，突出语技融合、

---

① 中国政府网.孙春兰出席第十三届孔子学院大会并致辞 [EB/OL]. http://www.gov.cn/guowuyuan/2018-12/04/content_5345736.htm, 2018-12-04.
② 教育项目研究组.构建"中文 + 职业技能"教育高质量发展新体系 [J]. 中国职业技术教育，2021（12）：119-123.

嵌入发展、形式灵活等特点，积极推动"中文工坊"建设，以实现"中文＋职业技能"教育的全面推进和多领域覆盖。截至 2021 年 5 月，我国已在泰国、英国、印度、印度尼西亚、巴基斯坦、柬埔寨、葡萄牙、吉布提、肯尼亚、南非、马里、尼日利亚、埃及、科特迪瓦、乌干达、马达加斯加、埃塞俄比亚 17 个国家建成"鲁班工坊"18 个、中外合作建设的专业 47 个，项目建设覆盖亚洲、非洲和欧洲三大洲。[①] 2020 年 12 月，"中泰语言与职业教育学院"成立，20 余所泰方职业院校申请加入合作，并将在专业师资培养、教学资源开发、考试认证推广、"1+X"证书试点、实训基地建设及促进学生就业等方面与中方有效衔接，合作制定中外职业教育办学标准、课程标准、教育标准和技术产业标准，并以此为基础设计课程、组织培训、开展考评等。2020 年 11 月，中国国内首个"中文＋职业技能"国际推广基地落户南京工业职业技术大学，该基地聚焦"中文＋"领域发展的关键点，着力解决专业标准、教学资源、师资培养国际化等瓶颈问题，为整合国际中文教育和职业教育资源，实现融合创新和协同发展积累实践经验。该基地还重视加强"中文＋职业技能"师资培训，启动复合型师资百人培训计划，培养、认证职业技能专业教师的中文教学能力，推动职业技能专业教师考取国际汉语教师资格证；与北京工业职业技术学院合作探索中文和职业技能"双师型"教师，以储备"中文＋职业技能"教育专业人才。[②]

二、"中文＋"教学资源建设成效

"中文＋"教学资源建设是"中文＋职业技能"高质量发展体系的重要组成部分。目前，已基本形成以"中文＋"项目合作为抓手，以特色课程为核心，以资源为主体，以"走进去""融进去"为目标的多元化教学资源发展体系。

（一）课程建设及典型案例

"中文＋"特色课程的研发，满足了中文学习者多元化的学习需求，也加快了

① 天津市鲁班工坊研究与推广中心.国家品牌项目"鲁班工坊"五年发展与探索 [N].天津日报，2021-05-21(09).
② 教育项目研究组.构建"中文＋职业技能"教育高质量发展新体系 [J].中国职业技术教育，2021（12）：119-123.

"中文 +"教材本土化发展的步伐。目前，"中文 +"特色课程已涵盖技能培训、旅游、机电、农业、高铁、航空等领域，部分课程采取中外联合培养、理论学习和企业实训相结合的方式开展，具有较好的可持续性及实践导向性。据不完全统计，全球有数十万名中文学习者参加了各类"中文 +"特色课程。其中具代表性的有卢旺达开设的"中文 + 竹编技术培训"课程、肯尼亚开设的"中文 + 服装纺织培训"课程、泰国开设的"中文 + 高铁"课程、比利时开设的"中文 + 商务"课程、白俄罗斯开设的"中文 + 科技"课程、日本开设的"中文 + 空乘"课程、安提瓜和巴布达开设的"中文 + 农学"课程等。这些课程深受当地中文学习者的欢迎，既满足了个性化学习需求，又提升了学习者的综合素质和就业能力，为中资企业输送了大批懂中文的专业技能型复合人才。这些丰富多彩的教学实践也为进一步实施"中文 + 职业技能"教育提供了有益的借鉴。

"中文 +"教学资源研发以"中文 + 职业技能"课程为核心，由单一的纸质教材向多媒介、立体化教学资源发展。如在中泰合作中，为培养更多既懂中文又了解电子商务的复合型人才，泰国清迈大学孔子学院、北京博导前程信息技术股份有限公司及中泰双方的职业技术院校，积极推进电子商务职业教育和中文教育的融合发展，组织开发核心培训课程"中国数字经济 20 年 & 新兴电商模式""商品短视频的设计制作实战"以及配套课程资源。现已开发适合师资培训、学生技能培训的课程体系，以电商平台后台装修为目标，分设四个部分的培训内容，设计了"1+X"PBL（Project-based Learning）教学模型，形成了高黏合度的"1+X 项目学习胶囊"。通过大量的案例分析、教学互动和平台实操，从宏观电商生态的认知、创新创业路演技能到短视频制作、图片处理、产品详情页文案撰写、店铺装修，带领学生一步步解锁电商起步过程中的关键技能。基于"中文 +"课程需要，还规划开发《中国电商发展与商业模式认知》《电商平台运营基本流程》《东南亚电商平台基础运营》《商品拍摄与数字设计基础》4 本配套教材，同时开发课程大纲 4 个、教学课件 40 个、视频微课 40 个、项目作品集 4 套、习题集 10 套等配套教学资源。此外，还开发"中文 + 职业技能"配套培训课程资源，包括师资培训系列培训方案 1 个、培训课件 20 个、视频微课 26 个、项目作品集 4 个；学习者培训系列培训方案 1 个、培训课件 40 个、视频微课 40 个、项目作品集 4 套、题库 10 套。（图 6-4）

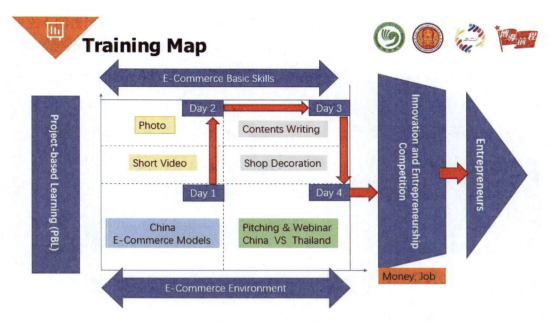

图 6-4 中泰合作"中文＋职业技能"项目

（二）教材建设及典型案例

目前，全球专门用途中文教材达 400 余种，涵盖 10 多个职业领域，为"中文＋职业技能"项目实施提供了基础保障。"中文＋"教材研发受使用人群、地域特点、技能类别等因素影响，具有区别于通用型中文教材的特点，突出了职业教育所需的针对性、指导性与可操作性。代表性教材有《泰国职业教育汉语教材》、"中国职业教育"《工业汉语》系列教材等。

有色金属工业协会依托职业教育"走出去"试点项目开发的《工业汉语》系列教材是这一方向的有益探索。该套教材以"走出去"企业的本土员工为主要教学对象，规划了"启航篇、基础篇、高阶篇"三部分共 49 个主题，主要集中在有色金属行业主体专业领域，如机械机电类、建筑类、矿山冶炼类等。2019 年，首批由哈尔滨职业技术学院编写的 5 本教材 [《工业汉语——电气自动化技术（基础篇）》《工业汉语——工业传动与控制技术（基础篇）》《工业汉语——机电一体化技术（基础篇）》《工业汉语——焊接技术及自动化（基础篇）》《工业汉语——机械加工技术（基础篇）》] 由国家开放大学出版社正式出版。

《工业汉语》系列"基础篇"的教学目标是，使学习者能和中国员工进行简单的工作交流，能够识读中国设备上的标记符号，能够看懂简单的中文说明书，以及能够了解中国的行业标准。在内容设计方面，《工业汉语》系列"基础篇"采用"三短两文献一规范"（"三短"指短词、短语、短句，"两文献"指泛读文献和精读文献，"一规范"指引入中国行业标准、行业规范）的内容结构，同时配有大量图片，图文并茂；全书采用"拼音＋汉字＋英语"的模式，使学习者能拼、会读、易懂，有助于学习者快速理解，从而使教材具有极强的适用性和实用性。每个章节按高频短词的词性和专业类别进行分类；短语由高频短词构成，适用于实际操作中进行语言表达；短句是由短词和短语组成的典型实用对话案例，同时融入中国传统文化、汉语言知识、中国企业文化等。（图6-5）

图6-5 "中国职业教育"《工业汉语》系列教材体例

除中国出版的"中文+"教材外，海外还出版了一些"中文+"教材，尤其以东南亚和非洲居多。（表6-7）

表6-7　海外代表性"中文+"教材

教材名称（中文译名）	出版国家
《旅游教程》	赞比亚
《商务汉语》	乌干达
《坦桑尼亚农业技术指南》	坦桑尼亚
《坦桑尼亚旅游汉语实用教程》	坦桑尼亚
《航空汉语800句》	塞舌尔
《机场商务班培训教材》	南非
《酒庄商务班培训教材》	南非
《海关汉语》	肯尼亚
《酒店汉语》	肯尼亚
《简明商务汉语手册（东非用）》	肯尼亚
《工程工地常用汉语》	几内亚
《工程汉语听说速成教材》	贝宁
《职业技术词汇（汽车分册）》	埃塞俄比亚
《旅游汉语》	埃及
《高铁汉语》	泰国

（三）数字化教学资源建设

"中文联盟"是"中文+"在线课程的主要支持平台。自2020年1月1日起[①]，陆续推出6门"中文+"在线课程，分别为"餐饮汉语（中—波兰语）""到中国，学技术——物流汉语""到中国，学技术——电子信息技术汉语""到中国，学技术——铁路运输汉语"4门职业中文学习在线课程，以及2门职业教育在线课程——"工业机器人技术基础及应用""创业策划及项目路演实训（中俄双语版）"。除"餐

----

① 课程数量统计截至2021年11月17日，网址为：https://mooc.chineseplus.net/dist/#/courseList?classify=25&second_classify=11。

饮汉语（中—波兰语）"为收费课程外，其余均为免费在线课程，课程学习时长为9—20周。

"餐饮汉语"是专门为餐饮专业学习者设计、编写的一套初级中文课程，在突出餐饮特色的同时增加文化内容，以实现中文教学与职业技能的同步提升。全套课程包括20个单元，共40篇课文，支持学习者20周内120课时的学习。学习者完成课程后，能用中文与专业烹饪课的老师进行简单对话，可基本了解中国的饮食习俗、烹饪种类，为专业学习打下基础。"到中国，学技术"系列在线课程已开发出物流、科技、铁路三个领域的"中文+"职业中文课程，即"物流汉语""电子信息技术汉语"和"铁路运输汉语"，主要针对所在国高等工程技术类大学和高职、中职学校，为我国"走出去"的国企和民企提供速成、对口、实用的职业中文课程。课程均为实景录制，采用中文讲解、中泰字幕的形式。学习者完成课程后，能够在职业技术场景下提升对汉语的理解、表达与运用水平，为专业学习、职业应用等打下基础。"工业机器人技术基础及应用"职业教育在线课程采用双语和理论实践相结合的教学方式，全部课程共15章、44课时，教学语言为英语，并提供中英文字幕，可以为工业机器人专业初学者提供学习指导。"创业策划及项目路演实训（中俄双语版）"为职业类高校双创教育服务，以激发学习者的创业意识和创新精神，提升创业能力。课程采用中文讲解、俄语字幕形式，包括"走进创业课程""创业前的准备""创业计划书的撰写"及"创业项目的路演"共4章50讲内容。

"清云电商"在线培训平台和技能实训平台是依托中外合作项目成功开发的"中文+"数字教学资源平台。（图6-6）该平台由全国职业教育教学指导委员会（中国）和泰国教育部职业教育委员会统筹指导，是泰国清迈大学孔子学院与北京博导前程信息技术股份有限公司联合中泰双方职业院校和企业共同推进的国际合作项目。"清云电商"立足中国电子商务职业教育的探索实践成果，发挥清迈大学孔子学院的平台作用，联合中泰相关职业院校和企业，以"中文+职业技能"为载体，以"1+X电子商务"数据分析职业等级标准为基础，结合泰国院校师资培训、学生培训实际情况，开发适合泰国发展的电子商务数据分析职业技能等级标准和培训体系，并以师资队伍建设和教学资源配套开发为支撑，开展适应未来数字经济发展的高技术技能人才系列培训，方便泰国参训师生的本土化技能实践转化，促进泰国青年提升数字技能和可持续发展能力，助力中泰人文交流和经贸合作并与泰国共享中国数字经济发展成果。[①]

图 6-6 "清云电商"网站

　　"清云电商"在线培训平台和技能实训平台支持中、泰、英三种语言。目前，在线培训平台建立了线上培训资源库，已上线"中文 +"中泰双语字幕课程 26 个、技能实训项目 80 余个、中文拓展视频课程超过 600 门，且支持项目班级组建，为合作院校实现线上培训和信息化教学提供了便利。师资培训课程依据"1+X 电子商务"数据分析职业技能等级标准，采取线上师资培训模式，通过直播课程讲授、录播视频、实操演示、作业答疑点评等线上多样化课堂组织，满足教师培训需求。2020 年11 月，首期电子商务数据分析职业技能教师培训班开班，来自泰国 51 所院校的近80 名教师接受了电子商务数据分析职业技能培训，52 名教师通过了考核。

　　"清云电商"作为技能实训平台，一是为学习者建立实训任务库，引入泰国 4.0 政策下主推的食品、健康、化妆品、旅游 4 大类别 8 个产品项目，并提供市场、竞争、流量、品类、物流、服务、交易等商务数据，让学习者完成网店装修、产品上架、数据分析报告制作等任务。二是为学习者提供"在线实战中心"，该中心下设"网店运营实战平台""客户服务实训平台""网店营销推广实训平台""全球贸易实训平台""跨境电商实战平台""跨境电商全球售实训平台"等 6 大实训平台，供学习者进行实操训练。（图 6-7）

---

① 清云电商，网址为：http://qingyun.ibodao.com/。

培训概述 Intro　　培训日程 Training schedule　　在线实战中心 OL combat center

网店运营实战平台

Online store operation combat platform

进入 / Enter

客户服务实训平台

Customer service training platform

进入 / Enter

网店营销推广实训平台

Online store marketing promotion training platform

进入 / Enter

全球贸易实训平台

Global trade training platform

进入 / Enter

跨境电商实战平台

Cross-border e-commerce actual combat platform

进入 / Enter

跨境电商全球售实训平台

Cross-border e-commerce global sales training platform

进入 / Enter

图 6-7　"清云电商"的"在线实战中心"

后　记

　　为做好新时代国际中文教育教学资源发展顶层设计，教育部中外语言交流合作中心策划了"国际中文教育教学资源发展报告"重大委托项目（20YH12E）。该项目于2020年9月17日正式立项，由北京语言大学国际教育研究院吴应辉教授担任课题组组长。在短短一年间，课题组组织完成了报告的撰写工作。

　　为撰写出高质量的发展报告，课题组组织了184人的全球中文教学资源调研团队，组建了教学资源政策标准、纸质教学资源、数字教学资源、国别教学资源4个子课题研究团队，课题组成员来自12个国家的50余所高校或科研机构，调研范围涉及6大洲88个国家。课题组初期撰写了80余份调研报告，从中层层筛选，反复打磨，最终精心收录33份报告，呈现给读者。

　　本书是一项重大课题合作攻关的成果，是集体智慧和共同奋斗的结晶。除直接参与本书撰写工作外，一些项目组成员还为研究提供了部分数据资料，他们是：白叶、陈样林、成思佳、崔蓬克、范迪、高军丽、高伟、龚漫、谷健、獭建一、李登贵、李佳悦、李龙飞、李梦雨、李裕玲（马来西亚）、刘丹丹、刘汉银、刘颖、潘巍巍、冉冒烨、邵雪琪、万婧、王衡、王兰婷、王倩楠、吴婷婷、吴桐、张德江（印度）、张婧、朱紫君等。他们为课题整体研究报告的撰写做出了一份贡献。我们非常感谢课题组成员的精诚合作和辛勤付出，他们对学术理想的孜孜追求令人感动和鼓舞。

　　我们也非常感谢为本书审定、把关的专家们。他们是：北京语言大学的崔永华教授、周小兵教授、郑艳群教授，北京师范大学的朱志平教授、宋继华教授，中国人民大学的李泉教授，北京大学的赵杨教授，华东师范大学的吴勇毅教授，人民教育出版社的施歌编审。他们的学术素养、专业精神和宝贵建议为提升本书质量发挥了至关重要的作用。我们还要感谢北京语言大学出版社郭风岚总编辑和本书的责任编辑周鹏副编审对书稿的认真审校和精心设计。最后我们要特别感谢教育部中外语言交流合作中心的充分信任和全力支持，中心各级领导的策划与推动、教学与资源处的专业指导和工作人员的组织与协调，使本项目得以顺利完成。

　　本书撰写过程正值全球新冠肺炎疫情肆虐之时，这在一定程度上影响了调研工作的有序开展。项目所需的各类数据十分庞杂，筛选核查任务非常繁重。我们的学术团队还比较年轻稚嫩，这都使本书难免有不足之处，恳请读者批评、指正。

课题组

2021 年 9 月 10 日

附　录

扫描二维码，获取下列文件：